# Curso

SE05

*La diferencia entre aprobar
y sacar plaza*

# Auxiliar Administrativo/a

## DIPUTACIÓN PROVINCIAL DE SALAMANCA

Si aún no dispones de tu **Curso MAD360**, te ofrecemos un acceso GRATIS de 30 días para que disfrutes de los siguientes recursos:

- Técnicas de Memoria 360.
- MADTEST: Test *online* Nivel PRO.
- Temario en formato digital.
- Vídeos.
- Esquemas.
- Planificación de estudio.
- Foro entre opositores hasta la fecha del examen.*
- Recursos y novedades exclusivas.
- Consúltanos sobre tu oposición y proceso selectivo.
- Actualizaciones legislativas (Boletines Oficiales) hasta 60 días antes de la fecha del examen.*

Para acceder a esta prueba del Curso MAD360** será necesaria la compra de todos los libros para esta especialidad de la edición 2025.

Regístrate en **mad.es/iniciar-sesion** y en la pestaña BIBLIOTECA valida los códigos que encuentras en la última página de tus libros.

---

**NOTA IMPORTANTE:**

* Examen de esta categoría profesional correspondiente a la convocatoria publicada en el BOE n.º 110, de 7 de mayo de 2025, o hasta el 30 de junio de 2026, lo que se cumpla antes, y previa renovación del servicio.

** El acceso al CURSO MAD360 estará disponible desde junio de 2025 (algunos recursos podrían estar disponibles en fecha posterior). Tendrá una duración de 30 días RENOVABLES mediante pago, desde la validación de códigos, o hasta el 31 de diciembre de 2026, lo que se cumpla antes.

MAD se reserva el derecho a ampliar dichas fechas.

# Auxiliar Administrativo/a de la Diputación Provincial de Salamanca

Junio, 2025

# Auxiliar Administrativo/a de la Diputación Provincial de Salamanca

## Test del temario

## Autores

**TERESA MARÍA TORRES FONSECA**
Licenciada en Derecho

**JOSÉ ANTONIO GUERRERO ARROYO**
Cuerpo Superior de Letrados

**CARLOS TOJEIRO ALCALÁ**
Ingeniero Informático

**SERGIO JIMENO MOLINS**
Ingeniero Superior en Telecomunicaciones

**PATRICIA PÉREZ SÁNCHEZ-ROMATE**
Licenciada en Derecho

© 7 Editores Recursos para la Cualificación Profesional y el Empleo, S.L. (7 Editores)
© Los autores
Primera edición, junio 2025 (348 páginas)
Derechos de edición reservados a favor de 7 Editores
IMPRESO EN ESPAÑA
Diseño Portada: 7 Editores
Edita: 7 Editores
Avda. San Francisco Javier, 9 · Edificio Sevilla 2 · Planta 11 · Módulos 25-27 · 41018 Sevilla
Teléfono: 954 784 411 · WEB: www.mad.es · e-mail: administracion@7editores.com
ISBN: 978-84-142-9593-9
© "Editorial Mad" y "Eduforma" son nombres comerciales registrados de
7 Editores Recursos para la Cualificación Profesional y el Empleo, S.L.

# Índice

# MATERIAS COMUNES

# BLOQUE I

# TEST N.º 1

**La Constitución española de 1978. Estructura y contenido esencial.
Los derechos y deberes fundamentales. La protección, garantías
y suspensión. La Corona. El Poder Legislativo.
El Poder Ejecutivo. El Poder Judicial**

**1. Señala la afirmación correcta sobre la estructura del texto constitucional:**

a) La vigente Constitución Española consta de un preámbulo, ciento sesenta y nueve artículos, cuatro disposiciones adicionales, nueve transitorias, una denegatoria y una final.
b) El Título Preliminar contiene la parte orgánica de la Constitución.
c) El articulado de la Constitución se agrupa en once títulos, además del preámbulo y las disposiciones adicionales, transitorias, derogatoria y final.
d) Sólo el Título I tiene varios capítulos.

**2. El artículo 9.3 CE recoge importantes principios jurídicos entre los cuales se encuentran:**

a) El principio de legalidad, la jerarquía normativa, la publicidad de las normas.
b) La indisoluble unidad de la nación.
c) La libertad, la justicia, la igualdad y el pluralismo político.
d) El derecho a la autonomía de nacionalidades y regiones.

**3. El derecho de petición contenido en el artículo 29 CE (señala la afirmación falsa):**

a) Se reconoce a todos los españoles a título individual o colectivo, sin excepciones.
b) Los miembros de las Fuerzas Armadas sólo pueden ejercerlo de forma individual.
c) Comprende todas las peticiones graciables.
d) Solo puede solicitarse por escrito.

**4. ¿Cuáles son los principios que, conforme a la CE, "informarán la legislación positiva, la práctica judicial y la actuación de los poderes públicos", pero sólo podrán ser alegados ante la Jurisdicción ordinaria "de acuerdo con lo que dispongan las leyes que los desarrollen"?**

a) Los contenidos en el capítulo tercero del Título I.
b) Los incluidos en la sección primera del capítulo segundo del Título I (art.15 al 29).
c) Los de b) y además el artículo 14 y el 30.
d) Todos los recogidos en el Título I.

**5. ¿Cuál de los siguientes derechos queda comprendido dentro de la libertad sindical según el artículo 28 de la Constitución Española?**

a) El derecho de un ciudadano a afiliarse a un sindicato.
b) El derecho de un ciudadano a fundar un sindicato.
c) Ambos quedan comprendidos.
d) Ninguno de ellos.

**6. De las proposiciones que se citan, señala aquella que no es fundamento del orden político y de la paz social:**

a) Los derechos inviolables que le son inherentes.
b) El derecho a una confesión religiosa.
c) La dignidad de la persona.
d) El libre desarrollo de la personalidad.

**7. ¿Cómo se interpretarán las normas relativas a los derechos fundamentales y a las libertades que la CE reconoce? Señala la proposición incorrecta:**

a) De conformidad con la Declaración Universal de Derechos Humanos.
b) De conformidad con los tratados internacionales sobre las mismas materias ratificados por España.
c) De conformidad con el Consejo de Estado y las declaraciones del Consejo de Ministros.
d) De conformidad con los acuerdos internacionales sobre las mismas ratificados por España.

**8. Señala la respuesta incorrecta relativa al derecho de petición:**

a) Todos los españoles tendrán el derecho de petición individual y colectiva.
b) Este derecho se efectuará en la forma y con los efectos que determine la ley.
c) Los Cuerpos sometidos a disciplina militar podrán ejercer este derecho tanto individual como colectivamente.
d) Los miembros de las Fuerzas o Institutos armados sometidos a disciplina militar podrán ejercer este derecho con arreglo a lo dispuesto en su legislación específica.

**9. De las siguientes proposiciones señala la correcta:**

a) Las asociaciones se entenderán que quedan constituidas legalmente cuando tras la inscripción en el registro sean aprobados por los Delegados del Gobierno o en su caso por el Consejo de Ministros.

b) Las asociaciones solo podrán ser disueltas o suspendidas en sus actividades en virtud de resolución administrativa.

c) Las asociaciones que persigan fines o utilicen medios tipificados como delito son ilegales.

d) Las proposiciones b) y c) son correctas.

**10. La última reforma de la Constitución se realizó:**

a) El 27 de septiembre de 2011, reformándose el artículo 135 de la misma.

b) El 27 de septiembre de 2010, reformándose el artículo 135 de la misma.

c) El 27 de septiembre de 2009, reformándose el artículo 137 de la misma.

d) El 27 de septiembre de 2008, reformándose el artículo 137 de la misma.

**11. La Nación española, deseando establecer la justicia, la libertad y la seguridad y promover el bien de cuantos la integran, en uso de su soberanía, proclama su voluntad de:**

a) Garantizar la convivencia ciudadana dentro de la Constitución y de las leyes conforme a un orden económico y social justo.

b) Consolidar un Estado Democrático que asegure el imperio de la ley como expresión de la voluntad popular.

c) Proteger a todos los españoles y pueblos de España en el ejercicio de los derechos humanos, sus culturas y tradiciones, lenguas e instituciones.

d) Promover el progreso de la sociedad y de la economía para asegurar a todos, una digna calidad de vida.

**12. De conformidad con lo establecido en el artículo 9 de la Constitución, corresponde a los poderes públicos (señala la proposición incorrecta):**

a) Promover las condiciones para que la libertad y la igualdad del individuo y de los grupos en que se integra sean reales.

b) Promover las condiciones para que la libertad y la igualdad del individuo y de los grupos en que se integra sean efectivas.

c) Garantizar la integridad territorial y el ordenamiento constitucional.

d) Facilitar la participación de todos los ciudadanos en la vida política, económica, cultural y social.

**13. ¿Quiénes fomentarán las organizaciones de consumidores y usuarios?**

a) El Tribunal de Cuentas.

b) Las organizaciones empresariales.

c) Los poderes públicos.
d) Los sindicatos.

**14. ¿Ante qué órgano se interpone el recurso de amparo?**

a) Ante el CGPJ.
b) Ante el Tribunal Supremo.
c) Ante los TSJ en el ámbito de la Comunidad Autónoma respectiva.
d) Ante el Tribunal Constitucional.

**15. Los miembros del Tribunal Constitucional serán designados por un periodo de:**

a) Nueve años y se renovarán por terceras partes cada tres.
b) Cinco años, en todo caso.
c) Seis años y se renovarán por terceras partes cada tres.
d) Cuatro años.

**16. Según el artículo 3 de la CE, el castellano es la lengua oficial del Estado y todos los españoles:**

a) Tienen el deber de usar y el derecho de conocer el castellano.
b) Tienen el derecho y el deber de conocer el castellano.
c) Tienen el deber de conocer y el derecho de usar el castellano.
d) Tienen el derecho de conocer y usar el castellano.

**17. De las siguientes proposiciones, una de ellas no es misión de las Fuerzas Armadas:**

a) Garantizar la seguridad ciudadana.
b) Defender el ordenamiento constitucional.
c) Garantizar la soberanía de España.
d) Garantizar la independencia de España.

**18. En caso de que se declare el estado de excepción, ¿qué derecho podrá ser suspendido?**

a) El derecho de asociación.
b) El derecho de sindicación.
c) El derecho a recibir libremente información veraz por cualquier medio de difusión.
d) El derecho a la asistencia de abogado al detenido en las diligencias policiales y judiciales, en los términos que la ley establezca.

**19. ¿Cuál de los siguientes derechos no es fundamental?**

a) El derecho a la libertad de cátedra.
b) El derecho a la producción y creación literaria.

c) El derecho a la libertad religiosa.
d) El derecho a la propiedad privada.

### 20. La Nación española declara su voluntad de establecer una sociedad:

a) Solidaria.
b) Democrática avanzada.
c) De derecho.
d) Social y democrática de derecho.

### 21. Respecto a los partidos políticos, señala la proposición incorrecta:

a) Los partidos políticos son instrumentos de participación política.
b) Los partidos políticos contribuyen a la defensa y promoción de los intereses económicos y sociales que le son propios.
c) Los partidos políticos expresan el pluralismo político.
d) Su estructura interna y funcionamiento deberán ser democráticos.

### 22. A tenor de lo dispuesto en el art. 167 de la CE, los proyectos de reforma constitucional deberán ser aprobados en todo caso por:

a) Mayoría de tres quintos de cada una de las Cámaras.
b) Mayoría de tres quintos de cada una de las Cámaras y ratificación en referéndum.
c) Mayoría absoluta del Congreso y mayoría de tres quintos del Senado.
d) Ninguna es correcta.

### 23. La CE no garantiza:

a) La jerarquía normativa y la publicidad de las normas.
b) La responsabilidad e interdicción de la arbitrariedad de los poderes públicos.
c) El principio de legalidad.
d) La retroactividad de las disposiciones sancionadoras no favorables.

### 24. ¿Cuál de los siguientes no es un derecho fundamental?

a) Derecho a la intimidad personal y familiar y a la propia imagen.
b) Protección de la salud.
c) Libertad de cátedra.
d) Derecho de reunión pacífica y sin armas.

### 25. Señala la opción incorrecta sobre las reuniones en lugares de tránsito público:

a) Las reuniones en lugares de tránsito público no necesitarán comunicación previa.
b) Podrá prohibirse cuando existan razones fundadas de alteración del orden público.
c) Deberá darse comunicación previa a la autoridad.
d) La autoridad podrá prohibirlas cuando haya peligro para personas o bienes.

**26. La afiliación sindical de Jueces y Magistrados está:**

a) Prohibida.
b) Permitida.
c) Legalizada.
d) Admitida, si media consentimiento del Consejo General del Poder Judicial.

**27. Según la Constitución Española, arbitra y modera el funcionamiento regular de las instituciones:**

a) El Presidente del Gobierno.
b) El Rey.
c) El Estado.
d) Los tribunales de Justicia.

**28. Las abdicaciones y renuncias y cualquier duda de hecho o de derecho que ocurra en el orden de sucesión a la Corona se resolverán:**

a) Por ley.
b) Por decreto ley.
c) Por decisión de las Cortes Generales.
d) Por ley orgánica.

**29. Si no hubiese a quien corresponda la Regencia, esta será nombrada por:**

a) Las Cortes Generales.
b) El Congreso de los Diputados.
c) El Senado.
d) El Gobierno.

**30. No necesita de refrendo:**

a) Declarar la guerra y hacer la paz.
b) Expedir los decretos acordados en Consejo de Ministros.
c) Nombrar y relevar a los miembros civiles y militares de la Casa Real.
d) Todos los actos del Rey necesitan refrendo.

**31. ¿A quién corresponde manifestar el consentimiento del Estado para obligarse por medio de tratados?**

a) Al Rey.
b) Al Gobierno.
c) Al Estado.
d) Al Presidente del Gobierno.

**32. La existencia del Jurado en los Tribunales Superiores de Justicia:**

a) Es posible.
b) No se va a dar.
c) Es su única sede.
d) Se admite en toda materia.

**33. Un Policía Local actuará como Policía Judicial:**

a) En todo caso.
b) Nunca.
c) Cuando se le requiera al efecto.
d) Previa autorización de su Alcalde.

**34. Si el príncipe heredero contrae matrimonio contra la expresa prohibición de las Cortes Generales:**

a) No podrá casarse.
b) Podrá casarse, pero no podrá vivir en el palacio real.
c) Deberá antes de pedir autorización a las Cortes para poder contraerlo.
d) Será excluido en la sucesión de la corona.

**35. Según el art. 59.5 de la Carta Magna, la Regencia se ejercerá:**

a) Por mandato constitucional y en nombre del pueblo español.
b) Por mandato constitucional y en nombre de las Cortes Generales.
c) Por mandato constitucional y en nombre de la soberanía popular.
d) Por mandato constitucional y en nombre del Rey.

**36. Las Cámaras se reúnen en sesiones:**

a) Ordinarias y extraordinarias.
b) Simples o conjuntas.
c) Ordinarias, extraordinarias y conjuntas.
d) Ordinarias, extraordinarias y de urgencia.

**37. Para adoptar acuerdos, las Cámaras deben estar reunidas reglamentariamente y con asistencia de la mayoría de sus miembros. Dichos acuerdos, para ser válidos, deberán ser aprobados:**

a) Por la mayoría de los miembros presentes.
b) Por mayoría absoluta de sus miembros.
c) Por los 3/5 de cada una de las Cámaras.
d) Por los 2/3 del conjunto de las Cámaras.

**38. ¿En qué plazo deberá ser convocado el Congreso electo tras la celebración de elecciones?**

a) Entre los 30 y 60 días siguientes.
b) Dentro de los 25 días siguientes.
c) Entre los 10 y 30 días siguientes.
d) Dentro de los 30 días siguientes.

**39. En las causas contra Diputados y Senadores será competente:**

a) La Sala de lo Civil del Tribunal Supremo.
b) La Sala de lo Social del Tribunal Supremo.
c) La Sala de lo Contencioso-Administrativo del Tribunal Supremo.
d) La Sala de lo Penal del Tribunal Supremo.

**40. Las Diputaciones Permanentes estarán presididas por:**

a) El diputado de mayor edad.
b) El diputado del grupo parlamentario más numeroso.
c) El Presidente del Gobierno.
d) El Presidente de la Cámara respectiva.

**41. ¿Cuántos Senadores corresponderán a Menorca?**

a) 1.
b) 2.
c) 3.
d) 4.

**42. El Jurado en los Tribunales consuetudinarios:**

a) No existe.
b) Existe.
c) Ejerce la acción popular.
d) Se integra por Jueces y Magistrados.

**43. La función del Jurado es:**

a) Obligatoria y gratuita.
b) Incompatible en todo caso.
c) Remunerada y voluntaria.
d) Ninguna de las respuestas anteriores es correcta.

**44. Las sesiones conjuntas del Senado y del Congreso serán presididas:**

a) Por el Rey.
b) Por el Presidente del Gobierno.

c) Por el Presidente del Congreso.
d) Por el Presidente del Senado.

### 45. ¿Cuánto tiempo dura el mandato del Presidente del Tribunal de Cuentas?

a) Cuatro años.
b) Cinco años.
c) Tres años.
d) Dos años.

### 46. Los Senadores por provincias se elegirán por:

a) Sufragio universal, libre, igual, directo y secreto.
b) Sufragio directo, libre, igual, directo y secreto.
c) Sufragio internacional, directo, igual y secreto.
d) Sufragio universal, libre, secreto, igual y secreto.

### 47. Para que un Diputado o Senador pueda ser inculpado o procesado será requisito indispensable:

a) Que así lo determine el Tribunal Supremo.
b) Que así lo determine el Tribunal Constitucional.
c) Que así lo determine la Audiencia Nacional.
d) Que así lo autorice su respectiva Cámara.

### 48. Según la Constitución, el procedimiento en el ámbito de la administración de justicia debe ser:

a) Gratuito siempre.
b) Predominantemente oral.
c) En audiencia pública.
d) Motivado.

### 49. La colaboración con los Jueces y Tribunales por los particulares es obligatoria:

a) En el proceso.
b) Antes del procesamiento.
c) Solo cuando no exista Policía Judicial.
d) En todo caso.

### 50. Por funcionamiento anormal de la Administración de Justicia debe responder el/la:

a) Propia Administración.
b) Ministerio de Justicia solamente.
c) Estado.
d) Nadie.

**51. La cúspide de la jurisdicción en España la ostenta el:**

a) Consejo General del Poder Judicial.
b) Ministerio Fiscal.
c) Tribunal Constitucional.
d) Tribunal Supremo.

**52. La misión de velar por la independencia de los Tribunales y procurar ante estos la satisfacción del interés social es propia del/de los:**

a) Poder Judicial.
b) Consejo General del Poder Judicial.
c) Ministerio Fiscal.
d) Jueces y Tribunales.

**53. El jurado no intervendrá en procesos:**

a) De ningún tipo.
b) Penales.
c) Residenciados en Audiencias Provinciales.
d) Civiles.

**54. El segundo periodo de sesiones de las Cámaras comprende los meses de:**

a) Enero a mayo.
b) Febrero a mayo.
c) Enero de junio.
d) Febrero a junio.

**55. Señala la respuesta correcta:**

a) El Congreso de los Diputados es la Cámara de representación territorial.
b) Las poblaciones de Ceuta y Melilla elegirán cada una de ellas un Senador.
c) Son electores y elegibles todos los españoles que estén en pleno uso de sus derechos políticos.
d) El art. 68 de la Carta Magna dispone que el Congreso se compone de un mínimo de 350 y un máximo de 400 Diputados.

**56. La asunción de funciones constitucionales por la Reina consorte:**

a) Está prevista como regla general.
b) Depende de la voluntad del Rey.
c) Está prohibida.
d) Está limitada.

**57. La tutoría del Rey puede recaer en:**

a) Cualquier persona nombrada por las Cortes Generales, en su caso.
b) Sus hijos.
c) Una, tres o cinco personas.
d) Nada de lo anterior es cierto.

**58. Una hija del Príncipe de Asturias ostentará este tratamiento:**

a) Cuando su padre acceda a la condición de Rey, si es la primogénita, aunque tenga hermanos varones.
b) Al morir su padre.
c) Al acceder a Rey su padre, si no tiene hermano varón.
d) Cuando delegue en ella el propio Príncipe.

**59. La Regencia se ejerce:**

a) Por mandato del Rey.
b) En nombre de este.
c) Por mandato constitucional.
d) Las respuestas b) y c) son correctas.

**60. La dirección de la defensa del Estado es competencia genuina del/de las:**

a) Rey.
b) Fuerzas Armadas.
c) Gobierno de la Nación.
d) Todos ellos.

**61. El refrendo de los actos del Rey está íntimamente relacionado con:**

a) Su irresponsabilidad política.
b) Su inhabilitación.
c) La Regencia.
d) Sus poderes discrecionales.

**62. En caso de que el Rey sea menor de edad:**

a) No tomará posesión de su cargo hasta su mayoría de edad.
b) Ejercerá la Regencia el Príncipe heredero.
c) Ejercerá la Regencia su cónyuge.
d) Nada de lo anterior es cierto.

**63. Si el Príncipe heredero tuviera descendientes y renunciara a sus derechos al trono:**

a) Su cónyuge ejercería la Regencia hasta que su primogénito varón fuere mayor de edad.
b) Su cónyuge ejercería la Regencia hasta que dicho primogénito fuera proclamado Rey.
c) Se nombraría Princesa heredera a su hermana mayor, si la hubiere.
d) Nada de lo anterior es cierto.

**64. La presidencia por el Rey de las reuniones del Consejo de Ministros:**

a) Se permite solo respecto de las decisorias.
b) Ha de efectuarse a petición del Presidente del Gobierno de la Nación.
c) Está prevista constitucionalmente para dirigir la Administración Civil y Militar.
d) Las respuestas a) y b) son ciertas.

**65. El juramento lo prestará el Rey ante el/las:**

a) Cortes Generales.
b) Gobierno de la Nación.
c) Miembros de la Familia Real.
d) Pueblo español.

**66. Si se agotan todas las líneas llamadas a la sucesión en la Corona de España, se:**

a) Nombran Regentes.
b) Proveerá a la sucesión en la Corona por las Cortes Generales.
c) Proclama la República.
d) Establece una Dictadura.

**67. La inhabilitación del Rey se reconoce por el/los/las:**

a) Gobierno de la Nación.
b) Congreso de los Diputados.
c) Cortes Generales.
d) Tres Poderes constitucionales.

**68. El Regente nombrado en defecto de padre, madre, pariente mayor de edad o Príncipe heredero mayor de edad se designa por el/las:**

a) Propio Rey.
b) Cortes Generales.
c) Congreso de los Diputados.
d) Consejo de Regencia.

**69. El número mínimo de Diputados previstos para el Congreso de los Diputados es de:**

a) 250.
b) 300.
c) 400.
d) 350.

**70. No es incompatible para ser elegido Diputado del Congreso de los Diputados un:**

a) Militar en activo.
b) Miembro de una Junta Electoral.
c) Juez.
d) Ministro.

**71. La Palma elige los siguientes Senadores:**

a) Ninguno.
b) Dos.
c) Uno.
d) Cuatro.

**72. La declaración del estado de sitio debe hacerla el/las:**

a) Gobierno de la Nación.
b) Rey.
c) Congreso de los Diputados.
d) Presidente del Gobierno de la Nación.

**73. El Presidente de la Diputación Permanente del Congreso de los Diputados es el:**

a) Del partido mayoritario.
b) Portavoz del partido con mayor número de escaños.
c) Presidente de la Cámara.
d) Elegido por los Portavoces de los Grupos Parlamentarios.

**74. El mínimo de miembros integrantes de una Comisión de Investigación según el artículo 76 de la Constitución es de:**

a) Veintiuno.
b) Mayoría simple.
c) Mayoría absoluta.
d) No se establece.

**75. No puede solicitar la celebración de una sesión extraordinaria de las Cortes Generales el/la:**

a) Mayoría absoluta de sus miembros.
b) Diputación Permanente de ellas.
c) Mesa de cada Cámara.
d) Gobierno de la Nación.

**76. El primer período de sesiones de las Cámaras concluye, según la Constitución:**

a) Al finalizar su mandato.
b) En enero.
c) En diciembre.
d) En junio.

**77. No puede delegarse en una Comisión Legislativa Permanente la posibilidad de aprobar una Ley:**

a) Tributaria.
b) De funcionarios públicos.
c) Orgánica.
d) Las respuestas a) y c) son correctas.

**78. La justicia se administra en nombre del:**

a) Juez o Tribunal que la imparta.
b) Pueblo español.
c) Rey.
d) Justiciable.

**79. El titular de la Justicia es el/los:**

a) Poder Judicial.
b) Rey.
c) Pueblo soberano.
d) Jueces y Tribunales.

**80. El artículo 117 de la Constitución no incluye como característica de los Jueces y Magistrados la:**

a) Independencia.
b) Responsabilidad.
c) Inamovilidad.
d) Incluye a todas ellas.

**81. La ejecución de lo juzgado es competencia genuina de la/los:**

a) Juzgados y Tribunales.
b) Consejo General del Poder Judicial.
c) Policía Judicial.
d) Administración Pública.

**82. Los supuestos de suspensión o movilidad de los Jueces deben estar establecidos en un/una/la:**

a) Ley.
b) Reglamento.
c) Instrucción del Consejo General del Poder Judicial.
d) Constitución.

# Solución al test n.º 1

**1.** c) El articulado de la Constitución se agrupa en once títulos, además del preámbulo y las disposiciones adicionales, transitorias, derogatoria y final.

**2.** a) El principio de legalidad, la jerarquía normativa, la publicidad de las normas.

**3.** a) Se reconoce a todos los españoles a título individual o colectivo, sin excepciones.

**4.** a) Los contenidos en el capítulo tercero del Título I.

**5.** c) Ambos quedan comprendidos.

**6.** b) El derecho a una confesión religiosa.

**7.** c) De conformidad con el Consejo de Estado y las declaraciones del Consejo de Ministros.

**8.** c) Los Cuerpos sometidos a disciplina militar podrán ejercer este derecho tanto individual como colectivamente.

**9.** c) Las asociaciones que persigan fines o utilicen medios tipificados como delito son ilegales.

**10.** a) El 27 de septiembre de 2011, reformándose el artículo 135 de la misma.

**11.** c) Proteger a todos los españoles y pueblos de España en el ejercicio de los derechos humanos, sus culturas y tradiciones, lenguas e instituciones.

**12.** c) Garantizar la integridad territorial y el ordenamiento constitucional.

**13.** c) Los poderes públicos.

**14.** d) Ante el Tribunal Constitucional.

**15.** a) Nueve años y se renovarán por terceras partes cada tres.

**16.** c) Tienen el deber de conocer y el derecho de usar el castellano.

**17.** a) Garantizar la seguridad ciudadana.

**18.** c) El derecho a recibir libremente información veraz por cualquier medio de difusión.

**19.** d) El derecho a la propiedad privada.

**20.** b) Democrática avanzada.

**21.** b) Los partidos políticos contribuyen a la defensa y promoción de los intereses económicos y sociales que le son propios.

**22.** a) Mayoría de tres quintos de cada una de las Cámaras.

**23.** d) La retroactividad de las disposiciones sancionadoras no favorables.

**24.** b) Protección de la salud.

**25.** a) Las reuniones en lugares de tránsito público no necesitarán comunicación previa.

**26.** a) Prohibida.

**27.** b) El Rey.

**28.** d) Por ley orgánica.

**29.** a) Las Cortes Generales.

**30.** c) Nombrar y relevar a los miembros civiles y militares de la Casa Real.

**31.** a) Al Rey.

**32.** a) Es posible.

**33.** c) Cuando se le requiera al efecto.

**34.** d) Será excluido en la sucesión de la corona.

**35.** d) Por mandato constitucional y en nombre del Rey.

**36.** c) Ordinarias, Extraordinarias y Conjuntas.

**37.** a) Por la mayoría de los miembros presentes.

**38.** b) Dentro de los 25 días siguientes.

**39.** d) La Sala de lo Penal del Tribunal Supremo.

**40.** d) El Presidente de la Cámara respectiva.

**41.** a) 1.

**42.** a) No existe.

**43.** d) Ninguna de las respuestas anteriores es correcta.

**44.** c) Por el Presidente del Congreso.

**45.** c) Tres años.

**46.** a) Sufragio universal, libre, igual, directo y secreto.

**47.** d) Que así lo autorice su respectiva Cámara.

**48.** b) Predominantemente oral.

**49.** a) En el proceso.

**50.** c) Estado.

**51.** d) Tribunal Supremo.

**52.** c) Ministerio Fiscal.

**53.** d) Civiles.

**54.** d) Febrero a junio.

**55.** c) Son electores y elegibles todos los españoles que estén en pleno uso de sus derechos políticos.

**56.** d) Está limitada.

**57.** a) Cualquier persona nombrada por las Cortes, en su caso.

**58.** c) Al acceder a Rey su padre, si no tiene hermano varón.

**59.** d) Las respuestas b) y c) son correctas.

**60.** c) Gobierno de la Nación.

**61.** a) Su irresponsabilidad política.

**62.** d) Nada de lo anterior es cierto.

**63.** c) Se nombraría Princesa heredera a su hermana mayor, si la hubiere.

**64.** b) Ha de efectuarse a petición del Presidente del Gobierno de la Nación.

**65.** a) Cortes Generales.

**66.** b) Proveerá a la sucesión en la Corona por las Cortes Generales.

**67.** c) Cortes Generales.

**68.** b) Cortes Generales.

**69.** b) 300.

**70.** d) Ministro.

**71.** c) Uno.

**72.** c) Congreso de los Diputados.

**73.** c) Presidente de la Cámara.

**74.** d) No se establece.

**75.** c) Mesa de cada Cámara.

**76.** c) En diciembre.

**77.** c) Orgánica.

**78.** c) Rey.

**79.** c) Pueblo soberano.

**80.** d) Incluye a todas ellas.

**81.** a) Juzgados y Tribunales.

**82.** a) Ley.

# TEST N.º 2

**El Gobierno y la Administración. Composición, organización y funciones del Gobierno. Relaciones entre el Gobierno y las Cortes Generales. La organización de la Administración General del Estado: Administración Central y Periférica**

**1. ¿Qué Título de la Constitución está dedicado a la regulación del Gobierno?**

a) El Título III.
b) El Título IV.
c) El Título V.
d) El Título VII.

**2. ¿Cuál de las siguientes figuras no es imprescindible en la composición del Gobierno?**

a) El Presidente.
b) Los Ministros.
c) Los Vicepresidentes.
d) Los Vicepresidentes y los Ministros.

**3. ¿Cuál de los siguientes órganos indicados es un órgano superior de un departamento ministerial?**

a) El Secretario de Estado.
b) El Director General.
c) El Secretario General.
d) El Secretario General Técnico.

**4. ¿Qué rango ostentan los Delegados del Gobierno en las Comunidades Autónomas?**

a) Subdirector General.
b) Subsecretario General.
c) Secretario de Estado.
d) Subsecretario.

**5. ¿Cuál de las siguientes funciones puede ser ejercida por un Presidente del Gobierno en funciones?**

a) El planteamiento de una cuestión de confianza.
b) La propuesta al Rey de celebración de un referéndum consultivo.
c) La celebración de Consejos de Ministros.
d) La propuesta al Rey de disolución de las Cámaras.

**6. ¿Qué número de Diputados es necesario para interponer una moción de censura?**

a) Mayoría simple de la Cámara.
b) Una décima parte de la Cámara.
c) Mayoría absoluta de la Cámara.
d) Dos tercios de la Cámara.

**7. Los Secretarios Generales Técnicos tienen categoría de:**

a) Subsecretario.
b) Director General.
c) Secretario de Estado.
d) Jefe de Servicio.

**8. Declarado el estado de alarma:**

a) Se dará cuenta al Consejo de Ministros, sin cuya autorización no podrá ser prorrogado el plazo inicial.
b) Se dará cuenta al Rey, sin cuya autorización no podrá ser prorrogado el plazo inicial de duración.
c) Se dará cuenta al Congreso de los Diputados, sin cuya autorización no podrá ser prorrogado dicho plazo.
d) Se dará cuenta al Congreso de los Diputados, siendo improrrogable el plazo inicialmente marcado para la duración del estado de alarma.

**9. El nombramiento de los Delegados del Gobierno en las Comunidades Autónomas es competencia del:**

a) Parlamento Autonómico.
b) Presidente del Gobierno.
c) Consejo de Gobierno.
d) Consejo de Ministros.

**10. La moción de censura no podrá ser votada hasta que, desde su presentación, hayan transcurrido:**

a) Cinco días.
b) Siete días.
c) Diez días.
d) Treinta días.

**11. ¿Ante quién responde solidariamente el Gobierno de su gestión política?**

a) Ante el pueblo español.
b) Ante las Cortes Generales.
c) Ante el Congreso de los Diputados.
d) Ante el Rey.

**12. El Jefe Superior de un Departamento Ministerial, después del Ministro, en el supuesto de que no exista un Secretario de Estado, es el:**

a) Director General.
b) Subsecretario.
c) Secretario General.
d) Secretario General Técnico.

**13. La disolución de las Cámaras será decretada por:**

a) El Rey.
b) El Presidente del Congreso.
c) El Presidente del Gobierno.
d) El Gobierno de la Nación.

**14. La Presidencia de la Comisión General de Secretarios de Estado y Subsecretarios corresponde a un Vicepresidente del Gobierno o, en su defecto:**

a) Al Presidente del Gobierno.
b) Al Ministro de la Presidencia, Justicia y Relaciones con las Cortes.
c) Al Ministro de Hacienda.
d) Al Ministro del Interior.

**15. El ámbito territorial, duración y condiciones del estado de sitio serán determinados por:**

a) Las Cortes Generales.
b) El Congreso.
c) El Rey.
d) El Gobierno.

**16. El Gobierno cesa tras la celebración de elecciones generales:**

a) En los casos de pérdida de la confianza parlamentaria previstos en la Constitución, o por dimisión o fallecimiento de su Presidente.
b) En los casos de pérdida de la confianza parlamentaria previstos en las leyes.
c) En los casos de pérdida de la confianza de los ciudadanos.
d) En los casos de pérdida de la confianza de los ciudadanos prevista en la Constitución o por dimisión o fallecimiento de su Presidente.

**17. El Estado de alarma:**

a) Será declarado por el Gobierno mediante decreto acordado en Consejo de Ministros, previa autorización del Congreso de los Diputados.

b) Será declarado por el Gobierno mediante decreto acordado en Consejo de Ministros por un plazo máximo de quince días, dando cuenta al Congreso de los Diputados, reunido inmediatamente al efecto y sin cuya autorización no podrá ser prorrogado dicho plazo.

c) Será declarado por el Gobierno mediante decreto acordado en Consejo de Ministros por un plazo máximo de quince días, previa autorización del Congreso de los Diputados, reunido inmediatamente al efecto y sin cuya autorización no podrá ser prorrogado dicho plazo.

d) Será declarado por la mayoría absoluta del Congreso de los Diputados, a propuesta exclusiva del Gobierno.

**18. ¿Quién nombra a los Subdelegados del Gobierno?**

a) El Delegado del Gobierno.
b) El Ministro de Política Territorial y Función Pública.
c) El Consejo de Ministros.
d) El Presidente del Gobierno.

**19. ¿Qué carácter tienen las deliberaciones del Consejo de Ministros?**

a) Secretas.
b) Públicas.
c) Solemnes.
d) Solemnes y públicas.

**20. ¿Qué rango ostentan los Subdelegados del Gobierno?**

a) Subdirector General.
b) Secretario General.
c) Secretario General Técnico.
d) Subsecretario.

**21. ¿Qué mayoría es necesaria para que se entienda aprobada una moción de censura?**

a) Mayoría simple.
b) Mayoría absoluta.
c) Mayoría de 2/3.
d) Mayoría de 1/3.

**22. ¿Qué artículo de la Constitución recoge los principios a los que debe ajustarse la Administración en su actuación?**

a) El artículo 103.
b) El artículo 102.

c) El artículo 104.
d) El artículo 106.

### 23. ¿Quién nombra a los Ministros?

a) El Presidente del Gobierno.
b) El Rey con refrendo del Presidente del Congreso.
c) El Rey con refrendo del Presidente del Gobierno.
d) El Rey con refrendo del Presidente de las Cortes.

### 24. ¿Cuál es el plazo, pasado el cual, si ningún candidato alcanza la mayoría necesaria para ser nombrado Presidente del Gobierno, se debe proceder a la convocatoria de nuevas elecciones?

a) Un mes desde la primera votación.
b) Dos meses desde la primera votación.
c) Dos meses desde la segunda votación.
d) Dos meses desde la tercera votación.

### 25. Indica cuál de las siguientes no es una de las competencias de los Secretarios de Estado:

a) Nombrar y separar a los Subdirectores Generales de la Secretaría de Estado.
b) Autorizar las comisiones de servicio con derecho a indemnización por cuantía exacta para los altos cargos dependientes de la Secretaría de Estado.
c) Conceder subvenciones y ayudas con cargo a los créditos de gasto propios de la Secretaría de Estado, con los límites establecidos por el titular del Departamento.
d) Desempeñar la jefatura superior de todo el personal del Departamento.

### 26. Una vez declarado el estado de excepción no se puede suspender el derecho/libertad de:

a) Huelga.
b) Enseñanza.
c) Adopción de medidas de conflicto colectivo.
d) Libertad de circulación.

### 27. Los signatarios de una moción de censura no pueden presentar otra en:

a) La misma legislatura.
b) El mismo período de sesiones.
c) En ningún momento.
d) En la misma Cámara.

**28. Las interpelaciones al Gobierno de la Nación pueden dar lugar, por sí mismas, a:**

a) Una moción.
b) Una moción de censura.
c) Una cuestión de confianza.
d) Todo lo anterior.

**29. Indica cuál de los siguientes no es un órgano directivo de la Administración General del Estado:**

a) Los Secretarios Generales Técnicos.
b) Los Secretarios Generales.
c) Los Secretarios de Estado.
d) Los Subsecretarios.

**30. La vigente Ley del Gobierno de la Nación es de:**

a) 1992.
b) 1995.
c) 1996.
d) 1997.

**31. El ámbito donde es posible una mayor discrecionalidad por parte del Gobierno de la Nación es en el/la:**

a) Aplicación de la ley.
b) Potestad reglamentaria.
c) Dirección de la política.
d) Función ejecutiva.

**32. La función representativa de los miembros del Gobierno de la Nación se manifiesta en:**

a) La Jefatura de los Ministerios.
b) Su estatuto personal como tales.
c) Su mandato parlamentario.
d) Ninguna forma.

**33. La coordinación de las funciones de los miembros del Gobierno de la Nación es competencia del/de las:**

a) Presidente del Gobierno de la Nación.
b) Vicepresidente del Gobierno de la Nación.
c) Ministerio de la Presidencia, Relaciones con las Cortes y Memoria Democrática.
d) Comisiones Delegadas del Gobierno de la Nación.

**34. La propuesta del Rey de candidato a la Presidencia del Gobierno de la Nación se canaliza a través del:**

a) Presidente del Congreso de los Diputados.
b) Gobierno de la Nación en pleno.
c) Senado y Congreso de los Diputados.
d) Grupo político mayoritario.

**35. La confianza al candidato a Presidente del Gobierno de la Nación se otorga, en primera vuelta, por:**

a) Mayoría absoluta de las Cortes Generales.
b) Mayoría absoluta del Congreso de los Diputados.
c) Mayoría simple del Congreso de los Diputados.
d) Mayoría simple de las Cortes Generales.

**36. La disolución de las Cámaras, por transcurso de dos meses desde la primera votación de investidura, sin obtención de la confianza parlamentaria por los candidatos, se refrenda por el:**

a) Presidente del Gobierno de la Nación.
b) Rey.
c) Presidente del Congreso de los Diputados.
d) No necesita refrendo.

**37. El Gobierno de la Nación, en relación con los Presupuestos Generales del Estado:**

a) Los aprueba.
b) Los convalida.
c) Aprueba su Proyecto de Ley.
d) Los ratifica.

**38. No se incluye como principio fundamental de la actuación de la Administración el de:**

a) Coordinación.
b) Cooperación.
c) Legalidad.
d) Las respuestas b) y c) son correctas.

**39. La aprobación de exigencia de responsabilidad de un Ministro por un delito contra la seguridad del Estado en el ejercicio de sus funciones compete al/a la:**

a) Sala de lo Penal del Tribunal Supremo.
b) Mayoría absoluta de los miembros del Congreso de los Diputados.

c) Cuarta parte de estos miembros.
d) Consejo de Ministros.

**40. La prerrogativa real de gracia respecto a la responsabilidad penal de un Ministro se refrenda por el:**

a) Presidente del Congreso de los Diputados.
b) Presidente del Tribunal Supremo.
c) Presidente del Gobierno de la Nación.
d) No es posible esta medida.

**41. Las Fuerzas y Cuerpos de Seguridad dependen del:**

a) Ejército.
b) Gobierno de la Nación.
c) Ministerio de Defensa.
d) Rey.

**42. Puede negarse el acceso a los ciudadanos a un archivo administrativo por motivo de:**

a) Intimidad de las personas.
b) Defensa del Estado.
c) Política general.
d) Las respuestas a) y b) son correctas.

**43. No está obligada la Administración a indemnizar a un particular los daños y perjuicios causados por el funcionamiento de sus servicios:**

a) En caso de fuerza mayor.
b) Cuando se trate de un caso fortuito.
c) Si este es solicitado por el propio particular.
d) En todos los tres supuestos anteriores debe indemnizar.

**44. El supremo órgano consultivo del Gobierno de la Nación es el:**

a) Ministerio Fiscal.
b) Consejo de Estado.
c) Consejo General del Poder Judicial.
d) Consejo Económico y Social.

**45. La responsabilidad solidaria del Gobierno de la Nación ante el Congreso de los Diputados significa que:**

a) Cada Ministro está sometido a las interpelaciones de las mismas.
b) El Gobierno de la Nación en sí responde ante el Congreso de los Diputados y no cada uno de sus miembros individualmente considerado.

c) El Presidente es el que responde.
d) Solo puede ser obligado a dimitir por unanimidad.

**46. La responsabilidad solidaria del Gobierno de la Nación ante el Congreso de los Diputados es de carácter:**

a) Judicial.
b) Administrativo.
c) Político.
d) De los tres tipos anteriores.

**47. La responsabilidad del Gobierno de la Nación ante el Senado es:**

a) Mancomunada.
b) Individual.
c) Solidaria.
d) Inexistente.

**48. El tiempo mínimo previsto para interpelaciones en las Cortes Generales al Gobierno de la Nación es:**

a) Semanal.
b) Trimestral.
c) Mensual.
d) En cada período de sesiones.

**49. Las interpelaciones al Gobierno de la Nación pueden dar lugar, por sí mismas, a:**

a) Una moción.
b) Una moción de censura.
c) Una cuestión de confianza.
d) Todo lo anterior.

**50. El pronunciamiento sobre la cuestión de confianza es competencia del/de las:**

a) Congreso de los Diputados exclusivamente.
b) Senado cuando se plantee ante él.
c) Congreso de los Diputados y Senado.
d) Propio Gobierno de la Nación.

**51. La cuestión de confianza se plantea por el:**

a) Presidente del Gobierno de la Nación.
b) Gobierno de la Nación en sí.
c) Congreso de los Diputados.
d) Cualquier Ministro.

**52. Respecto al planteamiento de la cuestión de confianza, el Consejo de Ministros:**

a) Decide.
b) Debe dictaminarlo favorablemente.
c) Delibera.
d) No tiene nada que hacer.

**53. La disolución anticipada del Congreso de los Diputados o del Senado, se decreta por el:**

a) Presidente del Gobierno de la Nación.
b) Presidente de la Cámara.
c) Rey.
d) Gobierno de la Nación en pleno.

**54. La declaración del estado de alarma lo es por el/las:**

a) Cortes Generales.
b) Gobierno de la Nación, por quince días.
c) Congreso de los Diputados, por treinta días.
d) Gobierno de la Nación, por treinta días prorrogables por el Congreso de los Diputados.

**55. Para los supuestos de graves alteraciones de orden público está previsto declarar el estado de:**

a) Excepción.
b) Sitio.
c) Alarma.
d) Ninguno de ellos.

**56. La declaración del estado de sitio se realiza por el/las:**

a) Congreso de los Diputados por mayoría absoluta.
b) Gobierno de la Nación, previa autorización del Congreso de los Diputados.
c) Cortes Generales.
d) Senado por mayoría simple, a propuesta del Gobierno de la Nación.

**57. Las Administraciones Públicas actúan para el cumplimiento de sus fines con:**

a) Personalidad jurídica única.
b) Personalidad jurídica plural.
c) Personalidad jurídica colectiva.
d) Sin personalidad jurídica, pero con capacidad de obrar.

**58. A los Delegados del Gobierno de la Nación en las Comunidades Autónomas se refiere el siguiente artículo de la Constitución:**

a) 137.
b) 103.
c) 156.
d) 154.

**59. El Delegado del Gobierno de la Nación en una Comunidad Autónoma se nombra por el:**

a) Consejo de Ministros.
b) Rey.
c) Presidente del Gobierno de la Nación.
d) Parlamento Autonómico.

**60. La propuesta del nombramiento del Delegado del Gobierno de la Nación en las Comunidades Autónomas corresponde al/a los:**

a) Presidente del Gobierno de la Nación.
b) Parlamento Autonómico.
c) Subdelegados del Gobierno en las provincias afectadas.
d) Ministro del Interior.

**61. El Consejo de Ministros, en el nombramiento de Subdelegados del Gobierno en las provincias:**

a) Delibera previamente.
b) Lo confiere.
c) No interviene.
d) Lo propone.

**62. Los Subdelegados del Gobierno en las provincias, salvo en las Comunidades Autónomas uniprovinciales, tienen nivel orgánico de:**

a) Director General.
b) Subsecretario.
c) Subdirector General.
d) Secretario de Estado.

**63. ¿Cuándo cesará el Gobierno?**

a) En los casos de pérdida de la confianza parlamentaria previstos en la Constitución.
b) Tras la celebración de elecciones generales.
c) Por dimisión o fallecimiento de su Presidente.
d) Todas las respuestas son correctas.

**64. ¿Transcurrido qué plazo, a partir de la primera votación de investidura, si ningún candidato hubiere obtenido la confianza del Congreso, el Rey disolverá ambas Cámaras y convocará nuevas elecciones con el refrendo del Presidente del Congreso?**

a) Transcurrido un mes.
b) Transcurridos dos meses.
c) Transcurridos tres meses.
d) Transcurridos seis meses.

**65. ¿Qué Título de la Constitución Española regula el Gobierno y la Administración?**

a) El Título III.
b) El Título IV.
c) El Título V.
d) El Título VI.

**66. Corresponde al Presidente del Gobierno:**

a) Proponer al Rey, previa deliberación del Consejo de Ministros, la disolución del Congreso, del Senado o de las Cortes Generales.
b) Representar al Gobierno.
c) Interponer el recurso de inconstitucionalidad.
d) Todas las respuestas son correctas.

**67. Los Ministerios contarán, en todo caso, con una Subsecretaría, y dependiendo de ella:**

a) Una Dirección Técnica.
b) Una Secretaría General Técnica.
c) Una Subsecretaría General.
d) Una Subdirección General Técnica.

**68. Los órganos directivos de la Administración General del Estado se ordenan jerárquicamente entre sí de la siguiente forma:**

a) Subdirector general, Subsecretario y Director general.
b) Director general, Subsecretario y Subdirector general.
c) Director general, Subdirector general y Subsecretario.
d) Subsecretario, Director general y Subdirector general.

**69. Señala cuál de las siguientes no es una función de los Ministros:**

a) Dirigir la actuación de los titulares de los órganos superiores y directivos del Ministerio.
b) Otorgar premios y recompensas propios del Departamento.

c) Autorizar las comisiones de servicio sin derecho a indemnización para altos cargos dependientes del Ministro.

d) Ejercer la potestad reglamentaria en las materias propias de su Departamento.

**70. El Servicio Exterior del Estado se rige en todo lo concerniente a su composición, organización, funciones, integración y personal por lo dispuesto en:**

a) La Ley 2/2014, de 25 de marzo, de la Acción y del Servicio Exterior del Estado.

b) La Ley 4/2016, de 25 de marzo, del Servicio Exterior del Estado.

c) La Ley 6/2015, de 25 de marzo, del Servicio Exterior del Estado.

d) La Ley 7/2012, de 25 de marzo, de la Acción y del Servicio Exterior del Estado.

# Solución al test n.º 2

**1.** b) El Título IV.

**2.** c) Los Vicepresidentes.

**3.** a) El Secretario de Estado.

**4.** d) Subsecretario.

**5.** c) La celebración de Consejos de Ministros.

**6.** b) Una décima parte de la Cámara.

**7.** b) Director General.

**8.** c) Se dará cuenta al Congreso de los Diputados, sin cuya autorización no podrá ser prorrogado dicho plazo.

**9.** d) Consejo de Ministros.

**10.** a) Cinco días.

**11.** c) Ante el Congreso de los Diputados.

**12.** b) Subsecretario.

**13.** a) El Rey.

**14.** b) Al Ministro de la Presidencia, Justicia y Relaciones con las Cortes.

**15.** b) El Congreso.

**16.** a) En los casos de pérdida de la confianza parlamentaria previstos en la Constitución, o por dimisión o fallecimiento de su Presidente.

**17.** b) Será declarado por el Gobierno mediante decreto acordado en Consejo de Ministros por un plazo máximo de quince días, dando cuenta al Congreso de los Diputados, reunido inmediatamente al efecto y sin cuya autorización no podrá ser prorrogado dicho plazo.

**18.** a) El Delegado del Gobierno.

**19.** a) Secretas.

**20.** a) Subdirector General.

**21.** b) Mayoría absoluta.

**22.** a) El artículo 103.

**23.** c) El Rey con refrendo del Presidente del Gobierno.

**24.** b) Dos meses desde la primera votación.

**25.** d) Desempeñar la jefatura superior de todo el personal del Departamento.

**26.** b) Enseñanza.

**27.** b) El mismo período de sesiones.

**28.** a) Una moción.

**29.** c) Los Secretarios de Estado.

**30.** d) 1997.

**31.** c) Dirección de la política.

**32.** c) Su mandato parlamentario.

**33.** a) Presidente del Gobierno de la Nación.

**34.** a) Presidente del Congreso de los Diputados.

**35.** b) Mayoría absoluta del Congreso de los Diputados.

**36.** c) Presidente del Congreso de los Diputados.

**37.** c) Aprueba su Proyecto de Ley.

**38.** b) Cooperación.

**39.** b) Mayoría absoluta de los miembros del Congreso de los Diputados.

**40.** d) No es posible esta medida.

**41.** b) Gobierno de la Nación.

**42.** d) Las respuestas a) y b) son correctas.

**43.** a) En caso de fuerza mayor.

**44.** b) Consejo de Estado.

**45.** b) El Gobierno de la Nación en sí responde ante el Congreso de los Diputados y no cada uno de sus miembros individualmente considerado.

**46.** c) Político.

**47.** d) Inexistente.

**48.** a) Semanal.

**49.** a) Una moción.

**50.** a) Congreso de los Diputados exclusivamente.

**51.** a) Presidente del Gobierno de la Nación.

**52.** c) Delibera:

**53.** c) Rey.

**54.** b) Gobierno de la Nación, por quince días.

**55.** a) Excepción.

**56.** a) Congreso de los Diputados por mayoría absoluta.

**57.** a) Personalidad jurídica única.

**58.** d) 154.

**59.** a) Consejo de Ministros.

**60.** a) Presidente del Gobierno de la Nación.

**61.** c) No interviene.

**62.** c) Subdirector General.

**63.** d) Todas las respuestas son correctas.

**64.** b) Transcurridos dos meses.

**65.** b) El Título IV.

**66.** d) Todas las respuestas son correctas.

**67.** b) Una Secretaría General Técnica.

**68.** d) Subsecretario, Director general y Subdirector general.

**69.** c) Autorizar las comisiones de servicio sin derecho a indemnización para altos cargos dependientes del Ministro.

**70.** a) La Ley 2/2014, de 25 de marzo, de la Acción y del Servicio Exterior del Estado.

# TEST N.º 3

**La Unión Europea: evolución. La organización. Instituciones. Efectos de la integración europea sobre la organización del Estado español. Principales políticas de la Unión Europea**

**1. El Tribunal de Justicia de la Unión Europea comprenderá:**

a) El Tribunal de Justicia, el Tribunal General y los tribunales especializados.
b) El Tribunal de Justicia y el Tribunal General.
c) El Tribunal de Justicia, el Tribunal General, los tribunales especializados y el Tribunal de Primera Instancia.
d) El Tribunal de Justicia y los tribunales especializados.

**2. El Consejo está compuesto por:**

a) Un representante de cada Estado miembro, de rango ministerial, facultado para comprometer al Gobierno del Estado miembro al que represente y para ejercer el derecho de voto.
b) Los Jefes de Estado o de Gobierno de los Estados miembros, así como por su Presidente y por el Presidente de la Comisión.
c) Los Jefes de Estado o de Gobierno de los países miembros.
d) Todas son falsas.

**3. Excepto cuando los Tratados dispongan otra cosa, el Consejo se pronunciará por:**

a) Mayoría simple.
b) Unanimidad.
c) Mayoría cualificada.
d) Mayoría simple y cualificada.

**4. ¿Cuál es el órgano ejecutivo de la Unión Europea?**

a) El Consejo.
b) El Consejo Europeo.
c) La Comisión.
d) El Presidente de la Comisión.

**5. Los miembros de la Comisión son nombrados por:**

a) El Parlamento.
b) El Parlamento y el Consejo Europeo de forma conjunta.
c) El Consejo Europeo, por mayoría cualificada.
d) El Consejo, por mayoría cualificada.

**6. Señala la respuesta verdadera:**

a) El Parlamento Europeo y el Consejo estarán asistidos por un Comité Económico y Social y por un Comité de las Regiones que ejercerán funciones consultivas.
b) El Parlamento Europeo, el Consejo y la Comisión estarán asistidos por un Comité Económico y Social y por un Comité de las Regiones que ejercerán funciones consultivas.
c) El Parlamento Europeo, el Consejo, la Comisión y el Tribunal de Justicia estarán asistidos por un Comité Económico y Social y por un Comité de las Regiones que ejercerán funciones consultivas.
d) Todas las respuestas son falsas.

**7. El Parlamento Europeo:**

a) Estará compuesto por representantes de los ciudadanos de la Unión.
b) La representación de los ciudadanos será decrecientemente proporcional, con un mínimo de seis diputados por Estado miembro.
c) No se asignará a ningún Estado miembro más de noventa y seis escaños.
d) Todas las respuestas son verdaderas.

**8. Los Diputados al Parlamento Europeo serán elegidos para un mandato de:**

a) Cuatro años.
b) Seis años.
c) Cinco años.
d) Todas son falsas.

**9. El presupuesto anual de la UE es decidido (aprobado):**

a) Conjuntamente por el Consejo y el Parlamento, por un procedimiento especial.
b) Por el Parlamento.
c) Por la Comisión.
d) Por la Comisión y el Parlamento, por un procedimiento ordinario.

**10. El Coreper es:**

a) La representación de cada miembro ante la UE.
b) Un órgano de la Comisión.

c) Un órgano del Parlamento.
d) La reunión de los miembros de la Comisión.

## 11. La Mesa del Parlamento tiene los siguientes Vicepresidentes:

a) 14.
b) 15.
c) 16.
d) 5.

## 12. La Comisión se designa para un periodo de:

a) 5 años.
b) 6 años.
c) 4 años.
d) El que determine el Parlamento.

## 13. La sede de la Comisión está en:

a) Estrasburgo.
b) Bruselas.
c) Luxemburgo.
d) París.

## 14. El mandato de los miembros de la Comisión será:

a) Renovable por una sola vez.
b) Renovable.
c) No será renovable.
d) Renovable cuando así lo determine el Parlamento.

## 15. Los acuerdos de la Comisión se adoptarán:

a) Por unanimidad.
b) Por mayoría cualificada.
c) Por 2/3 partes.
d) Por mayoría del número de miembros.

## 16. El Tribunal de Justicia de la Unión Europea tendrá su sede en:

a) Luxemburgo.
b) Bruselas.
c) Frankfurt.
d) La Haya.

**17. El Presidente de la Comisión:**

a) Definirá las orientaciones con arreglo a las cuales la Comisión desempeñará sus funciones.

b) Determinará la organización interna de la Comisión velando por la coherencia, eficacia y colegialidad de su actuación.

c) Nombrará Vicepresidentes, distintos del Alto Representante de la Unión para Asuntos Exteriores y Política de Seguridad, de entre los miembros de la Comisión.

d) Todas las respuestas son verdaderas.

**18. Respecto a las elecciones al Parlamento Europeo, en España se ha optado porque:**

a) La circunscripción electoral sea única para todo el territorio nacional.

b) La circunscripción electoral sea por Comunidades Autónomas.

c) La circunscripción electoral sea por provincias.

d) Todas las respuestas son falsas.

**19. La Institución en la que están representados los intereses nacionales y por ello encarna el principio de la representación de los Estados en la Unión Europea, es:**

a) El Consejo.

b) La Comisión.

c) El Parlamento.

d) Todas las respuestas son verdaderas.

**20. En relación con la Comisión:**

a) Solamente los nacionales de los Estados miembros podrán ser miembros de la Comisión.

b) Los miembros de la Comisión ejercerán sus funciones con absoluta independencia y en interés general de su país.

c) Los miembros de la Comisión podrán, mientras dure su mandato, ejercer actividades profesionales, retribuidas o no, solamente fuera de la Comunidad.

d) Todas las respuestas son verdaderas.

**21. Respecto del Parlamento Europeo:**

a) El periodo parcial de sesiones será la reunión que celebre el Parlamento, por regla general, cada mes. Este periodo se dividirá en sesiones.

b) La legislatura coincidirá con la duración del mandato de los diputados.

c) La duración del periodo de sesiones será de un año.

d) Todas las respuestas son verdaderas.

**22. Señala la respuesta verdadera:**

a) Todo miembro de la Comisión que deje de reunir las condiciones necesarias para el ejercicio de sus funciones o haya cometido una falta grave podrá ser cesado por el Tribunal de Justicia, a instancia del Consejo, por mayoría simple, o de la Comisión.
b) Todo miembro de la Comisión que deje de reunir las condiciones necesarias para el ejercicio de sus funciones o haya cometido una falta grave podrá ser cesado por el Tribunal, a instancia del Consejo, por mayoría simple, o de la Comisión.
c) Todo miembro de la Comisión que deje de reunir las condiciones necesarias para el ejercicio de sus funciones o haya cometido una falta grave podrá ser cesado por el Tribunal de Justicia, a instancia del Consejo, de la Comisión o del Parlamento.
d) Todas las respuestas son falsas.

**23. El Tribunal de Justicia estará compuesto por:**

a) Un juez por Estado miembro y 11 abogados generales.
b) Al menos un juez por Estado miembro y nueve abogados generales.
c) Al menos un juez por Estado miembro y los abogados generales rotarán por países.
d) Dos jueces por cada Estado miembro.

**24. Las elecciones al Parlamento Europeo se celebran cada:**

a) Seis años.
b) Cinco años.
c) Cuatro años.
d) Ocho años.

**25.¿Qué país presidirá el Consejo en el segundo semestre de 2025?**

a) Hungría.
b) Polonia.
c) Bélgica.
d) Francia.

**26. Habrá quórum en el Parlamento cuando se encuentre reunida en el salón de sesiones:**

a) La cuarta parte de los diputados que integran el Parlamento.
b) La quinta parte de los diputados que integran el Parlamento.
c) La mitad de los diputados que integran el Parlamento.
d) La tercera parte de los diputados que integran el Parlamento.

**27. Serán necesarios para formar grupo parlamentario en el Parlamento Europeo:**

a) 25 diputados, que representen al menos a una cuarta parte de los Estados miembros.
b) 25 diputados, que representen al menos a cinco Estados miembros.

c) 25 diputados, que representen al menos a una tercera parte de los Estados miembros.
d) 23 diputados, que representen al menos a una cuarta parte de los Estados miembros.

**28. El Presidente del Parlamento Europeo tendrá un mandato de:**

a) Tres años.
b) Dos años y medio, sin prórroga.
c) Cinco años, con prórroga.
d) Dos años y medio, prorrogable por otros dos años y medio.

**29. No será Institución de la Comunidad:**

a) El Tribunal de Cuentas.
b) El Tribunal de Justicia.
c) El Defensor del Pueblo.
d) Todas son Instituciones.

**30. Fijar los sueldos, dietas y pensiones del Presidente del Consejo Europeo, del Presidente de la Comisión, del Alto Representante de la Unión para Asuntos Exteriores y Política de Seguridad, de los miembros de la Comisión, de los Presidentes, miembros y secretarios del Tribunal de Justicia de la Unión Europea y del Secretario General del Consejo corresponde al:**

a) Parlamento.
b) Consejo.
c) Consejo Europeo.
d) Comisión.

**31. El Parlamento:**

a) Se reunirá con previa convocatoria el segundo martes de marzo.
b) Se reunirá sin necesidad de previa convocatoria el segundo martes de marzo.
c) Se reunirá la segunda semana de enero con previa convocatoria.
d) Se reunirá el 2 de enero de cada año.

**32. En el Parlamento Europeo, las sesiones plenarias mensuales, a las que asisten todos los diputados, se celebran en:**

a) Estrasburgo (Francia).
b) Bruselas (Bélgica).
c) Luxemburgo.
d) Holanda.

**33. Tendrá derecho a presentar al Parlamento Europeo, individualmente o aso-ciado con otros ciudadanos o personas, una petición sobre un asunto propio de los ámbitos de actuación de la Comunidad que le afecte directamente:**

a) Solamente los Estados miembros.

b) Cualquier ciudadano de la Unión, así como cualquier persona física o jurídica que resida o tenga su domicilio social en un Estado miembro.

c) Exclusivamente cualquier ciudadano de la Unión.

d) Todas las respuestas son falsas.

**34. El Parlamento Europeo podrá tener, en su caso como máximo, los siguiente Diputados:**

a) Su número no excederá de setecientos cincuenta, más el Presidente.

b) Su número no excederá de setecientos cincuenta y uno, más el Presidente.

c) Su número será de setecientos treinta y seis.

d) Su número no excederá de 720 en todo caso

**35. El Parlamento Europeo, en caso de que se le someta una moción de censura sobre la gestión de la Comisión:**

a) Solo podrá pronunciarse sobre dicha moción transcurridos tres días desde la fecha de su presentación y en votación pública.

b) Solo podrá pronunciarse sobre dicha moción transcurridos tres días como mínimo desde la fecha de su presentación y en votación pública.

c) Solo podrá pronunciarse sobre dicha moción transcurridos cinco días como míni-mo desde la fecha de su presentación y en votación pública.

d) No se establece plazo.

**36. Las Instituciones Comunitarias en sentido estricto son:**

a) El Parlamento Europeo, el Consejo, la Comisión, el Tribunal de Justicia, el Comité de las Regiones y el Comité Económico y Social.

b) El Parlamento Europeo, el Consejo, la Comisión, el Tribunal de Justicia y el Comité de las Regiones.

c) El Parlamento Europeo, el Consejo, la Comisión, el Tribunal de Justicia y el Comité Económico y Social.

d) El Parlamento Europeo, el Consejo, la Comisión, el Tribunal de Justicia, el Tribunal de Cuentas, el Banco Central Europeo y el Consejo Europeo.

**37. ¿Qué Institución de la Unión Europea está compuesta por un representante de cada Estado miembro de rango ministerial?**

a) La Comisión.

b) El Consejo.

c) El Tribunal de Justicia.

d) El Comité Económico y Social.

### 38. Respecto de la moción de censura:

a) Si la moción de censura es aprobada por mayoría de dos tercios de los votos emitidos que representen, a su vez, la mayoría de los diputados que componen el Parlamento Europeo, los miembros de la Comisión deberán dimitir colectivamente de sus cargos y el Alto Representante de la Unión para Asuntos Exteriores y Política de Seguridad deberá dimitir del cargo que ejerce en la Comisión.

b) Si la moción de censura es aprobada por mayoría de dos tercios de los votos emitidos que representen, a su vez, la mayoría de los diputados que componen el Parlamento Europeo, los miembros de la Comisión deberán dimitir colectivamente de sus cargos, excepto el Alto Representante de la Unión para Asuntos Exteriores y Política de Seguridad.

c) Si la moción de censura es aprobada por mayoría de tres quintos de los votos emitidos que representen, a su vez, la mayoría de los diputados que componen el Parlamento Europeo, los miembros de la Comisión deberán dimitir colectivamente de sus cargos y el Alto Representante de la Unión para Asuntos Exteriores y Política de Seguridad deberá dimitir del cargo que ejerce en la Comisión.

d) Todas son falsas.

### 39. El número mínimo de Diputados al Parlamento por país será de:

a) Seis.
b) Cinco.
c) Cuatro.
d) Ocho.

### 40. El Consejo decidirá la organización de la Secretaría General por:

a) Unanimidad.
b) Mayoría simple.
c) Mayoría cualificada.
d) Consenso.

### 41. La mayoría cualificada en el Consejo, cuando actúe a instancias de la Comisión, se definirá:

a) Como un mínimo del 55 % de los miembros del Consejo que incluya al menos a quince de ellos, que represente a Estados miembros que reúnan como mínimo el 65 % de la población de la Unión.

b) Como un mínimo del 65 % de los miembros del Consejo que incluya al menos a quince de ellos, que represente a Estados miembros que reúnan como mínimo el 55 % de la población de la Unión.

c) Como un mínimo del 55 % de los miembros del Consejo que incluya al menos a quince de ellos, que represente a Estados miembros que reúnan como mínimo el 72 % de la población de la Unión.

d) Como un mínimo del 55 % de los miembros del Consejo que incluya al menos a diez de ellos, que represente a Estados miembros que reúnan como mínimo el 72 % de la población de la Unión.

**42. Son formaciones de existencia necesaria en Consejo:**

a) El Consejo de Asuntos Generales y el Consejo de Asuntos Exteriores.

b) El Consejo de Asuntos Generales, el Consejo de Asuntos Exteriores y el Consejo de Asuntos de Justicia e Interior.

c) El Consejo de Asuntos Generales, el Consejo de Asuntos Exteriores y el Consejo de Asuntos Económicos y Financieros.

d) El Consejo de Asuntos Generales y el ECOFIN.

**43. Los Tratados establecen, respecto de la composición de la Comisión, que a partir del 1 de noviembre de 2014, la Comisión estará compuesta por:**

a) Un número de miembros correspondiente a los tres quintos del número de Estados miembros, a menos que el Consejo Europeo decida por unanimidad modificar dicho número.

b) Un número de miembros correspondiente a los dos tercios del número de Estados miembros, a menos que el Consejo de la Unión Europea decida por unanimidad modificar dicho número.

c) Un número de miembros correspondiente a los dos tercios del número de Estados miembros, a menos que el Consejo Europeo decida por unanimidad modificar dicho número.

d) Un número de miembros correspondiente a los dos tercios del número de Estados miembros, a menos que el Parlamento Europeo decida por unanimidad modificar dicho número.

**44. En el Consejo y cuando se vote por mayoría cualificada, para bloquear una decisión, son necesarios:**

a) Al menos 4 países, que representen, como mínimo, al 35 % de la población total de la UE.

b) Al menos 3 países, que representen, como mínimo, al 35 % de la población total de la UE.

c) Al menos 4 países, que representen, como mínimo, al 55 % de la población total de la UE.

d) Al menos 4 países, que representen, como mínimo, al 65 % de la población total de la UE.

**45. Los jueces elegirán de entre ellos al Presidente del Tribunal General por un periodo de:**

a) Seis años no renovables.

b) Cinco años renovables.

c) Tres años y su mandato será renovable.

d) Cuatro años renovables.

**46. La Presidencia del Consejo y las de sus distintas formaciones están asistidas por:**

a) El Consejo Económico y Social.
b) El Parlamento.
c) Una Secretaría General
d) El Órgano Consultivo de la Unión Europea.

**47. Señala la respuesta verdadera:**

a) El Parlamento Europeo representa a los ciudadanos de la UE y es elegido directamente por ellos.
b) El Consejo de la Unión Europea representa a los Estados miembros individuales.
c) La Comisión Europea defiende los intereses de la Unión en conjunto.
d) Todas son verdaderas.

**48. Señala la respuesta falsa:**

a) La Comisión tendrá su sede en Bruselas, aunque algunos de sus servicios se establecerán en Luxemburgo.
b) El Tribunal de Justicia de la Unión Europea tendrá su sede en Luxemburgo.
c) El Tribunal de Cuentas tendrá su sede en Luxemburgo.
d) El Comité Económico y Social tendrá su sede en La Haya.

**49. Cuando hablamos del Consejo nos estamos refiriendo:**

a) Al Consejo de la Unión Europea.
b) Al Consejo Europeo.
c) Al Consejo de Europa.
d) Todas las respuestas son falsas.

**50. En el Parlamento el periodo de sesiones será:**

a) El primero de septiembre a diciembre y el segundo de febrero a junio.
b) El primero de enero a junio y el segundo de septiembre a diciembre.
c) La duración del periodo de sesiones será de un año.
d) De enero a octubre.

**51. La Presidencia del Consejo de la Unión Europea:**

a) Es rotatoria cada 6 meses.
b) Es de dos años y medio.
c) Será rotatoria solamente la del Consejo Europeo.
d) Será de un año.

### 52. La Presidencia de las formaciones del Consejo:

a) Será desempeñada por los representantes de los Estados miembros en el Consejo mediante un sistema de rotación igual.

b) Con excepción de la de Asuntos Exteriores, será desempeñada por los representantes de los Estados miembros en el Consejo mediante un sistema de rotación igual.

c) Será desempeñada por el presidente del Consejo Europeo.

d) Todas las respuestas son falsas.

### 53. En el Consejo es una formación de existencia obligatoria:

a) El Consejo de Asuntos Exteriores.

b) El Consejo de Asuntos Económicos y Financieros (ECOFIN).

c) El Consejo de Asuntos de Justicia e Interior, que reúne a los Ministros de Justicia o de Interior.

d) El Consejo de Empleo, Política Social, Salud y Consumidores.

### 54. Respecto a la Secretaría General del Consejo:

a) La Presidencia del Consejo y las de sus distintas formaciones están asistidas por la Secretaría General del Consejo, órgano administrativo y de gestión interna cuya dirección detenta un Secretario General, nombrado por el Consejo.

b) El Consejo decidirá por mayoría simple la organización de la Secretaría General.

c) El Consejo se pronunciará por mayoría simple en las cuestiones de procedimiento y para la aprobación de su reglamento interno.

d) Todas las respuestas son verdaderas.

### 55. El Consejo:

a) Por mayoría cualificada, podrá pedir a la Comisión que proceda a efectuar todos los estudios que él considere oportunos para la consecución de los objetivos comunes y que le someta las propuestas pertinentes. Si la Comisión no presenta propuesta alguna, comunicará las razones al Consejo.

b) Por mayoría simple, podrá pedir al Parlamento que proceda a efectuar todos los estudios que él considere oportunos para la consecución de los objetivos comunes y que le someta las propuestas pertinentes.

c) Podrá pedir a la Comisión que proceda a efectuar todos los estudios que él considere oportunos para la consecución de los objetivos comunes y que le someta las propuestas pertinentes. Si la Comisión no presenta propuesta alguna, comunicará las razones al Consejo.

d) Por mayoría simple, podrá pedir a la Comisión que proceda a efectuar todos los estudios que él considere oportunos para la consecución de los objetivos comunes y que le someta las propuestas pertinentes. Si la Comisión no presenta propuesta alguna, comunicará las razones al Consejo.

**56. Los miembros de la Comisión serán elegidos en razón de su competencia general y de su compromiso europeo:**

a) Será necesario haber ostentando el cargo de ministro en su país miembro.
b) Será necesario haber sido miembro del Parlamento Europeo.
c) De entre personalidades que ofrezcan plenas garantías de independencia.
d) De entre personalidades de cada Estado miembro que sean a su vez miembros del gobierno nacional de cada país.

**57. A los vicepresidentes de la Comisión los nombra:**

a) El Presidente.
b) El Consejo.
c) El Consejo Europeo.
d) La Comisión en pleno.

**58. La Comisión será nombrada por:**

a) El Parlamento.
b) El Consejo.
c) Conjuntamente por el Parlamento y el Consejo.
d) El Consejo Europeo, por mayoría cualificada.

**59. De acuerdo con el TUE, las instituciones mantendrán entre sí:**

a) Relaciones de coordinación.
b) Relaciones de cooperación.
c) Una coordinación y cooperación leal.
d) Una cooperación leal.

**60. Las responsabilidades que incumben a la Comisión:**

a) Vienen determinadas para cada Comisario en el Tratado de Lisboa.
b) Se las atribuye el Consejo.
c) Serán estructuradas y repartidas entre sus miembros por el Presidente.
d) Serán atribuidas de acuerdo con el reglamento interno de la Comisión.

**61. Como regla general, la Institución que tiene la iniciativa legislativa es:**

a) El Consejo.
b) La Comisión.
c) El Parlamento.
d) Todos ellos.

**62. El número mínimo y máximo, respectivamente, de parlamentarios por país es de:**

a) 5 y 96.
b) 6 y 99.
c) 6 y 96.
d) 6 y 98.

**63. En el Parlamento Europeo los parlamentarios que no pertenecen a ningún grupo, se denominan:**

a) No inscritos.
b) Grupo mixto.
c) Grupo europeo.
d) Todos deben pertenecer a un grupo parlamentario.

**64. En el Parlamento Europeo en la actualidad existen los siguientes cuestores:**

a) 4.
b) 5.
c) 6.
d) 7.

**65. En el Parlamento existen o pueden existir:**

a) Comisiones permanentes.
b) Comisiones especiales.
c) Comisiones de investigación.
d) Todas ellas.

**66. Respecto a las peticiones al Parlamento las pueden presentar:**

a) Cualquier ciudadano de la Unión, así como cualquier persona física o jurídica que resida o tenga su domicilio social en un Estado miembro, tendrá derecho a presentar al Parlamento Europeo, individualmente o asociado con otros ciudadanos o personas, una petición sobre un asunto propio de los ámbitos de actuación de la Unión que le afecte directamente.

b) Cualquier Estado, así como cualquier persona jurídica que resida o tenga su domicilio social en un Estado miembro, tendrá derecho a presentar al Parlamento Europeo, individualmente o asociado con otros ciudadanos o personas, una petición sobre un asunto propio de los ámbitos de actuación de la Unión que le afecte directamente.

c) Cualquier ciudadano de la Unión, así como cualquier persona física o jurídica que resida o tenga su domicilio social en un Estado miembro, tendrá derecho a presentar al Parlamento Europeo, exclusivamente de forma individual una petición sobre un asunto propio de los ámbitos de actuación de la Unión que le afecte directamente.

d) Cualquier Estado tendrá derecho a presentar al Parlamento Europeo una petición sobre un asunto propio de los ámbitos de actuación de la Unión que le afecte directamente.

**67. Cuando el Consejo no actúe a propuesta de la Comisión o del Alto Representante de la Unión para Asuntos Exteriores y Política de Seguridad, la mayoría cualificada se definirá con:**

a) Un mínimo del 72 % de los miembros del Consejo.
b) Un mínimo del 72 % de la población.
c) Un mínimo del 65 % de los miembros del Consejo.
d) Todas son falsas.

**68. El Presidente, el Alto Representante de la Unión para Asuntos Exteriores y Política de Seguridad y los demás miembros de la Comisión se someterán colegiadamente al voto de aprobación de:**

a) Parlamento Europeo.
b) Consejo Europeo.
c) Consejo.
d) Tribunal de Justicia.

**69. El Parlamento Europeo tiene en la actualidad los siguientes Diputados:**

a) 705, incluido el Presidente.
b) 750, incluido el Presidente.
c) 750, más el Presidente.
d) 720, incluido el Presidente.

**70. El Presidente del Tribunal de Justicia lo elige:**

a) La Comisión.
b) El Consejo Europeo.
c) El Consejo de la Unión Europea.
d) Los jueces del Tribunal de Justicia.

**71. Será miembro nato de la Comisión:**

a) El Presidente del Consejo Europeo.
b) El Presidente del Consejo de la Unión Europea.
c) El Alto Representante de la Unión para Asuntos Exteriores y Política de Seguridad.
d) El Presidente del Parlamento Europeo.

**72. En el Consejo de la Unión Europea en las votaciones por mayoría cualificada, las abstenciones cuentan:**

a) Como abstenciones.
b) Como votos en contra.
c) Como votos a favor.
d) Todas son falsas.

**73. ¿Cuántos miembros tiene el Tribunal General de la Unión Europea?**

a) Uno por cada Estado.
b) Dos por cada Estado.
c) 49.
d) 47.

**74. El Consejo Europeo está compuesto por:**

a) Los Jefes de Estado o de Gobierno de los Estados miembros, así como por su Presidente y por el Presidente de la Comisión. Participará en sus trabajos el Alto Representante de la Unión para Asuntos Exteriores y Política de Seguridad.
b) Los Jefes de Estado o de Gobierno de los Estados miembros, así como por su Presidente. Participará en sus trabajos el Alto Representante de la Unión para Asuntos Exteriores y Política de Seguridad.
c) Los Jefes de Estado o de Gobierno de los Estados miembros y por el Presidente de la Comisión. Participará en sus trabajos el Alto Representante de la Unión para Asuntos Exteriores y Política de Seguridad.
d) Los Jefes de Estado o de Gobierno de los Estados miembros, así como por su Presidente y por el Presidente de la Comisión. También por el Alto Representante de la Unión para Asuntos Exteriores y Política de Seguridad.

**75. ¿Qué dos órganos pasan a ser Institución a partir del Tratado de Lisboa?**

a) El Parlamento y la Comisión.
b) El Consejo Europeo y el Banco Central.
c) El Banco Central y la Comisión.
d) La Comisión y el Consejo.

**76. Acerca del Presidente del Consejo Europeo diremos que:**

a) Es una figura de nueva creación tras el Tratado de Lisboa.
b) Su mandato será de dos años y medio.
c) Su misión principal será garantizar la preparación y continuidad de su labor y favorecer el consenso entre los países miembros.
d) Todas las respuestas son verdaderas.

**77. El Consejo Europeo se reunirá:**

a) Una vez por semestre por convocatoria de su Presidente.
b) Dos veces por semestre por convocatoria de su Presidente.
c) Tres veces por semestre o a petición de su Presidente.
d) Todas son falsas.

**78. ¿Qué Presidente tiene un mandato máximo de dos años y medio?**

a) El de la Comisión.
b) El del Consejo de la Unión Europea.
c) El del Consejo Europeo.
d) El del Banco Central Europeo.

**79. ¿Cuál de las siguientes no es una formación del Consejo en la actualidad?**

a) El Consejo de Empleo, Política Social, Salud y Consumidores.
b) El Consejo de Competitividad y Transparencia.
c) El Consejo de Transportes, Telecomunicaciones y Energía.
d) El Consejo de Agricultura y Pesca.

**80. Respecto del Consejo Europeo:**

a) Es el órgano legislativo ordinario.
b) No ejercerá función legislativa alguna.
c) Normalmente, el Consejo Europeo se reúne en Estrasburgo.
d) Es una figura de nueva creación en el Tratado de Lisboa.

**81. Los diputados al Parlamento Europeo serán elegidos por sufragio:**

a) Universal, directo, libre y secreto.
b) Universal, directo y libre.
c) Universal, igual, directo, secreto y libre.
d) Universal, secreto y libre.

**82. Cuando la situación lo exija, se convocará una reunión extraordinaria del Consejo Europeo por:**

a) Su Presidente.
b) Cualquier Estado.
c) El Presidente de la Comisión.
d) El Presidente del Consejo de la Unión Europea.

**83. El Presidente del Consejo Europeo:**

a) Asumirá en exclusiva la representación exterior de la Unión en los asuntos de política exterior y de seguridad común.
b) No podrá ejercer mandato nacional alguno, salvo la de Ministro.
c) Su mandato será renovable por una sola vez.
d) Todas las respuestas son verdaderas.

**84. Salvo que los Tratados dispongan otra cosa, el Consejo Europeo se pronunciará por:**

a) Consenso.
b) Mayoría cualificada.
c) Unanimidad.
d) Mayoría simple.

**85. ¿Durante qué meses el Consejo celebra sus sesiones en Luxemburgo?**

a) Abril, junio y octubre.
b) Abril, julio y octubre.
c) Abril, septiembre y diciembre.
d) Mayo, junio y octubre.

**86. La composición del Parlamento Europeo se fijará:**

a) Por el Consejo por unanimidad, a iniciativa del Parlamento y con su aprobación.
b) Por el Consejo Europeo por unanimidad, a iniciativa del Parlamento Europeo y con su aprobación.
c) Por la Comisión.
d) Por el Consejo Europeo por consenso, a iniciativa del Parlamento Europeo y con su aprobación.

**87. ¿Qué Institución dará a la Unión los impulsos necesarios para su desarrollo y definirá sus orientaciones y prioridades políticas generales de la Unión Europea?**

a) El Consejo.
b) La Comisión.
c) El Consejo Europeo.
d) El Parlamento.

**88. ¿Qué Institución no tiene competencias legislativas?**

a) El Parlamento.
b) El Consejo.
c) El Consejo Europeo.
d) Las tienen todas ellas.

**89. ¿En qué caso se puede convocar una sesión extraordinaria al Consejo Europeo?**

a) Cuando la situación lo exija.
b) Cuando exista urgencia.
c) Cuando lo requieran tres países miembros.
d) A propuesta del Consejo y de la Comisión.

**90. ¿Qué Tratado se firma el 26 de febrero de 2001?**

a) Lisboa.
b) Niza.
c) Ámsterdam.
d) Maastricht.

**91. El Presidente del Consejo Europeo es elegido por:**

a) El propio Consejo Europeo por mayoría cualificada por dos años y medio.
b) El propio Consejo Europeo por consenso por dos años y medio.
c) El propio Consejo Europeo por unanimidad por dos años y medio.
d) El Consejo de la Unión Europea por mayoría cualificada por dos años y medio.

**92. De acuerdo con el artículo 15.6 del TUE, sin perjuicio de las atribuciones del Alto Representante de la Unión para Asuntos Exteriores y Política de Seguridad, ¿quién asumirá, de acuerdo con el TUE, en su rango y condición, la representación exterior de la Unión en los asuntos de política exterior y de seguridad común?**

a) El Consejo Europeo.
b) El Presidente del Consejo Europeo.
c) El Presidente de la Comisión.
d) El Consejo.

**93. ¿Qué formación del Consejo preparará las reuniones del Consejo Europeo?**

a) El Consejo de Asuntos Generales.
b) El Consejo de Representantes Permanentes.
c) El Consejo de Política General.
d) El Consejo de Relaciones Generales.

**94. El Consejo se divide en:**

a) Formaciones.
b) Direcciones Generales.
c) Ministerios.
d) Secretarías Generales.

**95. El Consejo se reunirá en público:**

a) En todo caso.
b) Cuando delibere y vote sobre un proyecto de acto legislativo.
c) Para asuntos de política exterior.
d) En los asuntos que así lo acuerde el propio Consejo.

**96. ¿Quién se encargará de preparar los trabajos del Consejo?**

a) La Comisión.
b) Un Comité de Representantes Permanentes de los Gobiernos de los Estados miembros.
c) Un Consejo de Representantes Permanentes de los Gobiernos de los Estados miembros.
d) Los embajadores de los Estados miembros.

**97. España tiene en la actualidad los siguientes Diputados al Parlamento Europeo:**

a) 50.
b) 59.
c) 65.
d) 61.

**98. ¿Qué Institución promoverá el interés general de la Unión y tomará las iniciativas adecuadas con este fin?**

a) El Consejo.
b) El Consejo Europeo.
c) La Comisión.
d) El Parlamento.

**99. Excepto cuando los Tratados dispongan otra cosa, los actos legislativos de la Unión solo podrán adoptarse a propuesta:**

a) De la Comisión.
b) Del Parlamento.
c) Del Consejo.
d) Del Consejo Europeo.

**100. ¿Qué Institución tiene una responsabilidad colegiada ante el Parlamento?**

a) El Consejo.
b) El Consejo Europeo.
c) La Comisión.
d) Todas ellas.

**101. El Tratado de la CECA entra en vigor el:**

a) 25 de julio de 1952.
b) 1 de julio de 1952.
c) 31 de junio de 1952.
d) 25 de junio de 1952.

**102. El periodo de duración del Tratado de la CECA era de:**

a) No se establecía periodo de duración.
b) 40 años.
c) 25 años.
d) 50 años.

**103. Los Tratados de Roma de 25 de marzo de 1957 por los que se crean la Comunidad Económica Europea (CEE) y la Comunidad Europea de la Energía Atómica (CEEA o EURATOM) se firman por:**

a) Alemania, Gran Bretaña, Italia, Bélgica, Holanda, Luxemburgo.
b) Alemania, Francia, Italia, Bélgica, Holanda, Luxemburgo.
c) Francia, Italia, Bélgica, Holanda, Luxemburgo.
d) Alemania, Francia, Gran Bretaña, Bélgica, Holanda, Luxemburgo.

**104. Tras el tratado de Lisboa, que Tratado pasa a denominarse Tratado de Funcionamiento de la Unión Europea:**

a) Niza.
b) Tratado Constitutivo de la Comunidad Europea.
c) Tratado de la Unión Europea.
d) El Acta Única Europea.

# Solución al test n.º 3

**1.** a) El Tribunal de Justicia, el Tribunal General y los tribunales especializados.

**2.** a) Un representante de cada Estado miembro, de rango ministerial, facultado para comprometer al Gobierno del Estado miembro al que represente y para ejercer el derecho de voto.

**3.** c) Mayoría cualificada.

**4.** c) La Comisión.

**5.** c) El Consejo Europeo, por mayoría cualificada.

**6.** b) El Parlamento Europeo, el Consejo y la Comisión estarán asistidos por un Comité Económico y Social y por un Comité de las Regiones que ejercerán funciones consultivas.

**7.** d) Todas las respuestas son verdaderas.

**8.** c) Cinco años.

**9.** a) Conjuntamente por el Consejo y el Parlamento, por un procedimiento especial.

**10.** a) La representación de cada miembro ante la UE.

**11.** a) 14.

**12.** a) 5 años.

**13.** b) Bruselas.

**14.** b) Renovable.

**15.** d) Por mayoría del número de miembros.

**16.** a) Luxemburgo.

**17.** d) Todas las respuestas son verdaderas.

**18.** a) La circunscripción electoral sea única para todo el territorio nacional.

**19.** a) El Consejo.

**20.** a) Solamente los nacionales de los Estados miembros podrán ser miembros de la Comisión.

**21.** d) Todas las respuestas son verdaderas.

**22.** a) Todo miembro de la Comisión que deje de reunir las condiciones necesarias para el ejercicio de sus funciones o haya cometido una falta grave podrá ser cesado por el Tribunal de Justicia, a instancia del Consejo, por mayoría simple, o de la Comisión.

**23.** a) Un juez por Estado miembro y 11 abogados generales.

**24.** b) Cinco años.

**25.** b) Polonia.

**26.** d) La tercera parte de los diputados que integran el Parlamento.

**27.** d) 23 diputados, que representen al menos a una cuarta parte de los Estados miembros.

**28.** d) Dos años y medio, prorrogable por otros dos años y medio.

**29.** c) El Defensor del Pueblo.

**30.** b) Consejo.

**31.** b) Se reunirá sin necesidad de previa convocatoria el segundo martes de marzo.

**32.** a) Estrasburgo (Francia).

**33.** b) Cualquier ciudadano de la Unión, así como cualquier persona física o jurídica que resida o tenga su domicilio social en un Estado miembro.

**34.** a) Su número no excederá de setecientos cincuenta, más el Presidente.

**35.** b) Solo podrá pronunciarse sobre dicha moción transcurridos tres días como mínimo desde la fecha de su presentación y en votación pública.

**36.** d) El Parlamento Europeo, el Consejo, la Comisión, el Tribunal de Justicia, el Tribunal de Cuentas, el Banco Central Europeo y el Consejo Europeo.

**37.** b) El Consejo.

**38.** a) Si la moción de censura es aprobada por mayoría de dos tercios de los votos emitidos que representen, a su vez, la mayoría de los diputados que componen el Parlamento Europeo, los miembros de la Comisión deberán dimitir colectivamente de sus cargos y el Alto Representante de la Unión para Asuntos Exteriores y Política de Seguridad deberá dimitir del cargo que ejerce en la Comisión.

**39.** a) Seis.

**40.** b) Mayoría simple.

**41.** a) Como un mínimo del 55 % de los miembros del Consejo que incluya al menos a quince de ellos, que represente a Estados miembros que reúnan como mínimo el 65 % de la población de la Unión.

**42.** a) El Consejo de Asuntos Generales y el Consejo de Asuntos Exteriores.

**43.** c) Un número de miembros correspondiente a los dos tercios del número de Estados miembros, a menos que el Consejo Europeo decida por unanimidad modificar dicho número.

**44.** a) Al menos 4 países, que representen, como mínimo, al 35 % de la población total de la UE.

**45.** c) Tres años y su mandato será renovable.

**46.** c) Una Secretaría General.

**47.** d) Todas son verdaderas.

**48.** d) El Comité Económico y Social tendrá su sede en La Haya.

**49.** a) Al Consejo de la Unión Europea.

**50.** c) La duración del periodo de sesiones será de un año.

**51.** a) Es rotatoria cada 6 meses.

**52.** b) Con excepción de la de Asuntos Exteriores, será desempeñada por los representantes de los Estados miembros en el Consejo mediante un sistema de rotación igual.

**53.** a) El Consejo de Asuntos Exteriores.

**54.** d) Todas las respuestas son verdaderas.

**55.** d) Por mayoría simple, podrá pedir a la Comisión que proceda a efectuar todos los estudios que él considere oportunos para la consecución de los objetivos comunes y que le someta las propuestas pertinentes. Si la Comisión no presenta propuesta alguna, comunicará las razones al Consejo.

**56.** c) De entre personalidades que ofrezcan plenas garantías de independencia.

**57.** a) El Presidente.

**58.** d) El Consejo Europeo, por mayoría cualificada.

**59.** d) Una cooperación leal.

**60.** c) Serán estructuradas y repartidas entre sus miembros por el Presidente.

**61.** b) La Comisión.

**62.** c) 6 y 96.

**63.** a) No inscritos.

**64.** b) 5.

**65.** d) Todas ellas.

**66.** a) Cualquier ciudadano de la Unión, así como cualquier persona física o jurídica que resida o tenga su domicilio social en un Estado miembro, tendrá derecho a presentar al Parlamento Europeo, individualmente o asociado con otros ciudadanos o personas, una petición sobre un asunto propio de los ámbitos de actuación de la Unión que le afecte directamente.

**67.** a) Un mínimo del 72 % de los miembros del Consejo.

**68.** a) Parlamento Europeo.

**69.** d) 720, incluido el Presidente

**70.** d) Los jueces del Tribunal de Justicia.

**71.** c) El Alto Representante de la Unión para Asuntos Exteriores y Política de Seguridad.

**72.** b) Como votos en contra.

**73.** b) Dos por cada Estado.

**74.** a) Los Jefes de Estado o de Gobierno de los Estados miembros, así como por su Presidente y por el Presidente de la Comisión. Participará en sus trabajos el Alto Representante de la Unión para Asuntos Exteriores y Política de Seguridad.

**75.** b) El Consejo Europeo y el Banco Central.

**76.** d) Todas las respuestas son verdaderas.

**77.** b) Dos veces por semestre por convocatoria de su Presidente.

**78.** c) El del Consejo Europeo.

**79.** b) El Consejo de Competitividad y Transparencia

**80.** b) No ejercerá función legislativa alguna.

**81.** a) Universal, directo, libre y secreto.

**82.** a) Su Presidente.

**83.** c) Su mandato será renovable por una sola vez.

**84.** a) Consenso.

**85.** a) Abril, junio y octubre.

**86.** b) Por el Consejo Europeo por unanimidad, a iniciativa del Parlamento Europeo y con su aprobación.

**87.** c) El Consejo Europeo.

**88.** c) El Consejo Europeo.

**89.** a) Cuando la situación lo exija.

**90.** b) Niza.

**91.** a) El propio Consejo Europeo por mayoría cualificada por dos años y medio.

**92.** b) El Presidente del Consejo Europeo.

**93.** a) El Consejo de Asuntos Generales.

**94.** a) Formaciones.

**95.** b) Cuando delibere y vote sobre un proyecto de acto legislativo.

**96.** b) Un Comité de Representantes Permanentes de los Gobiernos de los Estados miembros.

**97.** d) 61.

**98.** c) La Comisión.

**99.** a) De la Comisión.

**100.** c) La Comisión.

**101.** a) 25 de julio de 1952.

**102.** d) 50 años.

**103.** b) Alemania, Francia, Italia, Bélgica, Holanda, Luxemburgo.

**104.** b) Tratado Constitutivo de la Comunidad Europea.

**Organización territorial del Estado. Las Comunidades Autónomas. Distribución de competencias entre el Estado y las Comunidades Autónomas. El Estatuto de Autonomía de Castilla y León. Competencias. Instituciones básicas e instituciones propias**

**1. Según la Constitución, las Entidades que forman parte de la organización territorial del Estado tienen la nota común de:**

a) Autogobierno.
b) Independencia.
c) Autonomía.
d) Financiación propia.

**2. La titularidad de la soberanía española radica en el/las:**

a) Cortes Generales como representantes del pueblo español.
b) Rey como Jefe del Estado.
c) Pueblo mismo.
d) Nacionalidades y regiones que integran España.

**3. No pueden constituirse en Comunidades Autónomas los territorios:**

a) Que no estén integrados en la organización provincial.
b) Que, no siendo superiores a una Provincia, tengan entidad regional histórica.
c) Que, no siendo superiores a una Provincia, no tengan entidad regional histórica.
d) Interinsulares.

**4. La vía ordinaria de acceso a la autonomía por el artículo 143 de la Constitución se sigue por los/las:**

a) Provincias con entidad regional histórica.
b) Territorios que en el pasado hubieren plebiscitado afirmativamente proyecto de Estatuto de Autonomía.

c) Provincia sin entidad regional histórica directamente.
d) Supuestos especiales de Ceuta, Melilla y Gibraltar.

**5. Entre las determinaciones de los Estatutos de Autonomía no es necesario incluir la:**

a) Delimitación de su territorio.
b) Denominación de las instituciones autónomas propias.
c) Denominación de la Comunidad.
d) Denominación, organización y sede de sus instituciones administrativas.

**6. En las Comunidades Autónomas que siguen la vía común, el Proyecto de Estatuto será elaborado por la/los:**

a) Asamblea de Parlamentarios que se constituye al efecto.
b) Comisión Constitucional del Congreso de los Diputados.
c) Diputación Provincial correspondiente.
d) Miembros de la Diputación u órgano interinsular y por los Diputados y Senadores elegidos por ellas.

**7. El voto de ratificación por los Plenos del Senado y del Congreso de los Diputados se dará en el/las:**

a) Comunidades Autónomas que siguen la vía común.
b) Comunidades Autónomas que siguen la vía especial.
c) Acceso a la autonomía de Ceuta y Melilla.
d) Acceso a la autonomía de Gibraltar.

**8. La responsabilidad política del Presidente de una Comunidad Autónoma se exige por el/la:**

a) Sala de lo Penal del Tribunal Supremo.
b) Congreso de los Diputados.
c) Tribunal Superior de Justicia de la Comunidad Autónoma.
d) Asamblea Legislativa de la Comunidad Autónoma.

**9. La Asamblea Legislativa de las Comunidades Autónomas se elige:**

a) Con criterios de representación territorial.
b) Con criterios de representación proporcional.
c) Por sufragio individual.
d) Con criterios de representación provincial.

**10. Con el fin de corregir los desequilibrios económicos interterritoriales y hacer efectivo el principio de solidaridad, se constituye:**

a) El Fondo de Compensación Interterritorial.
b) El Comité Económico Interterritorial.
c) El Consejo de Política Fiscal y Financiera.
d) El FASI.

**11. Los Estatutos de Autonomía deberán contener el/la/las:**

a) Competencias que se dejan al Estado y las que asume la Comunidad.
b) Competencias que, en función de la Constitución, asume cada Comunidad Autónoma.
c) Desarrollo de la Administración Autonómica.
d) División provincial y órganos de gobierno.

**12. En la reforma de los Estatutos intervienen las Cortes Generales:**

a) Siempre.
b) Nunca.
c) Solo cuanto se trata de Comunidades Autónomas que accedieron por la vía común.
d) En las Comunidades Autónomas de vía especial exclusivamente.

**13. Los miembros de las Diputaciones u órganos interinsulares intervienen en la elaboración de los Estatutos de Autonomía:**

a) En todo caso.
b) Nunca.
c) En las Comunidades Autónomas de vía común.
d) En las Comunidades Autónomas de vía especial.

**14. Los Estatutos de Autonomía en la vía común se aprueban por el:**

a) Congreso de los Diputados mediante ley orgánica.
b) Congreso de los Diputados y Senado por ley orgánica.
c) Congreso de los Diputados y Senado por ley ordinaria.
d) Parlamento Autonómico solamente.

**15. La más alta representación de una Comunidad Autónoma la ostenta el:**

a) Presidente del Parlamento Autonómico.
b) Presidente de la Comunidad Autónoma.
c) Rey.
d) Presidente del Gobierno de la Nación.

**16. La asunción de competencias y de mayor autonomía por las Comunidades Autónomas es, como regla general:**

a) Regresiva.
b) Progresiva.
c) Automática.
d) Inmediata.

**17. En la elaboración por la vía común de los Estatutos de Autonomía:**

a) No intervienen los Municipios afectados.
b) Intervendrán en todo caso.
c) Solo intervienen las Diputaciones Provinciales u órganos interinsulares.
d) Solo intervienen los Municipios y los Diputados y Senadores.

**18. El principio de solidaridad consagrado por el artículo 138 de la Constitución exige una atención especial a:**

a) Las Comunidades Autónomas de economía más deprimida.
b) Las Entidades de ámbito territorial inferior al municipal.
c) Todas las partes del territorio nacional.
d) Las Islas.

**19. La federación de Comunidades Autónomas, según la Constitución:**

a) Solo se permite respecto de las limítrofes.
b) Requiere Ley Orgánica de las Cortes Generales.
c) Ha de efectuarse previa reforma de la propia Constitución.
d) Está absolutamente prohibida.

**20. De las siguientes materias, ¿cuáles no son competencia exclusiva del Estado?**

a) Legislación sobre propiedad intelectual e industrial.
b) Fomento y coordinación general de la investigación científica y técnica.
c) Los montes y aprovechamientos forestales.
d) Defensa y Fuerzas Armadas.

**21. El Estatuto de Autonomía de Castilla y León se aprobó por:**

a) La LO 4/1985.
b) La LO 4/1983.
c) La LO 5/1983.
d) La LO 5/1985.

**22. El número de artículos del Estatuto es:**

a) 50.
b) 91.
c) 43.
d) 51.

**23. Los derechos y libertades de los ciudadanos de Castilla y León serán:**

a) Los que se establezcan en Tratados Internacionales sobre Derechos Humanos ratificados por España.
b) Los que se establezcan en el Estatuto de Autonomía.
c) Los establecidos por la Constitución.
d) Todas las respuestas son correctas.

**24. El respeto a la lengua gallega:**

a) Se recoge en la redacción inicial del Estatuto.
b) Se introdujo por la LO 4/99 de reforma del Estatuto.
c) No se recoge en el Estatuto de Castilla y León.
d) Se establecerá en una Ley.

**25. Es un símbolo de la Comunidad Autónoma de Castilla y León:**

a) El emblema o blasón.
b) El pendón.
c) El himno, que se establecerá mediante ley.
d) Todas las respuestas son correctas.

**26. La provincia de Segovia:**

a) Forma parte desde el principio de la Comunidad Autónoma.
b) Cuenta con un régimen especial de autonomía.
c) No forma parte de la Comunidad de Castilla y León.
d) Se incorporó a la Comunidad Autónoma con la Ley Orgánica 5/1983.

**27. Los miembros de las Cortes de Castilla y León se denominan:**

a) Procuradores.
b) Diputados.
c) Parlamentarios.
d) Consejeros.

**28. La circunscripción electoral en las elecciones a miembros de las Cortes de Castilla y León es:**

a) El partido judicial.
b) La provincia.
c) El municipio.
d) Toda la Comunidad Autónoma.

**29. El número mínimo de Procuradores que corresponde a cada circunscripción electoral es de:**

a) 5.
b) 4.
c) 2.
d) 3.

**30. No es un órgano de las Cortes:**

a) La Mesa.
b) El Presidente de la Junta.
c) La Diputación Permanente.
d) El Presidente de las Cortes.

**31. La convocatoria de sesiones extraordinarias puede hacerse:**

a) Por el Presidente de las Cortes.
b) Por el Presidente de la Junta.
c) Por la Mesa de las Cortes.
d) Por el Procurador del Común.

**32. La designación del Procurador del Común corresponde:**

a) A la Junta.
b) Al Presidente de la Junta.
c) Al Presidente de las Cortes.
d) A las Cortes.

**33. No es competencia de las Cortes de Castilla y León:**

a) Ejercitar la potestad legislativa.
b) Ejercer el gobierno de la Comunidad.
c) Controlar la acción política y de gobierno de la Junta y de su Presidente.
d) Interponer recursos de inconstitucionalidad.

**34. La entrada en vigor de las leyes de Castilla y León se rige:**

a) Por la fecha de su aprobación por las Cortes.
b) Por la fecha de su publicación en el BOE.
c) Por la fecha de su aprobación en el Boletín Oficial de Castilla y León.
d) Por la fecha de su promulgación por el Presidente de las Cortes.

**35. El nombramiento del Presidente de la Junta corresponde:**

a) Al Presidente de las Cortes.
b) A las Cortes.
c) A los consejeros.
d) Al Rey.

**36. La elección del Presidente requiere:**

a) Mayoría simple en la primera votación.
b) Mayoría absoluta en la segunda votación.
c) Mayoría simple en la primera votación, o mayoría absoluta en la segunda.
d) Mayoría absoluta en la primera votación, o mayoría simple en la segunda.

**37. La cuestión de confianza:**

a) No se recoge en el Estatuto de Autonomía.
b) Se introdujo en la LO 4/1999.
c) Se regula por una ley específica.
d) Forma parte del Estatuto desde su aprobación.

**38. El Presidente de la Junta puede cesar:**

a) Por la finalización de su mandato.
b) Por una moción de censura.
c) Por una cuestión de confianza.
d) Todas las respuestas son correctas.

**39. La inculpación del Presidente de la Junta, fuera del territorio castellano-leonés, se decidirá por:**

a) El Tribunal Superior de Justicia de Castilla y León.
b) La Sala de lo Penal del Tribunal Supremo.
c) El Consejo Asesor.
d) El Procurador del Común.

**40. El superior órgano consultivo de la Junta es:**

a) El Gabinete del Presidente.
b) El Consejo Consultivo.

c) El Consejo Asesor.
d) El Procurador del Común.

### 41. No es una competencia exclusiva de la Comunidad Autónoma:

a) La ordenación del territorio.
b) El tratamiento especial de las zonas de montaña.
c) El régimen minero y energético.
d) Los aeropuertos y helipuertos que no desarrollen actividades comerciales.

### 42. Dentro de las competencias de ejecución de la Comunidad Autónoma se encuentra/n:

a) Productos farmacéuticos.
b) El régimen local.
c) Las Cámaras agrarias.
d) Los montes y aprovechamiento forestales.

### 43. En materia de enseñanza, corresponden a Castilla y León:

a) Competencias exclusivas.
b) Competencias de desarrollo legislativo y de ejecución.
c) Competencias de ejecución.
d) Castilla y León no tiene competencias en esta materia.

# Solución al test n.º 4

**1.** c) Autonomía.

**2.** c) Pueblo mismo.

**3.** d) Interinsulares.

**4.** a) Provincias con entidad regional histórica.

**5.** d) Denominación, organización y sede de sus instituciones administrativas.

**6.** d) Miembros de la Diputación u órgano interinsular y por los Diputados y Senadores elegidos por ellas.

**7.** b) Comunidades Autónomas que siguen la vía especial.

**8.** d) Asamblea Legislativa de la Comunidad Autónoma.

**9.** b) Con criterios de representación proporcional.

**10.** a) El Fondo de Compensación Interterritorial.

**11.** b) Competencias que, en función de la Constitución, asume cada Comunidad Autónoma.

**12.** a) Siempre.

**13.** c) En las Comunidades Autónomas de vía común.

**14.** b) Congreso de los Diputados y Senado por ley orgánica.

**15.** b) Presidente de la Comunidad Autónoma.

**16.** b) Progresiva.

**17.** a) No intervienen los Municipios afectados.

**18.** d) Las Islas.

**19.** d) Está absolutamente prohibida.

**20.** c) Los montes y aprovechamientos forestales.

**21.** b) La LO 4/1983.

**22.** b) 91.

**23.** d) Todas las respuestas son correctas.

**24.** b) Se introdujo por la LO 4/99 de reforma del Estatuto.

**25.** d) Todas las respuestas son correctas.

**26.** d) Se incorporó a la Comunidad Autónoma con la Ley Orgánica 5/1983.

**27.** a) Procuradores.

**28.** b) La provincia.

**29.** d) 3.

**30.** b) El Presidente de la Junta.

**31.** a) Por el Presidente de las Cortes.

**32.** d) A las Cortes.

**33.** b) Ejercer el gobierno de la Comunidad.

**34.** c) Por la fecha de su publicación en el Boletín Oficial de Castilla y León.

**35.** d) Al Rey.

**36.** d) Mayoría absoluta en la primera votación, o mayoría simple en la segunda.

**37.** b) Se introdujo por la LO 4/1999.

**38.** d) Todas las respuestas son correctas.

**39.** b) La Sala de lo Penal del Tribunal Supremo.

**40.** b) El Consejo Consultivo.

**41.** c) El régimen minero energético.

**42.** a) Productos farmacéuticos.

**43.** b) Competencias de desarrollo legislativo y de ejecución.

# TEST N.º 5

**El Régimen Local. Principios constitucionales. Normativa estatal y autonómica. Clases de Entidades Locales. Su potestad normativa. Organización y competencias de los municipios**

**1. La Administración Local está integrada por:**

a) Por órganos.
b) Por Entes, no por órganos.
c) Por sujetos de Derecho con personalidad jurídica propia.
d) Son correctas las respuestas b) y c).

**2. Uno de los hitos normativos más importantes en la evolución del Régimen Local es:**

a) La Constitución Española de 1931.
b) El Decreto de Javier de Burgos, de 30 de noviembre de 1833.
c) La Declaración Universal de los Derechos Humanos.
d) El Estatuto de Bayona de 1808.

**3. Se definen como entidades locales integradas por los municipios de grandes aglomeraciones urbanas entre cuyos núcleos de población existan vinculaciones económicas y sociales que hagan necesaria la planificación conjunta y la coordinación de determinados servicios y obras:**

a) Las Áreas Metropolitanas.
b) Las Comarcas.
c) Las Mancomunidades.
d) Las entidades de ámbito territorial inferior al Municipio.

**4. Son entidades locales territoriales:**

a) El municipio y las mancomunidades.
b) Las provincias y las comarcas.
c) El municipio, las provincias y las áreas metropolitanas.
d) La Isla en los archipiélagos balear y canario y los municipios.

**5. La no presentación de cuentas por las entidades de ámbito territorial inferior al Municipio ante los organismos correspondientes del Estado y de la Comunidad Autónoma:**

a) Conllevará que el personal que estuviera al servicio de la entidad quedará incorporado en la Administración del Estado.

b) Conllevará que el personal que estuviera al servicio de la entidad quedará incorporado en la Administración de la Comunidad Autónoma.

c) Será motivo para la sustitución de sus órganos de gobierno.

d) Será causa de disolución.

**6. El artículo 137 de la Constitución Española dispone:**

a) El Estado se organiza territorialmente en Municipios, en Provincias y en las Comunidades Autónomas que se constituyan.

b) El Estado se organiza territorialmente en Municipios, en Provincias e Islas.

c) El Estado se organiza territorialmente en Municipios, en Provincias y en Comarcas.

d) El Estado se organiza territorialmente en Municipios, en Provincias y en Concejos.

**7. De acuerdo con el artículo 141 de la Constitución Española:**

a) El gobierno y la administración autónoma de las provincias estarán encomendados a las Diputaciones u otras Corporaciones de carácter representativo.

b) El gobierno y la administración autónoma de las provincias estarán encomendados al Pleno de la Diputación Provincial.

c) El gobierno y la administración autónoma de las provincias estarán encomendados a la Junta de Gobierno de la Diputación Provincial.

d) El gobierno y la administración autónoma de las Provincias estarán encomendados a las Corporaciones de carácter representativo.

**8. Uno de los principios fundamentales en relación con el Régimen Local que recoge la Constitución Española es:**

a) La autonomía de las Corporaciones Locales en la gestión de sus intereses.

b) El carácter democrático y representativo de sus órganos de gobierno.

c) La suficiencia de las Haciendas Locales.

d) Todas las respuestas anteriores son correctas.

**9. ¿Es posible crear agrupaciones de Municipios diferentes de la Provincia?**

a) No.

b) En algunos casos.

c) Solo si lo decide el Presidente del Gobierno.

d) Sí.

**10. De conformidad con el artículo 140 de la Constitución Española, los concejales serán elegidos por sufragio:**

a) Universal por parte de los ciudadanos del municipio.
b) Universal, igual, libre, e indirecto.
c) Universal, igual, libre, directo y secreto.
d) Universal, igual, libre, directo y secreto, en la forma establecida en la ley.

**11. Según el artículo 103.1 de la Constitución Española, la Administración Pública sirve con objetividad los intereses generales y actúa de acuerdo con los principios de:**

a) Eficacia, jerarquía, descentralización, desconcentración y suficiencia financiera.
b) Descentralización, desconcentración, altruismo y eficacia.
c) Eficacia, jerarquía, descentralización, desconcentración y coordinación.
d) Eficacia, jerarquía, descentralización, desconcentración y gratuidad.

**12. El Texto Refundido de la Ley Reguladora de las Haciendas Locales fue aprobado por:**

a) Real Decreto Legislativo 2/2014, de 5 de marzo.
b) Real Decreto Legislativo 2/1994, de 5 de marzo.
c) Real Decreto Legislativo 2/2004, de 5 de marzo.
d) Real Decreto Legislativo 2/2004, de 5 de abril.

**13. Las elecciones locales se encuentran reguladas en:**

a) El Reglamento de Servicios de las Corporaciones Locales, de 17 de junio de 1955.
b) El Texto Refundido de la Ley Reguladora de las Haciendas Locales.
c) La Ley Orgánica 5/1985, de 19 de junio, del Régimen Electoral General.
d) La Ley Orgánica Electoral de 2 de abril de 1986.

**14. ¿Cuál es la Entidad básica de la organización territorial del Estado y cauce inmediato de participación ciudadana en los asuntos públicos, que institucionaliza y gestiona con autonomía los intereses propios de la respectiva colectividad?**

a) La Isla.
b) La Provincia.
c) El Municipio.
d) La Comarca.

**15. La Creación de las Áreas Metropolitanas se efectuará por ley de:**

a) Las Cortes Generales.
b) El Senado.

c) La Asamblea Legislativa de la Comunidad Autónoma.

d) No será necesaria ley, sino Acuerdo aprobado por la mayoría absoluta de los concejales que conforman cada Municipio.

**16. ¿Cuáles son las Entidades Locales integradas por los Municipios de grandes aglomeraciones urbanas entre cuyos núcleos de población existen vinculaciones económicas y sociales que hacen necesaria la planificación conjunta y la coordinación de determinados servicios y obras?**

a) Las Áreas Metropolitanas.

b) Las Comarcas.

c) Las Mancomunidades de Municipios.

d) Las Provincias.

**17. La Provincia es una Entidad Local con personalidad jurídica propia, determinada por la agrupación de Municipios y división territorial para el cumplimiento de las actividades del Estado. Cualquier alteración de los límites provinciales habrá de ser aprobada:**

a) Por las Cortes Generales mediante ley orgánica.

b) Por las Cortes Generales mediante ley ordinaria.

c) Por ley de la Asamblea Legislativa de la Comunidad Autónoma respectiva.

d) Por acuerdo unánime de la Diputación Provincial.

**18. La Administración Local está integrada por:**

a) Órganos.

b) Organismos

c) Entes.

d) Entidades Institucionales.

**19. ¿En qué año se aprobó el vigente Reglamento de Organización, Funcionamiento y Régimen Jurídico de las Entidades Locales?**

a) 1991.

b) 1982.

c) 1998.

d) 1986.

**20. Señala cuál de los siguientes hitos no forma parte de la evolución de nuestro régimen local:**

a) La Constitución de Cádiz de 1812.

b) Los Estatutos Municipal y Provincial de Calvo Sotelo, de 1924 y 1925.

c) Ley Municipal y Provincial de 1870.

d) El Decreto de Javier de León, de 30 de noviembre de 1833.

**21. En materia de contratación, es aplicable al Régimen Local:**

a) Real Decreto Legislativo 3/2011, de 14 de noviembre, por el que se aprueba el texto refundido de la Ley de Contratos del Sector Público.

b) La Ley 8/2018, de 4 de abril, de Contratos del Sector Público.

c) La Ley 9/2017, de 8 de noviembre, de Contratos del Sector Público.

d) Real Decreto Legislativo 5/2009, de 25 de marzo, por el que se aprueba el texto refundido de la Ley de Contratos del Sector Público.

**22. ¿Cómo se denominan los bandos dictados en desarrollo de las atribuciones del Alcalde para mejor regir y gobernar la vida de la comunidad?**

a) Bandos Ordinarios.

b) Bandos de Gobierno.

c) Bandos de Policía y Buen Gobierno.

d) Bandos de Seguridad y Buen Gobierno.

**23. ¿A quién le corresponde, en los Municipios de gran población, la aprobación de los proyectos de ordenanzas y reglamentos, incluidos los orgánicos, con excepción de las normas reguladoras del Pleno y de sus comisiones?**

a) Al Alcalde.

b) Al Pleno.

c) A la Junta de Gobierno Local.

d) Al Secretario de la Corporación.

**24. Los actos de deterioro grave y relevante de equipamientos, infraestructuras, instalaciones o elementos de un servicio público, constituyen una infracción a las ordenanzas locales de carácter:**

a) Muy grave.

b) Grave.

c) Menos grave.

d) Leve.

**25. Las infracciones leves de las Ordenanzas Locales podrán acarrear una multa de hasta:**

a) 1.500 euros.

b) 1.000 euros.

c) 750 euros.

d) 600 euros.

**26. ¿Cuándo prescribirán las sanciones impuestas por faltas muy graves a las Ordenanzas Locales, si estas no fijaran plazo de prescripción?**

a) A los cinco años.

b) A los tres años.

c) A los dos años.
d) Al año.

**27. El art. 30 de la Ley 40/2015, de 1 de octubre, de Régimen Jurídico del Sector Público, dispone que las infracciones y sanciones prescriban según lo dispuesto en las leyes que las establezcan. Si estas no fijan plazos de prescripción, las infracciones muy graves prescribirán:**

a) A los cinco años.
b) A los tres años.
c) A los dos años.
d) Al año.

**28. ¿Cómo se denominan los bandos que se limitan a recordar el cumplimiento de disposiciones vigentes de carácter legal, publicándose en fechas fijadas de antemano por la ley y en todos los Municipios?**

a) Bandos generales.
b) Bandos simples.
c) Bandos ordinarios.
d) Bandos periódicos.

**29. Por el Pleno de la Corporación se aprobarán inicialmente las Ordenanzas y Reglamentos, como regla general por:**

a) Mayoría de los miembros del Pleno de la Corporación.
b) Mayoría absoluta y con el voto favorable del Presidente de la Corporación.
c) Basta con el voto favorable del Presidente de la Corporación.
d) La Junta de Gobierno, por delegación del Pleno.

**30. Una vez aprobadas inicialmente las Ordenanzas y Reglamentos, se expondrán al público durante un plazo mínimo de:**

a) Cuarenta y cinco días hábiles.
b) Treinta días hábiles.
c) Veinte días naturales.
d) Quince días naturales.

**31. Aprobadas definitivamente las Ordenanzas y Reglamentos, se procederá a su publicación en:**

a) El Boletín Oficial de la Provincia.
b) El Boletín Oficial de la Comunidad Autónoma.
c) El Boletín Oficial del Estado.
d) En Boletín Oficial de la Comunidad Autónoma y en el BOE.

**32. Para la modificación del Reglamento Orgánico de una Corporación, será necesario el voto favorable de/del:**

a) Presidente de la Corporación.
b) La mayoría simple del número legal de miembros de la Corporación.
c) La mayoría absoluta del número legal de miembros de la Corporación.
d) No existe una mayoría establecida.

**33. ¿Cómo se denominan los bandos dictados en desarrollo de las atribuciones del Alcalde para mejor regir y gobernar la vida de la comunidad?**

a) Bandos de urgencia.
b) Bandos periódicos.
c) Bandos de buena administración.
d) Bandos de policía y buen gobierno.

**34. ¿A qué disposiciones denomina GARCÍA DE ENTERRÍA «reglamentos de necesidad»?**

a) A las Ordenanzas.
b) A los Decretos.
c) A los Reales Decretos.
d) A los Bandos.

**35. Las infracciones a las ordenanzas locales a que se refiere el artículo anterior se clasificarán en:**

a) Muy graves, graves y leves.
b) Muy graves, graves y menos graves.
c) Graves y leves.
d) Muy graves, menos graves, graves y leves.

**36. El impedimento o la grave y relevante obstrucción al normal funcionamiento de un servicio público, constituye una infracción:**

a) Muy grave.
b) Menos grave.
c) Grave.
d) Leve.

**37. Salvo previsión legal distinta, las multas por infracción muy grave a las Ordenanzas locales, se sanciona con una sanción económica de:**

a) Hasta 6.000 euros.
b) Hasta 5.000 euros.
c) Hasta 3.000 euros.
d) Hasta 1.500 euros.

**38. Salvo previsión legal distinta, las multas por infracción leve a las Ordenanzas locales, se sanciona con una sanción económica de:**

a) Hasta 1.000 euros.
b) Hasta 750 euros.
c) Hasta 500 euros.
d) Hasta 300 euros.

**39. Las Ordenanzas fiscales entran en vigor:**

a) En el momento de su publicación definitiva en el Boletín Oficial de la Provincia.
b) A los diez días de su publicación definitiva en el Boletín Oficial de la Provincia.
b) En el momento de su publicación definitiva en el Boletín Oficial del Estado.
d) A los veinte días de su publicación definitiva en el Boletín Oficial del Estado.

**40. Las normas locales que regulan las relaciones entre el Ente Local que las promulga y los ciudadanos a los que se dirigen, se denominan:**

a) Reglamentos.
b) Ordenanzas.
c) Bandos.
d) Recomendaciones.

**41. Funcionan en régimen de Concejo Abierto:**

a) Los municipios de menos de 200 habitantes.
b) Los municipios de menos de 300 habitantes.
c) Los municipios de menos de 500 habitantes.
d) Los municipios que tradicional y voluntariamente cuenten con ese singular régimen de gobierno y administración.

**42. La organización municipal responde a las siguientes reglas:**

a) El Alcalde, los Tenientes de Alcalde y el Pleno existen en todos los Ayuntamientos.
b) El Alcalde, la Junta de Gobierno y el Pleno existen en todos los Ayuntamientos.
c) El Alcalde y el Pleno existen en todos los Ayuntamientos.
d) El Alcalde y la Junta de Gobierno existen en todos los Ayuntamientos.

**43. La Comisión Especial de Cuentas:**

a) Existe en todos los municipios.
b) Existe en los municipios en que así se acuerde.
c) Existe en los municipios de más de 1000 habitantes.
d) Ninguna de las respuestas es correcta.

**44. De acuerdo con la Ley Orgánica de Régimen Electoral será proclamado alcalde electo:**

a) El Concejal que haya obtenido la mayoría simple de los votos de los concejales.
b) El Concejal que encabece la lista que haya obtenido mayor número de votos populares.
c) El Concejal que haya obtenido la mayoría absoluta de los votos de los concejales.
d) El Concejal que haya ganado el sorteo.

**45. Los alcaldes tendrán tratamiento de:**

a) Ilustrísima en los municipios de Madrid y Barcelona.
b) Excelencia en los municipios que sean capitales de provincia.
c) Señoría en los municipios que no sean capitales de provincia ni las ciudades de Madrid y Barcelona.
d) Ilustrísima en todos los municipios.

**46. La cuestión de confianza a la que podrá ser sometido el Alcalde se puede vincular a:**

a) La aprobación o modificación de los Presupuestos anuales.
b) La aprobación o modificación del Reglamento Orgánico.
c) La aprobación o modificación de las Ordenanzas Fiscales.
d) Todas las respuestas son verdaderas.

**47. No es una atribución del Alcalde:**

a) Aprobar la oferta de empleo público.
b) La aprobación del reglamento orgánico y de las ordenanzas.
c) Dictar Bandos.
d) Ejercer la jefatura de la Policía Municipal.

**48. Es una atribución del Pleno del Ayuntamiento:**

a) La alteración de la calificación jurídica de los bienes de dominio público.
b) La aprobación inicial de las leyes.
c) Desempeñar la jefatura superior de todo el personal.
d) Ordenar la publicación, ejecución y hacer cumplir los acuerdos del Ayuntamiento.

**49. La Junta de Gobierno Local se integra por el Alcalde y un número de Concejales:**

a) No superior al tercio del número legal de los mismos.
b) No superior a la mitad del número legal de los mismos.
c) No superior a dos tercios del número legal de los mismos.
d) Ninguna de las respuestas es correcta.

**50. El régimen peculiar para los Municipios de gran población será aplicable:**

a) A los municipios que sean capitales autonómicas.
b) A los municipios cuya población supere los 50.000 habitantes.
c) A los municipios cuya población supere los 150.000 habitantes.
d) Las respuestas a) y b) son correctas.

**51. En los municipios de gran población corresponde a la Junta de Gobierno:**

a) La aprobación y modificación de las ordenanzas y reglamentos municipales.
b) La aprobación del proyecto de presupuesto.
c) Los acuerdos relativos a la participación en organizaciones supramunicipales.
d) Dictar bandos, decretos e instrucciones.

**52. En los municipios de gran población tendrán la consideración de órganos directivos:**

a) El Alcalde.
b) El titular de la asesoría jurídica.
c) Los miembros de la Junta de Gobierno Local.
d) Las respuestas a) y c) son correctas.

**53. En los municipios de gran población para la defensa de los derechos de los vecinos ante la Administración municipal el Pleno creará:**

a) Un órgano de gestión económico-financiera.
b) Una Comisión especial de Sugerencias y Reclamaciones.
c) Un órgano para la resolución de las reclamaciones económico-administrativas.
d) Un órgano de gestión tributaria.

**54. En los municipios de gran población el dictamen sobre los proyectos de ordenanzas fiscales corresponderá a:**

a) Un órgano de gestión económico-financiera.
b) Una Comisión especial de Sugerencias y Reclamaciones.
c) Un órgano para la resolución de las reclamaciones económico-administrativas.
d) Un órgano de gestión tributaria.

**55. El Municipio no ejercerá como competencia propia:**

a) Tráfico, estacionamiento de vehículos y movilidad.
b) Abastecimiento de agua potable a domicilio.
c) Administración de Justicia.
d) Cementerios y actividades funerarias.

**56. El servicio de transporte colectivo urbano de viajeros deberá prestarse en todo caso:**

a) En los Municipios con población superior a 5.000 habitantes.
b) En todos los Municipios.
c) En los Municipios con población superior a 50.000 habitantes.
d) En los Municipios con población superior a 20.000 habitantes.

**57. El servicio de prevención y extinción de incendios deberá prestarse en todo caso:**

a) En los Municipios con población superior a 50.000 habitantes.
b) En los Municipios con población superior a 5.000 habitantes.
c) En los Municipios con población superior a 20.000 habitantes.
d) En todos los Municipios.

**58. El servicio de recogida de residuos deberá prestarse en todo caso:**

a) En los Municipios con población superior a 20.000 habitantes.
b) En los Municipios con población superior a 5.000 habitantes.
c) En todos los Municipios.
d) En los Municipios con población superior a 50.000 habitantes.

**59. La organización municipal complementaria que establezca una Comunidad Autónoma con carácter general, respecto a los Municipios de la misma:**

a) Se aplica preferentemente a la establecida con tal carácter por el Estado.
b) Se aplica preferentemente a la establecida por el Reglamento Orgánico de cada Municipio.
c) Se aplica después de la del Estado y la del Reglamento Orgánico.
d) Las respuestas a) y b) son ciertas.

**60. La elección de un Alcalde, tras unas elecciones locales, se efectúa:**

a) Directamente en las elecciones locales.
b) En sesión extraordinaria al efecto.
c) En la sesión constitutiva de la Corporación.
d) Por los vecinos exclusivamente.

**61. La destitución del Presidente de una Corporación Local se efectúa a través de la:**

a) Renuncia.
b) Cuestión de confianza.
c) Moción de censura.
d) Las respuestas b) y c) son ciertas.

**62. ¿Se puede presentar más de una moción de censura contra el mismo Presidente de una Entidad Local?**

a) Sí, cuando prospere una de ellas.
b) Solo en distintos períodos de sesiones.
c) Depende del Reglamento Orgánico de la Entidad.
d) Nada de lo expuesto es cierto.

**63. En una moción de censura contra un Presidente de una Entidad Local, puede ser candidato:**

a) Los cabezas de lista.
b) Los portavoces de los Grupos Políticos.
c) Cualquier Concejal cuya aceptación expresa conste en el escrito de proposición de la moción.
d) Ninguno de los anteriores.

**64. En el caso de que la cuestión de confianza planteada por un Alcalde no obtuviera el número necesario de votos favorables para la aprobación del acuerdo:**

a) Quedan cesados todos sus miembros.
b) El Alcalde cesará automáticamente, quedando en funciones hasta la toma de posesión de quien hubiere de sucederle en el cargo.
c) Se nombra como tal al primer Teniente de Alcalde.
d) Se hace una nueva sesión constitutiva, tras la celebración de elecciones.

**65. La denominada competencia residual, en virtud de la cual se le atribuyen aquellas competencias que no estén expresamente asignadas a otro órgano, la tiene en un Ayuntamiento el/la/las:**

a) Pleno.
b) Comisiones Informativas.
c) Presidente.
d) Junta de Gobierno Local.

**66. El voto de calidad del Presidente de una Corporación Local:**

a) Inclina la votación al sector en el que él haya votado, en caso de empate producido en la reunión de un órgano colegiado.
b) Da fe del resultado de la votación.
c) Significa que es muy importante quien emite el voto.
d) Provoca la irrecurribilidad del acuerdo adoptado.

**67. La aprobación del proyecto de presupuesto en un Municipio de gran población es competencia del/de la:**

a) Presidente.
b) Junta de Gobierno Local.
c) Pleno.
d) Comunidad Autónoma.

**68. La delegación de competencias de un Alcalde:**

a) Se efectúa por acuerdo de Pleno.
b) Se reviste formalmente en forma de Decreto de dicho Pleno.
c) Se puede dar en todo tipo de materias.
d) Nada de lo anterior es correcto.

**69. Los nombramientos de funcionarios en los Ayuntamientos de Municipios de régimen común corresponden al/a la:**

a) Pleno.
b) Junta de Gobierno Local.
c) Presidente.
d) Delegado de Personal.

**70. La aprobación de las formas de gestión de los servicios públicos en los Ayuntamientos de Municipios de régimen común corresponde genuinamente al/a la:**

a) Pleno.
b) Presidente.
c) Junta de Gobierno Local.
d) Comunidad Autónoma respectiva.

**71. En un Municipio de 7.000 habitantes, ¿cuántos Concejales habrá de elegirse para su Ayuntamiento?**

a) Siete.
b) Diez.
c) Trece.
d) Quince.

**72. La representación del Ayuntamiento compete al/a la/a los:**

a) Alcalde.
b) Pleno.
c) Junta de Gobierno Local.
d) Tenientes de Alcalde en su ámbito competencial respectivo.

**73. La Relación de Puestos de un Ayuntamiento de un Municipio de gran población la aprueba el/la:**

a) Junta de Personal.
b) Pleno.
c) Alcalde.
d) Junta de Gobierno Local.

**74. Conceder gratificaciones al personal en Ayuntamientos de Municipios de régimen común es competencia del/de la:**

a) Pleno.
b) Presidente.
c) Junta de Gobierno Local.
d) Junta de Personal.

**75. El ejercicio normal de acciones judiciales compete en un Municipio de gran población al/a la/a los:**

a) Presidente.
b) Pleno.
c) Junta de Gobierno Local.
d) Anteriores, en las materias de sus respectivas competencias.

**76. Señala cuál de los siguientes puede ser una forma de organización desconcentrada del Municipio, para la administración de núcleos de población separados, sin personalidad jurídica:**

a) Parroquia.
b) Pedanía.
c) Aldea.
d) Todos los anteriores pueden serlo.

**77. La Junta de Gobierno Local de un Ayuntamiento de Municipio de régimen común tiene, además del Presidente, los siguientes miembros como máximo:**

a) Diez.
b) Depende del número de habitantes.
c) Dos tercios del de la Corporación.
d) Un tercio de estos.

**78. Los Concejales-Delegados se nombran por el/la:**

a) Presidente.
b) Pleno.

c) Grupo Político.
d) Junta de Gobierno Local.

**79. Cuando un Teniente de Alcalde sustituye al Alcalde en una sesión, en la deliberación y votación de un asunto en el que el sustituido debe abstenerse:**

a) Tiene un doble voto.
b) Preside circunstancialmente la misma.
c) No puede votar.
d) No puede hacerlo.

**80. El Pleno, respecto del nombramiento de los Tenientes de Alcalde:**

a) Es oído previamente.
b) Toma conocimiento.
c) Lo aprueba.
d) No tiene nada que hacer.

**81. El régimen retributivo de los órganos directivos municipales en un Municipio de gran población se establece por el/la:**

a) Concejal-Delegado de Personal.
b) Alcalde.
c) Pleno.
d) Junta de Gobierno Local.

**82. Los representantes personales en poblados y barriadas se dan solo en:**

a) Los Municipios.
b) Las Provincias.
c) Las Islas menores.
d) Todas las respuestas son correctas.

**83. La Comisión Especial de Cuentas es un órgano:**

a) Necesario.
b) Complementario y, por lo tanto, facultativo.
c) Voluntario.
d) Decisorio.

**84. Las Juntas Municipales de Distrito son creadas por el/la/los:**

a) Comunidad Autónoma de que se trate.
b) Consejos Sectoriales.
c) Pleno del Ayuntamiento de que dependan.
d) Alcalde, a quien corresponde el nombramiento de sus integrantes.

**85. Los grupos políticos de una Entidad Local deben estar representados forzosamente en la/los:**

a) Comisión Especial de Cuentas.
b) Órganos desconcentrados.
c) Consejos Sectoriales.
d) Todas las respuestas son correctas.

**86. Tiene carácter transitorio en el mandato de una Corporación Local el/la/las:**

a) Comisiones Informativas Especiales.
b) Comisión Especial de Cuentas.
c) Pleno.
d) Comisiones Informativas en general.

**87. El órgano complementario que se constituye con y sin miembros de la Corporación para tratar colegiadamente asuntos que afectan a materias concretas de la actividad y competencia de un Municipio se llama:**

a) Comisión Informativa.
b) Consejo Sectorial.
c) Junta Municipal de Distrito.
d) Comisión Especial de Cuentas.

**88. Los Consejos Sectoriales se presiden por el:**

a) Presidente de la Corporación.
b) Miembro de esta que designe el Pleno.
c) Miembro de esta que designe el Presidente.
d) Elegido por y entre sus miembros.

**89. Para ser representante personal del Alcalde en una barriada se requiere:**

a) Elección por el Pleno.
b) Ser elegido en las elecciones locales por esa circunscripción.
c) Pertenecer al grupo de gobierno municipal.
d) Vivir en ella.

**90. La protección civil es servicio mínimo a prestar por los Municipios de más de:**

a) 5.000 habitantes.
b) 20.000 habitantes.
c) 50.000 habitantes.
d) Las respuestas b) y c) son ciertas.

**91. No es servicio mínimo de un Ayuntamiento de menos de 5.000 habitantes el de:**

a) Acceso a los núcleos de población.
b) Alumbrado público.
c) Transporte colectivo urbano de viajeros.
d) Recogida de residuos.

**92. Es servicio mínimo de un Ayuntamiento de menos de 5.000 habitantes el de:**

a) Servicios funerarios.
b) Medio ambiente urbano.
c) Extinción de incendios.
d) Limpieza viaria.

**93. El transporte colectivo urbano de viajeros debe prestarse obligatoriamente en los Municipios de más de:**

a) 5.000 habitantes.
b) 10.000 habitantes.
c) 20.000 habitantes.
d) 50.000 habitantes.

**94. La evaluación e información de situaciones de necesidad social y la atención inmediata a personas en situación o riesgo de exclusión social, debe prestarse en los Municipios que tengan una población, como mínimo, superior a:**

a) 50.000 habitantes.
b) 5.000 habitantes.
c) 20.000 habitantes.
d) 100.000 habitantes.

**95. Si se plantea un conflicto de competencias entre dos Ayuntamientos de distintas Provincias de una misma Comunidad Autónoma, se resuelve por el/la/las:**

a) Pleno de cada uno de ellos.
b) Ministerio de la Presidencia, Justicia y Relaciones con las Cortes.
c) Respectivas Diputaciones Provinciales.
d) Comunidad Autónoma.

**96. ¿A qué órgano del Ayuntamiento le corresponde la creación de los distritos?**

a) Al Alcalde.
b) A la Junta de Gobierno Local.
c) Al Teniente de Alcalde.
d) Al Pleno de la Corporación.

**97. El órgano administrativo responsable de la asistencia jurídica al Alcalde, a la Junta de Gobierno Local y a los órganos directivos, se denomina:**

a) Gabinete Jurídico.
b) Asesoría Jurídica.
c) Asesoría Social.
d) Defensa Jurídica del Ayuntamiento.

**98. En los Municipios en los que exista un Consejo Social de la Ciudad, este estará integrado por representantes de las organizaciones:**

a) Económicas.
b) Sociales y profesionales.
c) Organizaciones de vecinos más representativas.
d) Todas las respuestas anteriores son correctas.

**99. Para la consecución de una gestión integral del sistema tributario municipal, los ayuntamientos de los municipios de gran población puede crear un órgano de gestión tributaria. ¿A qué órgano compete su creación?**

a) Al Alcalde.
b) A la Junta de Gobierno Local.
c) Al Pleno.
d) Al Interventor.

**100. Los conflictos de atribuciones que surjan entre órganos y Entidades dependientes de una misma Corporación Local se resolverán por:**

a) El Pleno o el Presidente de la Corporación, según los implicados en el conflicto.
b) Por el Pleno, en todo caso.
c) Por la Junta de Gobierno local.
d) Por la Asesoría Jurídica de la Corporación.

**101. Señala cuál de los siguientes no es un servicio que se deba prestar en todos los Municipios:**

a) Biblioteca pública.
b) Pavimentación de las vías públicas.
c) Limpieza viaria.
d) Abastecimiento domiciliario de agua potable.

**102. No es una competencia que pueda ser ejercida como propia por el Municipio:**

a) La protección y gestión del Patrimonio histórico.
b) Policía nacional y protección civil.

c) La protección contra la contaminación acústica.

d) La protección de la salubridad pública.

**103. Los conflictos de competencias planteados entre diferentes Entidades Locales serán resueltos por la Administración de la Comunidad Autónoma o por la Administración del Estado, previa audiencia de:**

a) El Senado.

b) Las Comunidades Autónomas afectadas.

c) El Consejo de Estado.

d) El Tribunal Constitucional.

# Soluciones al test n.º 5

**1.** d) Son correctas las respuestas b) y c).

**2.** b) El Decreto de Javier de Burgos, de 30 de noviembre de 1833.

**3.** a) Las Áreas Metropolitanas.

**4.** d) La Isla en los archipiélagos balear y canario y los municipios.

**5.** d) Será causa de disolución.

**6.** a) El Estado se organiza territorialmente en Municipios, en Provincias y en las Comunidades Autónomas que se constituyan.

**7.** a) El gobierno y la administración autónoma de las provincias estarán encomendados a las Diputaciones u otras Corporaciones de carácter representativo.

**8.** d) Todas las respuestas anteriores son correctas.

**9.** d) Sí.

**10.** d) Universal, igual, libre, directo y secreto, en la forma establecida en la ley.

**11.** c) Eficacia, jerarquía, descentralización, desconcentración y coordinación.

**12.** c) Real Decreto Legislativo 2/2004, de 5 de marzo.

**13.** c) La Ley Orgánica 5/1985, de 19 de junio, del Régimen Electoral General.

**14.** c) El Municipio.

**15.** c) La Asamblea Legislativa de la Comunidad Autónoma.

**16.** a) Las Áreas Metropolitanas.

**17.** a) Por las Cortes Generales mediante ley orgánica.

**18.** c) Entes.

**19.** d) 1986.

**20.** d) El Decreto de Javier de León, de 30 de noviembre de 1833.

**21.** c) La Ley 9/2017, de 8 de noviembre, de Contratos del Sector Público.

**22.** c) Bandos de Policía y Buen Gobierno.

**23.** c) A la Junta de Gobierno Local.

**24.** a) Muy grave.

**25.** c) 750 euros.

**26.** b) A los tres años.

**27.** b) A los tres años.

**28.** d) Bandos periódicos.

**29.** a) Mayoría de los miembros del Pleno de la Corporación.

**30.** b) Treinta días hábiles.

**31.** a) El Boletín Oficial de la Provincia.

**32.** c) La mayoría absoluta del número legal de miembros de la Corporación.

**33.** d) Bandos de policía y buen gobierno.

**34.** d) A los Bandos.

**35.** a) Muy graves, graves y leves.

**36.** a) Muy grave.

**37.** c) Hasta 3.000 euros.

**38.** b) Hasta 750 euros.

**39.** a) En el momento de su publicación definitiva en el Boletín Oficial de la Provincia.

**40.** b) Ordenanzas.

**41.** d) Los municipios que tradicional y voluntariamente cuenten con ese singular régimen de gobierno y administración.

**42.** a) El Alcalde, los Tenientes de Alcalde y el Pleno existen en todos los Ayuntamientos.

**43.** a) Existe en todos los municipios.

**44.** c) El Concejal que haya obtenido la mayoría absoluta de los votos de los concejales.

**45.** c) Señoría en los municipios que no sean capitales de provincia ni las ciudades de Madrid y Barcelona.

**46.** d) Todas las respuestas son verdaderas.

**47.** b) La aprobación del reglamento orgánico y de las ordenanzas.

**48.** a) La alteración de la calificación jurídica de los bienes de dominio público.

**49.** a) No superior al tercio del número legal de los mismos.

**50.** a) A los municipios que sean capitales autonómicas.

**51.** b) La aprobación del proyecto de presupuesto.

**52.** b) El titular de la asesoría jurídica.

**53.** b) Una Comisión especial de Sugerencias y Reclamaciones.

**54.** c) Un órgano para la resolución de las reclamaciones económico-administrativas.

**55.** c) Administración de Justicia.

**56.** c) En los Municipios con población superior a 50.000 habitantes.

**57.** c) En los Municipios con población superior a 20.000 habitantes.

**58.** c) En todos los Municipios.

**59.** b) Se aplica preferentemente a la establecida por el Reglamento Orgánico de cada Municipio.

**60.** c) En la sesión constitutiva de la Corporación.

**61.** d) Las respuestas b) y c) son ciertas.

**62.** d) Nada de lo expuesto es cierto.

**63.** c) Cualquier Concejal cuya aceptación expresa conste en el escrito de proposición de la moción.

**64.** b) El Alcalde cesará automáticamente, quedando en funciones hasta la toma de posesión de quien hubiere de sucederle en el cargo.

**65.** c) Presidente.

**66.** a) Inclina la votación al sector en el que él haya votado, en caso de empate producido en la reunión de un órgano colegiado.

**67.** b) Junta de Gobierno Local.

**68.** d) Nada de lo anterior es correcto.

**69.** c) Presidente.

**70.** a) Pleno.

**71.** c) Trece.

**72.** a) Alcalde.

**73.** d) Junta de Gobierno Local.

**74.** b) Presidente.

**75.** d) Anteriores, en las materias de sus respectivas competencias.

**76.** d) Todos los anteriores pueden serlo.

**77.** d) Un tercio de estos.

**78.** a) Presidente.

**79.** b) Preside circunstancialmente la misma.

**80.** b) Toma conocimiento.

**81.** c) Pleno.

**82.** a) Los Municipios.

**83.** a) Necesario.

**84.** c) Pleno del Ayuntamiento de que dependan.

**85.** a) Comisión Especial de Cuentas.

**86.** a) Comisiones Informativas Especiales.

**87.** b) Consejo Sectorial.

**88.** c) Miembro de esta que designe el Presidente.

**89.** d) Vivir en ella.

**90.** b) 20.000 habitantes.

**91.** c) Transporte colectivo urbano de viajeros.

**92.** d) Limpieza viaria.

**93.** d) 50.000 habitantes.

**94.** c) 20.000 habitantes.

**95.** d) Comunidad Autónoma.

**96.** d) Al Pleno de la Corporación.

**97.** b) Asesoría Jurídica.

**98.** d) Todas las respuestas anteriores son correctas.

**99.** c) Al Pleno.

**100.** a) El Pleno o el Presidente de la Corporación, según los implicados en el conflicto.

**101.** a) Biblioteca pública.

**102.** b) Policía nacional y protección civil.

**103.** b) Las Comunidades Autónomas afectadas.

# MATERIAS ESPECÍFICAS

# BLOQUE II

# TEST N.º 1

**El régimen jurídico de las Administraciones Públicas:
principios informadores. La competencia de los órganos
de las Administraciones Públicas. La abstención y recusación.
Los derechos de los/as ciudadanos/as y de las personas
interesadas en el procedimiento administrativo**

**1. De los siguientes, ¿cuál no es un requisito exigido para la creación de cualquier órgano administrativo?**

a) Determinación de su forma de integración en la Administración Pública de que se trate y su dependencia jerárquica.

b) Delimitación de sus funciones y competencias.

c) Dotación de los créditos necesarios para su puesta en marcha y funcionamiento.

d) Identificación de los órganos con los que vayan a causar duplicación de competencias.

**2. En cuanto a la competencia de los órganos administrativos:**

a) La competencia es renunciable por los órganos que la tengan atribuida.

b) La titularidad y el ejercicio de las competencias atribuidas a los órganos administrativos no podrán ser desconcentradas en otros jerárquicamente dependientes de aquellos.

c) La encomienda de gestión, la delegación de firma y la suplencia no suponen alteración de la titularidad de la competencia, aunque sí de los elementos determinantes de su ejercicio que en cada caso se prevén.

d) Si alguna disposición atribuye competencia a una Administración, sin especificar el órgano que debe ejercerla, se entenderá que la facultad de instruir y resolver los expedientes corresponde a los órganos superiores competentes por razón de la materia y del territorio.

**3. En referencia a los órganos administrativos, podrán delegar competencias relativas a:**

a) Asuntos que se refieran a relaciones con la Jefatura del Estado.

b) La adopción de disposiciones de carácter general.

c) La resolución de recursos en los órganos administrativos que hayan dictado los actos objeto de recurso.

d) El ejercicio de la potestad sancionadora.

**4. En relación a la delegación de competencias entre órganos administrativos, no es cierto que:**

a) La delegación puede ser revocada en cualquier momento por el órgano que la haya conferido.

b) La delegación de competencias atribuidas a órganos colegiados, para cuyo ejercicio ordinario se requiera un quórum especial, deberá adoptarse observando, en todo caso, dicho quórum.

c) Las competencias que se ejercen por delegación pueden ser delegadas.

d) No podrán ser delegadas aquellas materias en que así se determine por norma con rango de ley.

**5. En cuanto a la delegación de firma, es cierto que:**

a) La delegación de firma altera la competencia del órgano delegante.

b) Para su validez es necesaria su publicación.

c) Solo puede delegarse la firma en materias que se ostenten por atribución.

d) En las resoluciones y actos que se firmen por delegación se hará constar la autoridad de procedencia.

**6. En relación a los conflictos de atribuciones entre órganos administrativos, no es cierto que:**

a) El órgano administrativo que se estime incompetente para la resolución de un asunto remitirá directamente las actuaciones al órgano que considere competente.

b) Los interesados que sean parte en el procedimiento podrán dirigirse al órgano que se encuentre conociendo de un asunto para que decline su competencia y remita las actuaciones al órgano competente.

c) Los interesados podrán dirigirse al órgano que estimen competente para que requiera de inhibición al que esté conociendo del asunto.

d) Los conflictos de atribuciones solo podrán suscitarse entre órganos de una misma Administración relacionados jerárquicamente.

**7. En relación a las instrucciones y órdenes de servicio, no es cierto que:**

a) El incumplimiento de las instrucciones u órdenes de servicio supone la invalidez de los actos dictados por los órganos administrativos.

b) Son normas de carácter interno, que no han de afectar a los administrados.

c) No requieren un especial procedimiento de elaboración.

d) Su cumplimiento se subordina al conocimiento de las mismas por sus destinatarios.

**8. Señala la opción incorrecta. Las autoridades y el personal al servicio de las Administraciones se abstendrán de intervenir en el procedimiento:**

a) Cuando tengan interés personal en el asunto de que se trate o en otro en cuya resolución pudiera influir la de aquel.

b) Si tienen parentesco de consanguinidad o de afinidad dentro del cuarto grado, con cualquiera de los interesados.

c) Tener amistad íntima con los administradores de entidades o sociedades interesadas o con los asesores, representantes legales o mandatarios que intervengan en el procedimiento.

d) Haber tenido intervención como perito o como testigo en el procedimiento de que se trate.

**9. Señala la opción correcta en relación con la abstención en el procedimiento:**

a) La actuación de autoridades y personal al servicio de las Administraciones Públicas en los que concurran motivos de abstención implicará, necesariamente, la invalidez de los actos en que hayan intervenido.

b) Los órganos jerárquicamente superiores podrán ordenar a las personas en quienes se dé alguna de las circunstancias señaladas en el art. 23 de la LRJSP que se abstengan de toda intervención en el expediente.

c) La no abstención en los casos en que proceda no dará lugar a responsabilidad.

d) La enemistad manifiesta no es motivo de abstención en el procedimiento de una autoridad de la Administración Pública.

**10. En lo concerniente a la recusación, a la que se refiere el art. 24 de la LRJSP:**

a) La recusación deberá promoverse por los interesados antes de que se inicie la tramitación del procedimiento.

b) La recusación se planteará por escrito en el que se expresará la causa o causas en que se funda.

c) Si el recusado niega la causa de recusación, el superior resolverá en el plazo de tres meses, previos los informes y comprobaciones que considere oportunos.

d) Contra las resoluciones adoptadas en esta materia cabe recurso de alzada.

**11. Los órganos administrativos podrán dirigir las actividades de sus órganos jerárquicamente dependientes mediante:**

a) Instrucciones y Órdenes de servicio.

b) Circulares.

c) Notas de servicio y Recomendaciones.

d) Directrices y Avisos.

**12. Según el artículo 7 de la LRJSP, la Administración consultiva podrá articular-se a través de los servicios de la Administración activa que prestan asistencia jurídica. En tal caso, dichos servicios:**

a) Estarán sujetos a dependencia jerárquica orgánica pero no funcional.

b) No podrán recibir instrucciones, directrices o cualquier clase de indicación de los órganos que hayan elaborado las disposiciones o producido los actos objeto de consulta.

c) Podrán actuar como órganos individuales o como órganos colegiados.

d) Podrán suponer duplicación de otros ya existentes para tener la posibilidad de contrastar pareceres.

**13. Señala uno de los derechos que la Ley 39/2015, de 1 de octubre, del Procedimiento Administrativo Común de las Administraciones Públicas, reconoce a quienes tengan capacidad de obrar ante las Administraciones Públicas:**

a) A la obtención y utilización de los medios de identificación y firma electrónica contemplados en la Ley 39/2015, de 1 de octubre.

b) A la protección de datos de carácter personal, y en particular a la seguridad y confidencialidad de los datos que figuren en los ficheros, sistemas y aplicaciones de las Administraciones Públicas.

c) A ser asistidos en el uso de medios electrónicos en sus relaciones con las Administraciones Públicas.

d) Todas las respuestas son correctas.

**14. La Ley 39/2015, de 1 de octubre, del Procedimiento Administrativo Común de las Administraciones Públicas, reconoce a quienes tengan capacidad de obrar ante las Administraciones Públicas el derecho a comunicarse con las Administraciones Públicas a través de:**

a) Un Punto de Acceso Rápido Telemático.

b) Un Punto Electrónico Central.

c) Un Punto Único Electrónico de contacto.

d) Un Punto de Acceso General electrónico de la Administración.

**15. ¿Qué norma reguló el Esquema Nacional de Interoperabilidad?**

a) La Ley 30/1992, de 26 de noviembre.

b) La Ley 11/2007, de 22 de junio.

c) El Real Decreto 4/2010, de 8 de enero.

d) El Real Decreto 12/2015, de 9 de abril.

**16. A menos que la naturaleza del documento exija otra forma más adecuada de expresión y constancia, las Administraciones Públicas deberán emitir los documentos administrativos:**

a) Preferiblemente de forma verbal.

b) Por escrito, a través de medios electrónicos.

c) Verbal o en su defecto por escrito.

d) De cualquier forma que deje constancia de su recepción.

**17. Indica cuál de los siguientes documentos electrónicos emitidos por las Administraciones Públicas no requieren de firma electrónica, aunque sí precisan identificar su origen:**

a) Los documentos que formen parte de un expediente administrativo.

b) Los documentos que se publiquen con carácter sancionador.

c) Los documentos que se publiquen con carácter meramente informativo.

d) Todos los documentos electrónicos emitidos por una Administración Pública requieren de firma electrónica.

**18. Para ser considerados válidos, los documentos electrónicos deben cumplir, entre otros, con el siguiente requisito:**

a) Incorporar una referencia temporal del momento en que han sido emitidos.

b) Incorporar los metadatos mínimos exigidos.

c) Disponer de los datos de identificación que permitan su individualización, sin perjuicio de su posible incorporación a un expediente electrónico.

d) Todas las respuestas son correctas.

**19. ¿Cuándo podrán los interesados solicitar la expedición de copias auténticas de los documentos públicos administrativos que hayan sido válidamente emitidos por las Administraciones Públicas?**

a) Únicamente en la fase de audiencia.

b) Solo en la fase de prueba.

c) Siempre antes de la resolución del expediente administrativo.

d) En cualquier momento.

**20. La solicitud de copias auténticas de los documentos públicos administrativos que hayan sido válidamente emitidos por las Administraciones Públicas se dirigirá al órgano que emitió el documento original, debiendo expedirse, salvo las excepciones derivadas de la aplicación de la Ley 19/2013, de 9 de diciembre, en el plazo de:**

a) Un mes a contar desde la recepción de la solicitud en el registro electrónico de la Administración u Organismo competente.

b) Veinte días a contar desde la recepción de la solicitud en el registro electrónico de la Administración u Organismo competente.

c) Quince días a contar desde la recepción de la solicitud en el registro electrónico de la Administración u Organismo competente.

d) Diez días a contar desde la recepción de la solicitud en el registro electrónico de la Administración u Organismo competente.

**21. Señala la respuesta incorrecta respecto a la validez y eficacia de las copias realizadas por las Administraciones Públicas:**

a) Las copias auténticas realizadas por una Administración Pública únicamente tendrán validez en esa Administración Pública.

b) Las copias auténticas tendrán la misma validez y eficacia que los documentos originales.

c) Cada Administración Pública determinará los órganos que tengan atribuidas las competencias de expedición de copias auténticas de los documentos públicos administrativos o privados.

d) Las Administraciones Públicas estarán obligadas a expedir copias auténticas electrónicas de cualquier documento en papel que presenten los interesados y que se vaya a incorporar a un expediente administrativo.

**22. Los documentos que los interesados dirijan a los órganos de las Administraciones Públicas podrán presentarse:**

a) En las oficinas de Correos, en la forma que reglamentariamente se establezca.

b) En las representaciones diplomáticas u oficinas consulares de España en el extranjero.

c) En las oficinas de asistencia en materia de registros.

d) Todas las respuestas son correctas.

**23. Señala la respuesta incorrecta respecto a la comparecencia de las personas:**

a) La comparecencia de las personas ante las oficinas públicas, ya sea presencialmente o por medios electrónicos, solo será obligatoria cuando así esté previsto mediante Reglamento.

b) En los casos en que proceda la comparecencia, la correspondiente citación hará constar expresamente el lugar, fecha, hora, los medios disponibles y objeto de la comparecencia, así como los efectos de no atenderla.

c) Las Administraciones Públicas entregarán al interesado certificación acreditativa de la comparecencia cuando así lo solicite.

d) Todas las respuestas son incorrectas.

**24. Señala cuál de los siguientes no es uno de los derechos de los interesados en un procedimiento administrativo, contemplados en el art. 53 de la Ley 39/2015, de 1 de octubre, del Procedimiento Administrativo Común de las Administraciones Públicas:**

a) A conocer, en cualquier momento, el estado de la tramitación de los procedimientos en los que tengan la condición de interesados.

b) A no presentar documentos originales salvo que, de manera excepcional, la normativa reguladora aplicable establezca lo contrario.

c) A formular alegaciones, utilizar los medios de defensa admitidos por el Ordenamiento Jurídico, y aportar documentos en cualquier fase del procedimiento, que deberán ser tenidos en cuenta por el órgano competente al redactar la propuesta de resolución.

d) A actuar asistidos de asesor cuando lo consideren conveniente en defensa de sus intereses.

**25. Señala la respuesta incorrecta:**

a) Estarán obligados a relacionarse a través de medios electrónicos con las Administraciones Públicas para la realización de cualquier trámite de un procedimiento administrativo los notarios y registradores de la propiedad y mercantiles.

b) En los procedimientos tramitados por las Administraciones de las Comunidades Autónomas y de las Entidades Locales, el uso de la lengua se ajustará a lo previsto en la legislación nacional.

c) Cada Administración dispondrá de un Registro Electrónico General, en el que se hará el correspondiente asiento de todo documento que sea presentado o que se reciba en cualquier órgano administrativo, organismo público o entidad vinculado o dependiente a estos.

d) Las personas físicas podrán elegir en todo momento si se comunican con las Administraciones Públicas para el ejercicio de sus derechos y obligaciones a través de medios electrónicos o no, salvo que estén obligadas a relacionarse a través de medios electrónicos con las Administraciones Públicas.

**26. ¿Quién puede obtener copias de documentos contenidos en un procedimiento que se esté tramitando?**

a) Solo los interesados en él.
b) Cualquier ciudadano.
c) Nadie.
d) Solo otro órgano administrativo.

**27. Si un interesado de una Comunidad Autónoma con lengua oficial específica se dirige a un órgano de la Administración General del Estado sito en su Comunidad, ha de hacerlo en:**

a) Castellano necesariamente.
b) Su lengua oficial exclusivamente.
c) Cualquiera de las dos anteriores, a su opción.
d) La que se le indique por la citada Administración.

**28. Las alegaciones y aportación de documentos por parte de un interesado en un procedimiento pueden realizarse:**

a) En cualquier momento.
b) Antes del trámite de audiencia.
c) Inmediatamente antes de la prueba.
d) Solo cuando sea requerido al efecto por la Administración Pública actuante.

**29. La actuación por un funcionario que suponga discriminación de un interesado por razón de sexo, es considerada por el Texto Refundido de la Ley del Estatuto Básico del Empleado Público, como:**

a) Falta leve.
b) Falta muy grave.

c) Falta grave.

d) No contempla este supuesto.

**30. Los medios o soportes en que se almacenen documentos sobre procedimientos administrativos, deberán contar con medidas de seguridad, de acuerdo con lo previsto en:**

a) La Recomendación Europea de Seguridad Procedimental.

b) La Directiva de la Agencia Nacional de Seguridad.

c) El Fondo Europeo de Seguridad.

d) El Esquema Nacional de Seguridad.

**31. ¿Cuál es la actual Norma que regula la Protección de Datos Personales y la garantía de los derechos digitales?**

a) La Ley 2/2011, de 4 de marzo.

b) La Ley Orgánica 15/1999, de 15 de diciembre.

c) El Real Decreto-ley 5/2018, de 27 de julio.

d) La Ley Orgánica 3/2018, de 5 de diciembre.

**32. Los interesados en un procedimiento que conozcan datos que permitan identificar a otros interesados que no hayan comparecido en él:**

a) Tienen el deber de proporcionárselos a la Administración actuante.

b) Pueden proporcionárselos a la Administración actuante, cuando lo estimen conveniente.

c) No tienen por qué aportarlos al procedimiento.

d) Solo tienen obligación de aportarlos cuando les proporcione un beneficio.

# Solución al test n.º 1

**1.** d) Identificación de los órganos con los que vayan a causar duplicación de competencias.

**2.** c) La encomienda de gestión, la delegación de firma y la suplencia no suponen alteración de la titularidad de la competencia, aunque sí de los elementos determinantes de su ejercicio que en cada caso se prevén.

**3.** d) El ejercicio de la potestad sancionadora.

**4.** c) Las competencias que se ejercen por delegación pueden ser delegadas.

**5.** d) En las resoluciones y actos que se firmen por delegación se hará constar la autoridad de procedencia.

**6.** d) Los conflictos de atribuciones sólo podrán suscitarse entre órganos de una misma Administración relacionados jerárquicamente.

**7.** a) El incumplimiento de las instrucciones u órdenes de servicio supone la invalidez de los actos dictados por los órganos administrativos.

**8.** b) Si tienen parentesco de consanguinidad o de afinidad dentro del cuarto grado, con cualquiera de los interesados.

**9.** b) Los órganos jerárquicamente superiores podrán ordenar a las personas en quienes se dé alguna de las circunstancias señaladas en el art. 23 de la LRJSP que se abstengan de toda intervención en el expediente.

**10.** b) La recusación se planteará por escrito en el que se expresará la causa o causas en que se funda.

**11.** a) Instrucciones y Órdenes de servicio.

**12.** b) No podrán recibir instrucciones, directrices o cualquier clase de indicación de los órganos que hayan elaborado las disposiciones o producido los actos objeto de consulta.

**13.** d) Todas las respuestas son correctas.

**14.** d) Un Punto de Acceso General electrónico de la Administración.

**15.** c) El Real Decreto 4/2010, de 8 de enero.

**16.** b) Por escrito, a través de medios electrónicos.

**17.** c) Los documentos que se publiquen con carácter meramente informativo.

**18.** d) Todas las respuestas son correctas.

**19.** d) En cualquier momento.

**20.** c) Quince días a contar desde la recepción de la solicitud en el registro electrónico de la Administración u Organismo competente.

**21.** a) Las copias auténticas realizadas por una Administración Pública únicamente tendrán validez en esa Administración Pública.

**22.** d) Todas las respuestas son correctas.

**23.** a) La comparecencia de las personas ante las oficinas públicas, ya sea presencialmente o por medios electrónicos, solo será obligatoria cuando así esté previsto mediante Reglamento.

**24.** c) A formular alegaciones, utilizar los medios de defensa admitidos por el Ordenamiento Jurídico, y aportar documentos en cualquier fase del procedimiento, que deberán ser tenidos en cuenta por el órgano competente al redactar la propuesta de resolución.

**25.** b) En los procedimientos tramitados por las Administraciones de las Comunidades Autónomas y de las Entidades Locales, el uso de la lengua se ajustará a lo previsto en la legislación nacional.

**26.** a) Solo los interesados en él.

**27.** c) Cualquiera de las dos anteriores, a su opción

**28.** b) Antes del trámite de audiencia.

**29.** b) Falta muy grave.

**30.** d) El Esquema Nacional de Seguridad.

**31.** d) La Ley Orgánica 3/2018, de 5 de diciembre.

**32.** a) Tienen el deber de proporcionárselos a la Administración actuante.

# TEST N.º 2

**El acto administrativo. Concepto y elementos.
Clasificación de los actos. Términos y plazos. Requisitos. Eficacia.
Notificación y publicación de los actos. Nulidad y anulabilidad**

**1. El contenido eventual del acto supone:**

a) Que este puede estar condicionado.
b) Que se presume en todos los actos del mismo tipo.
c) Que es connatural con el acto de que se trate.
d) Su carácter reglado.

**2. Cuando algo necesariamente forma parte de un acto administrativo, hablamos de contenido:**

a) Natural.
b) Legal.
c) Eventual.
d) Implícito.

**3. En la notificación de todo acto administrativo no es necesario que conste siempre:**

a) Su texto íntegro.
b) Los recursos que contra el mismo procedan.
c) Los motivos en que se basa la decisión.
d) El plazo de interposición de los recursos.

**4. Según que la Administración, al dictarlos, se limite a aplicar una norma que le señala claramente la decisión a adoptar en el supuesto del hecho de que se trate, o tenga libertad en la emisión de dicho acto, pudiendo optar entre diversas alternativas que la ley le ofrece, pero sin olvidar que el fin de toda su actuación es el interés general, los actos administrativos se clasifican en:**

a) Actos únicos y actos múltiples.
b) Actos de trámite y actos complejos.

c) Actos directos y actos indirectos.
d) Actos reglados y actos discrecionales.

**5. La regla general cuando un acto infringe el ordenamiento jurídico es:**

a) Su anulabilidad.
b) Su validez temporal.
c) Su nulidad relativa.
d) Las respuestas a) y c) son correctas.

**6. Las resoluciones administrativas que vulneren lo establecido en una disposición reglamentaria son:**

a) Nulas.
b) Válidas.
c) Anulables.
d) Temporalmente válidas.

**7. Las cláusulas accesorias de un acto administrativo forman parte del contenido:**

a) Natural del acto.
b) Implícito del mismo.
c) Legal del acto.
d) Eventual del acto.

**8. Según pongan fin al expediente administrativo o formen parte del mismo, como una fase del mismo, sin tener carácter resolutivo, los actos administrativos se clasifican en:**

a) Actos definitivos y actos de trámite.
b) Actos propios y actos impropios.
c) Actos básicos y actos de trámite.
d) Actos únicos y actos múltiples.

**9. Un acto complejo es aquel:**

a) En el que intervienen, sucesivamente, en virtud de la tutela administrativa, dos órganos administrativos.
b) Que se adopta por un órgano colegiado.
c) En cuyo proceso de elaboración se ha evacuado el dictamen de un órgano consultivo.
d) En cuya emisión de voluntad han de intervenir, como mínimo, dos órganos administrativos.

**10. Los efectos de una declaración de nulidad absoluta se producen desde:**

a) Que se notifica el acto anulatorio.
b) El momento de la declaración de la nulidad.
c) La notificación o publicación del acto anulatorio, según los casos.
d) Que se dictó el acto anulado.

**11. Los actos dictados prescindiendo total y absolutamente del procedimiento legalmente establecido o de las normas que contienen las reglas esenciales para la formación de la voluntad de los órganos colegiados, se consideran:**

a) Válidos.
b) Nulos de pleno derecho.
c) Anulables.
d) Irregulares.

**12. Entre los medios de ejecución forzosa no se encuentra el/la:**

a) Desahucio administrativo.
b) Ejecución subsidiaria.
c) Multa coercitiva.
d) Compulsión sobre la persona.

**13. Según provengan de un solo órgano administrativo o de dos o más órganos administrativos, los actos administrativos se clasifican en:**

a) Actos únicos y actos múltiples.
b) Actos de trámite y actos complejos.
c) Actos simples y complejos.
d) Actos básicos y actos complejos.

**14. El procedimiento, que es la vía a través de la cual se elabora la declaración de voluntad, deseo, conocimiento o juicio de la Administración, en que consiste el acto, es un elemento del acto administrativo de tipo:**

a) Objetivo.
b) Subjetivo.
c) Formal.
d) Accidental.

**15. ¿Cuándo podrá la Administración Pública convalidar un acto administrativo?**

a) Cuando el vicio consiste en incompetencia jerárquica.
b) Cuando el vicio consiste en incompetencia funcional.
c) Cuando el vicio consiste en incompetencia territorial.
d) En ninguno de los anteriores casos.

**16. Serán motivados, con sucinta referencia de hechos y fundamentos de derecho:**

a) Los actos que se separen del criterio seguido en actuaciones precedentes o del dictamen de órganos consultivos.
b) Los actos que limiten derechos subjetivos o intereses legítimos

c) Los actos que resuelvan procedimientos de revisión de oficio de disposiciones o actos administrativos, recursos administrativos y procedimientos de arbitraje y los que declaren su inadmisión.

d) Todas las respuestas son correctas.

**17. ¿Cuándo se hará la notificación por medio de un anuncio publicado en el Boletín Oficial del Estado?**

a) Cuando se ignore el lugar de la notificación.
b) Cuando los interesados en un procedimiento sean conocidos.
c) Cuando intentada la notificación no se hubiera podido practicar.
d) Las respuestas a) y c) son correctas.

**18. Los actos deben motivarse:**

a) Siempre.
b) Nunca.
c) Cuando decidan un procedimiento.
d) Cuando la ley lo prescriba.

**19. No tienen por qué motivarse los actos que:**

a) Resuelvan recursos.
b) Limiten derechos subjetivos.
c) Se separen del dictamen de órganos consultivos.
d) Todos los anteriores deben motivarse.

**20. En la notificación de todo acto administrativo no es necesario que conste siempre:**

a) Su texto íntegro.
b) Los recursos que contra el mismo procedan.
c) Los motivos en que se basa la decisión.
d) El plazo de interposición de los recursos.

**21. ¿En qué supuestos la notificación se hará por medio de un anuncio publicado en el Boletín Oficial del Estado?**

a) Cuando se ignore el lugar de la notificación.
b) Cuando los interesados en un procedimiento sean conocidos.
c) Cuando intentada la notificación, no se hubiera podido practicar.
d) Las respuestas a) y c) son correctas.

**22. A tenor del artículo 41 LPACAP, las notificaciones se practicarán preferentemente:**

a) Por la vía postal.
b) Telefónicamente.

c) Por medios electrónicos.

d) Por el medio más rápido y económico para la Administración.

**23. Las resoluciones administrativas que vulneren lo establecido en una disposición reglamentaria son:**

a) Nulas.

b) Válidas.

c) Anulables.

d) Temporalmente válidas.

**24. Para que un acto tenga eficacia retroactiva es necesario que:**

a) Limite derechos de los particulares.

b) Restrinja el ejercicio de facultades de los particulares.

c) Imponga deberes u obligaciones.

d) No se lesionen derechos de otras personas.

**25. Los supuestos de nulidad absoluta de actos administrativos:**

a) Son la regla general en nuestro Derecho.

b) Son los recogidos en el artículo 47 de la Ley 39/2015, de 1 de octubre, del Procedimiento Administrativo Común de las Administraciones Públicas, exclusivamente.

c) Pueden establecerse expresamente por una disposición con rango de Ley.

d) Son solo los del artículo 47 citado y de otras leyes formales.

**26. Los efectos de una declaración de nulidad absoluta se producen desde:**

a) Que se notifica el acto anulatorio.

b) El momento de la declaración de la nulidad.

c) La notificación o publicación del acto anulatorio, según los casos.

d) Se dictó el acto anulado.

# Solución al test n.º 2

**1.** a) Que este puede estar condicionado.

**2.** a) Natural.

**3.** c) Los motivos en que se basa la decisión.

**4.** d) Actos reglados y actos discrecionales.

**5.** d) Las respuestas a) y c) son correctas.

**6.** a) Nulas.

**7.** d) Eventual del acto.

**8.** a) Actos definitivos y actos de trámite.

**9.** d) En cuya emisión de voluntad han de intervenir, como mínimo, dos órganos administrativos.

**10.** d) Que se dictó el acto anulado.

**11.** b) Nulos de pleno derecho.

**12.** a) Desahucio administrativo.

**13.** c) Actos simples y complejos.

**14.** c) Formal.

**15.** a) Cuando el vicio consiste en incompetencia jerárquica.

**16.** d) Todas las respuestas son correctas.

**17.** d) Las respuestas a) y c) son correctas.

**18.** d) Cuando la ley lo prescriba.

**19.** d) Todos los anteriores deben motivarse.

**20.** c) Los motivos en que se basa la decisión.

**21.** d) Las respuestas a) y c) son correctas.

**22.** c) Por medios electrónicos.

**23.** a) Nulas.

**24.** d) No se lesionen derechos de otras personas.

**25.** c) Pueden establecerse expresamente por una disposición con rango de Ley.

**26.** d) Se dictó el acto anulado.

# TEST N.º 3

**El procedimiento administrativo. Principios generales. Derechos del administrado. Garantías. Fases del procedimiento. Iniciación, ordenación e instrucción y finalización. Tramitación simplificada. Ejecución. Suspensión. Revisión de los actos administrativos: revisión de oficio. Los recursos administrativos**

**1. ¿Cuándo se iniciarán de oficio los procedimientos?**

a) Por denuncia.
b) Por acuerdo del órgano competente.
c) Por propia iniciativa.
d) Todas las respuestas son correctas.

**2. Señala la respuesta incorrecta respecto al inicio del procedimiento por denuncia:**

a) Las denuncias deberán expresar la identidad de la persona o personas que las presentan y el relato de los hechos que se ponen en conocimiento de la Administración.
b) La presentación de una denuncia confiere, por sí sola, la condición de interesado en el procedimiento.
c) Cuando la denuncia invocara un perjuicio en el patrimonio de las Administraciones Públicas la no iniciación del procedimiento deberá ser motivada y se notificará a los denunciantes la decisión de si se ha iniciado o no el procedimiento.
d) Se entiende por denuncia el acto por el que cualquier persona, en cumplimiento o no de una obligación legal, pone en conocimiento de un órgano administrativo la existencia de un determinado hecho que pudiera justificar la iniciación de oficio de un procedimiento administrativo.

**3. ¿En qué caso se podrá imponer una sanción sin que se haya tramitado el oportuno procedimiento?**

a) En casos de urgente necesidad.
b) En situaciones excepcionales, como por ejemplo, situaciones de crisis sanitarias o epidemias.
c) Las respuestas a) y b) son correctas.
d) En ningún caso.

**4. ¿Cuál de los siguientes datos no es necesario que figure en las solicitudes de iniciación del procedimiento por parte de los interesados?**

a) Número de teléfono.

b) Hechos, razones y petición en que se concrete, con toda claridad, la solicitud.

c) Órgano, centro o unidad administrativa a la que se dirige y su correspondiente código de identificación.

d) Firma del solicitante o acreditación de la autenticidad de su voluntad expresada por cualquier medio.

**5. Los documentos que los interesados dirijan a los órganos de las Administraciones Públicas podrán presentarse:**

a) En las oficinas de Correos, en la forma que reglamentariamente se establezca.

b) En el registro electrónico de la Administración u Organismo al que se dirijan.

c) En las representaciones diplomáticas u oficinas consulares de España en el extranjero.

d) Todas las respuestas son correctas.

**6. Los interesados solo podrán solicitar el inicio de un procedimiento de responsabilidad patrimonial, cuando no haya prescrito su derecho a reclamar. El derecho a reclamar prescribirá:**

a) Al año de producido el hecho o el acto que motive la indemnización o se manifieste su efecto lesivo.

b) A los dos años de producido el hecho o el acto que motive la indemnización o se manifieste su efecto lesivo.

c) A los cinco años de producido el hecho o el acto que motive la indemnización o se manifieste su efecto lesivo.

d) Este derecho no prescribe.

**7. ¿De acuerdo con qué principio se acordarán en un solo acto todos los trámites que, por su naturaleza, admitan un impulso simultáneo y no sea obligado su cumplimiento sucesivo?**

a) Con el principio de oficialidad.

b) Con el principio de eficacia.

c) Con el principio de simplificación administrativa.

d) Con el principio de rapidez administrativa.

**8. Salvo en el caso de que en la norma correspondiente se fije plazo distinto, los trámites que deban ser cumplimentados por los interesados deberán realizarse en el plazo de:**

a) Siete días a partir del siguiente al de la notificación del correspondiente acto.

b) Diez días a partir del siguiente al de la notificación del correspondiente acto.

c) Quince días a partir del siguiente al de la notificación del correspondiente acto.

d) Un mes a partir del siguiente al de la notificación del correspondiente acto.

**9. En cualquier momento del procedimiento, cuando la Administración considere que alguno de los actos de los interesados no reúne los requisitos necesarios, lo pondrá en conocimiento de su autor, concediéndole un plazo para cumplimentarlo:**

a) De cinco días.

b) De siete días.

c) De diez días.

d) De veinte días.

**10. Cuando la Administración no tenga por ciertos los hechos alegados por los interesados o la naturaleza del procedimiento lo exija, el instructor del mismo acordará la apertura de un período de prueba, a fin de que puedan practicarse cuantas juzgue pertinentes, por un plazo:**

a) No superior a treinta días ni inferior a diez.

b) No superior a treinta días ni inferior a quince.

c) No superior a veinte días ni inferior a diez.

d) No superior a veinte días ni inferior a cinco.

**11. Salvo disposición expresa en contrario, los informes serán:**

a) Vinculantes.

b) Vinculantes y facultativos.

c) Facultativos y no vinculantes.

d) Nunca facultativos.

**12. En el caso de los procedimientos de responsabilidad patrimonial será preceptivo solicitar informe al servicio cuyo funcionamiento haya ocasionado la presunta lesión indemnizable, no pudiendo exceder el plazo de su emisión de:**

a) Diez días.

b) Quince días.

c) Veinte días.

d) Un mes.

**13. ¿Cómo se denomina el conjunto ordenado de documentos y actuaciones que sirven de antecedente y fundamento a la resolución administrativa, así como las diligencias encaminadas a ejecutarla?**

a) Dosier administrativo.

b) Acto administrativo.

c) Expediente administrativo.

d) Procedimiento administrativo.

**14. Con arreglo al artículo 74 LPACAP, las cuestiones incidentales que se susciten en el procedimiento, incluso las que se refieran a la nulidad de actuaciones:**

a) Suspenderán la tramitación del procedimiento.

b) No suspenderán la tramitación del procedimiento, salvo la recusación.

c) No suspenderán la tramitación del procedimiento en ningún caso.

d) Siempre que lo estime oportuno el instructor del procedimiento, y así lo motive suficientemente, suspenderá la tramitación del procedimiento.

**15. ¿Cuándo podrán los interesados aducir alegaciones y aportar documentos u otros elementos de juicio?**

a) En cualquier momento.

b) En cualquier momento del procedimiento posterior al trámite de audiencia.

c) En cualquier momento del procedimiento anterior al trámite de audiencia.

d) Únicamente cuando lo autorice el instructor del procedimiento.

**16. Señala la respuesta incorrecta respecto a los medios y período de prueba:**

a) El instructor del procedimiento solo podrá rechazar las pruebas propuestas por los interesados cuando sean manifiestamente improcedentes o innecesarias, sin necesidad de resolución motivada.

b) En los procedimientos de carácter sancionador, los hechos declarados probados por resoluciones judiciales penales firmes vincularán a las Administraciones Públicas respecto de los procedimientos sancionadores que substancien.

c) Cuando la prueba consista en la emisión de un informe de un órgano administrativo, organismo público o Entidad de derecho público, se entenderá que este tiene carácter preceptivo.

d) Cuando la valoración de las pruebas practicadas pueda constituir el fundamento básico de la decisión que se adopte en el procedimiento, por ser pieza imprescindible para la correcta evaluación de los hechos, deberá incluirse en la propuesta de resolución.

**17. Cuando lo considere necesario, el instructor, a petición de los interesados, podrá decidir la apertura de un período extraordinario de prueba por un plazo:**

a) No superior a diez días.

b) No superior a quince días.

c) No superior a veinte días.

d) No superior a un mes.

**18. Salvo que una disposición o el cumplimiento del resto de los plazos del procedimiento permita o exija otro plazo mayor o menor, los informes serán emitidos en el plazo de:**

a) Diez días.
b) Quince días.
c) Veinte días.
d) Un mes.

**19. ¿De qué plazo disponen los interesados para alegar y presentar los documentos y justificaciones que estimen pertinentes?**

a) De un plazo no inferior a cinco días ni superior a diez.
b) De un plazo no inferior a diez días ni superior a quince.
c) De un plazo no inferior a diez días ni superior a veinte.
d) De un plazo no inferior a diez días ni superior a un mes.

**20. ¿En qué plazo deberán practicarse las actuaciones complementarias?**

a) En un plazo no superior a siete días.
b) En un plazo no superior a diez días.
c) En un plazo no superior a quince días.
d) En un plazo no superior a un mes.

**21. ¿Transcurrido qué plazo desde que se inició el procedimiento sin que haya recaído y se notifique resolución expresa o, en su caso, se haya formalizado el acuerdo, podrá entenderse que la resolución es contraria a la indemnización del particular?**

a) Transcurrido un mes.
b) Transcurridos tres meses.
c) Transcurridos seis meses.
d) Transcurrido un año.

**22. A tenor del artículo 92 LPACAP, en el ámbito de la Administración General del Estado, los procedimientos de responsabilidad patrimonial se resolverán por:**

a) El Ministro respectivo.
b) El Presidente del Gobierno.
c) El Consejo de Ministros.
d) Las respuestas a) y c) son correctas.

**23. Señala la respuesta incorrecta respecto al desistimiento y renuncia por los interesados:**

a) Si el escrito de iniciación se hubiera formulado por dos o más interesados, el desistimiento o la renuncia afectará a todos los que la hubiesen formulado.
b) Todo interesado podrá desistir de su solicitud o, cuando ello no esté prohibido por el ordenamiento jurídico, renunciar a sus derechos.

c) Si la cuestión suscitada por la incoación del procedimiento entrañase interés general o fuera conveniente sustanciarla para su definición y esclarecimiento, la Administración podrá limitar los efectos del desistimiento o la renuncia al interesado y seguirá el procedimiento.

d) Tanto el desistimiento como la renuncia podrán hacerse por cualquier medio que permita su constancia, siempre que incorpore las firmas que correspondan de acuerdo con lo previsto en la normativa aplicable.

**24. La Administración aceptará de plano el desistimiento o la renuncia, y declarará concluso el procedimiento salvo que, habiéndose personado en el mismo terceros interesados, instasen estos su continuación en el plazo de:**

a) Un mes desde que fueron notificados del desistimiento o renuncia.
b) Veinte días desde que fueron notificados del desistimiento o renuncia.
c) Quince días desde que fueron notificados del desistimiento o renuncia.
d) Diez días desde que fueron notificados del desistimiento o renuncia.

**25. El recurso de alzada contra actos que no agotan la vía administrativa es:**

a) Extraordinario.
b) La regla general.
c) Especial.
d) Inexistente.

**26. La _reformatio in peius_, en materia de recursos:**

a) Se admite como regla general.
b) Solo se permite en materia sancionadora.
c) Se admite cuando el recurso está claramente infundado.
d) Está expresamente prohibida.

**27. Cuando hayan de tenerse en cuenta nuevos hechos o documentos no recogidos en el expediente originario, se pondrán de manifiesto a los interesados para que formulen las alegaciones que estimen procedentes, en un plazo:**

a) No inferior a diez días ni superior a quince.
b) De veinte días.
c) No inferior a cinco días ni superior a veinte.
d) De treinta días.

**28. La resolución de un recurso:**

a) Debe circunscribirse a lo solicitado por el recurrente.
b) Resolverá cuantas cuestiones se deduzcan del expediente.
c) No es necesario que se motive.
d) Debe aceptar las razones en que se fundamente el propio recurso.

**29. Si el acto fuera expreso, el plazo para la interposición del recurso de reposición será de:**

a) Tres meses.
b) Diez días.
c) Quince días.
d) Un mes.

**30. El recurso de alzada contra actos que no agotan la vía administrativa es:**

a) Extraordinario.
b) La regla general.
c) Especial.
d) Inexistente.

**31. El recurso de reposición contra actos que no agotan la vía administrativa es:**

a) Ordinario.
b) Extraordinario.
c) Especial.
d) Inexistente.

**32. El recurso de alzada se presentará:**

a) Ante el superior jerárquico del órgano que dictó el acto.
b) Ante el Tribunal contencioso competente.
c) Ante el órgano que dictó el acto.
d) Indistintamente, ante el órgano que dictó el acto o el superior jerárquico que deba decidirlo.

**33. La resolución presunta del recurso de alzada se dará, si no recae resolución, al/a los:**

a) Quince días de interponerlo.
b) Mes de su interposición.
c) Tres meses de su interposición.
d) En cualquier momento a partir del día siguiente a aquel en que, de acuerdo con su normativa específica, se produzcan los efectos del silencio administrativo.

**34. El silencio administrativo en el recurso de alzada puede ser positivo en el siguiente caso:**

a) Cuando el recurso se presentó contra un acto presunto desestimatorio de la solicitud del ciudadano.
b) Cuando perjudique al ciudadano.
c) Siempre que beneficie al interés público.
d) En ningún supuesto es positivo.

**35. El recurso extraordinario de revisión se interpone contra:**

a) Cualquier acto administrativo.
b) Actos que no agotan la vía administrativa.
c) Los actos que agotan la vía administrativa.
d) Los actos firmes exclusivamente.

**36. La terminación presunta del recurso extraordinario de revisión se dará:**

a) A los tres meses de su interposición.
b) Al mes de su interposición.
c) No cabe.
d) Solo en el supuesto de que se base en manifiesto error de derecho.

**37. El recurso extraordinario de revisión por manifiesto error de hecho debe plantearse:**

a) A los tres meses desde que se produjo.
b) A los cuatro años desde que se conoció.
c) Dentro de los cuatro años desde la notificación del acto.
d) No puede darse nunca aisladamente.

**38. En la Administración Local (en concreto, en un Ayuntamiento), la declaración de lesividad de un acto se efectúa a través del/de la:**

a) Presidente de la Corporación Local.
b) Junta de Gobierno Local.
c) Pleno.
d) Cualquiera de los anteriores.

**39. Para plantear un recurso administrativo:**

a) Hay que tener capacidad jurídica, sin requerirse la capacidad de obrar.
b) Basta con la capacidad de obrar.
c) Se requiere, siempre, ser titular de un derecho subjetivo afectado por el acto que se recurre.
d) Puede hacerlo quien ostente la condición de interesado.

**40. Se puede sustituir en determinados supuestos por procedimientos de mediación y arbitraje el:**

a) Recurso de alzada.
b) Recurso de revisión.
c) Recurso de reposición.
d) Las respuestas a) y c) son ciertas.

**41. Cuando una persona interpone un recurso de alzada denominándolo como recurso de revisión:**

a) Deberá desestimarse el recurso por improcedente.
b) Deberá notificársele el error para que lo subsane.
c) No se admitirá el recurso.
d) Deberá resolverse, si del propio recurso se deduce su carácter.

**42. Como consecuencia del principio de congruencia, al resolver un recurso, la Administración Pública:**

a) Podrá agravar la situación inicial del recurrente.
b) Deberá ajustarse a las peticiones del recurrente.
c) Lo desestimará, manteniendo el acto administrativo.
d) Solo decidirá sobre las cuestiones planteadas por el recurrente sin entrar en otras que deriven del procedimiento.

**43. Pone fin a la vía administrativa un acto de un Director General de un Ministerio en la siguiente materia en la que tenga competencia:**

a) Cualquier materia.
b) Una materia que esté descentralizada.
c) De personal.
d) En ningún caso sus actos ponen fin a esta vía administrativa.

**44. El recurso de revisión es:**

a) Unitario.
b) Ordinario.
c) Especial.
d) Extraordinario.

**45. Contra los actos dictados por un Tribunal de Oposiciones:**

a) No cabe recurso alguno.
b) Puede presentarse recurso de alzada ante su Presidente.
c) El recurso de alzada debe entablarse ante la autoridad que nombró al Presidente.
d) Solo es posible el recurso de revisión.

**46. No es motivo bastante para interponer un recurso de revisión que:**

a) Se haya incurrido en manifiesto error de hecho al dictar el acto.
b) Hubiere mediado cohecho en la resolución.
c) Se haya dictado por órgano manifiestamente incompetente.
d) Hayan influido documentos declarados falsos por sentencia judicial firme.

**47. Para que pueda entablarse un recurso extraordinario de revisión por error de hecho, este:**

a) Ha de ser declarado por sentencia judicial firme.
b) Ha de haberse adoptado por cohecho.
c) Ha de derivar de documentos habidos en el expediente.
d) Nada de lo anterior es cierto.

**48. La revocación por la Administración Pública de un acto administrativo de gravamen o no declarativo de derechos:**

a) Ha de efectuarse a instancia de los particulares.
b) Está prohibida.
c) Se podrá revocar mientras que no haya transcurrido el plazo de prescripción, siempre que no constituya dispensa o exención no permitida por las leyes, o sea contraria al principio de igualdad, al interés público o al ordenamiento jurídico.
d) Requiere previo dictamen del Consejo de Estado.

# Solución al test n.º 3

**1.** d) Todas las respuestas son correctas.

**2.** b) La presentación de una denuncia confiere, por sí sola, la condición de interesado en el procedimiento.

**3.** d) En ningún caso.

**4.** a) Número de teléfono.

**5.** d) Todas las respuestas son correctas.

**6.** a) Al año de producido el hecho o el acto que motive la indemnización o se manifieste su efecto lesivo.

**7.** c) Con el principio de simplificación administrativa.

**8.** b) Diez días a partir del siguiente al de la notificación del correspondiente acto.

**9.** c) De diez días.

**10.** a) No superior a treinta días ni inferior a diez.

**11.** c) Facultativos y no vinculantes.

**12.** a) Diez días.

**13.** c) Expediente administrativo.

**14.** b) No suspenderán la tramitación del procedimiento, salvo la recusación.

**15.** c) En cualquier momento del procedimiento anterior al trámite de audiencia.

**16.** a) El instructor del procedimiento solo podrá rechazar las pruebas propuestas por los interesados cuando sean manifiestamente improcedentes o innecesarias, sin necesidad de resolución motivada.

**17.** a) No superior a diez días.

**18.** a) Diez días.

**19.** b) De un plazo no inferior a diez días ni superior a quince.

**20.** c) En un plazo no superior a quince días.

**21.** c) Transcurridos seis meses.

**22.** d) Las respuestas a) y c) son correctas.

**23.** a) Si el escrito de iniciación se hubiera formulado por dos o más interesados, el desistimiento o la renuncia afectará a todos los que la hubiesen formulado.

**24.** d) Diez días desde que fueron notificados del desistimiento o renuncia.

**25.** b) La regla general.

**26.** d) Está expresamente prohibida.

**27.** a) No inferior a diez días ni superior a quince.

**28.** b) Resolverá cuantas cuestiones se deduzcan del expediente.

**29.** d) Un mes.

**30.** b) La regla general.

**31.** d) Inexistente.

**32.** d) Indistintamente, ante el órgano que dictó el acto o el superior jerárquico que deba decidirlo.

**33.** c) Tres meses de su interposición.

**34.** a) Cuando el recurso se presentó contra un acto presunto desestimatorio de la solicitud del ciudadano.

**35.** d) Los actos firmes exclusivamente.

**36.** a) A los tres meses de su interposición.

**37.** c) Dentro de los cuatro años desde la notificación del acto.

**38.** c) Pleno.

**39.** d) Puede hacerlo quien ostente la condición de interesado.

**40.** d) Las respuestas a) y c) son ciertas.

**41.** d) Deberá resolverse, si del propio recurso se deduce su carácter.

**42.** b) Deberá ajustarse a las peticiones del recurrente.

**43.** c) De personal.

**44.** d) Extraordinario.

**45.** c) El recurso de alzada debe presentarse ante la autoridad que nombró al Presidente.

**46.** c) Se haya dictado por órgano manifiestamente incompetente.

**47.** c) Ha de derivar de documentos habidos en el expediente.

**48.** c) Se podrá revocar mientras que no haya transcurrido el plazo de prescripción, siempre que no constituya dispensa o exención no permitida por las leyes, o sea contraria al principio de igualdad, al interés público o al ordenamiento jurídico.

# TEST N.º 4

**Concepto de documento, registro y archivo. Funciones del registro y del archivo. Clases de archivo y criterios de ordenación. Ofimática: el sistema operativo, el procesador de textos, la hoja de cálculo, bases de datos, correo electrónico y los navegadores de internet**

**Capítulo 1.** Concepto de documento, registro y archivo. Funciones del registro y del archivo. Clases de archivo y criterios de ordenación

**1. El artículo 49.1 de la Ley 16/1985, de 25 de junio, del Patrimonio Histórico Español, lo define como "toda expresión en lenguaje natural o convencional y cualquier otra expresión gráfica, sonora o en imagen, recogidas en cualquier tipo de soporte material, incluso los soportes informáticos":**

a) El documento.
b) El registro.
c) El archivo.
d) El expediente.

**2. Es una característica del documento de archivo:**

a) Es único e irrepetible.
b) Reflejan relaciones entre personas y Administración de forma subjetiva.
c) Carece de carácter seriado.
d) La reproducción en numerosos ejemplares.

**3. ¿Cuál de los siguientes caracteres externos del documento alude a la configuración física del documento y a la manera en que se ha conservado?**

a) Clase.
b) Forma.
c) Formato.
d) Soporte.

**4. Es un carácter interno del documento:**

a) Tipo.
b) Formato.
c) Forma.
d) Origen funcional.

**5. ¿En qué edad se encuentran los documentos del archivo de gestión?**

a) Edad histórica.
b) Edad administrativa.
c) Edad intermedia.
d) Edad preadministrativa.

**6. ¿En qué edad del documento predomina claramente el valor secundario?**

a) Edad administrativa.
b) Edad intermedia.
c) Edad histórica.
d) Edad prehistórica.

**7. Es cierto que la documentación de apoyo informativo:**

a) Forma parte del Patrimonio Documental.
b) Se produce como resultado de la gestión administrativa.
c) Es útil para el correcto desarrollo de la actividad administrativa.
d) No puede contener textos legales, boletines oficiales, publicaciones o circulares.

**8. Conforme al artículo 26.2 de la LPACAP, para ser considerados válidos, los documentos electrónicos deberán:**

a) Contener información de naturaleza jurídica archivada en un soporte electrónico según un formato determinado susceptible de identificación y tratamiento diferenciado.
b) Carecer de datos de identificación que puedan permitir su individualización.
c) Incorporar los metadatos mínimos exigidos.
d) Formar parte de un expediente administrativo.

**9. En caso de que excepcionalmente, en un procedimiento, el interesado deba presentar un documento original, tendrá derecho a:**

a) Obtener una copia autenticada del documento original.
b) No desprenderse de él, presentándolo únicamente para que el funcionario correspondiente autentifique una copia con la que se quedará, devolviendo el original al interesado.

c) Recuperarlo en un plazo máximo de 30 días.

d) Ninguna norma puede exigir la presentación de documentos originales.

**10. En relación con los documentos electrónicos administrativos, no es cierto que:**

a) Para ser considerados válidos, los documentos electrónicos administrativos deberán disponer de los datos de identificación que permitan su individualización, sin perjuicio de su posible incorporación a un expediente electrónico.

b) A menos que su naturaleza exija otra forma más adecuada de expresión y constancia, las Administraciones Públicas emitirán los documentos administrativos por escrito, a través de medios electrónicos.

c) Los documentos electrónicos emitidos por las Administraciones Públicas que se publiquen con carácter meramente informativo requieren firma electrónica para ser considerados documentos administrativos.

d) Cualquier documento electrónico emitido por una Administración Pública requerirá que se identifique su origen aunque no forme parte de un expediente administrativo.

**11. ¿Cuál de las siguientes afirmaciones en relación con la autenticación de copias es cierta?**

a) Las copias auténticas tienen la misma validez que los documentos originales pero distinta eficacia.

b) Las copias auténticas de documentos privados no pueden surtir efectos administrativos.

c) Las copias auténticas realizadas por una Administración Pública solo tienen validez en su ámbito funcional.

d) Los interesados podrán solicitar, en cualquier momento, la expedición de copias auténticas de los documentos públicos administrativos que hayan sido válidamente emitidos por las Administraciones Públicas.

**12. En las disposiciones de creación de registros electrónicos no es necesario especificar:**

a) Los días declarados como inhábiles.

b) La caducidad del registro.

c) El órgano o unidad responsable de su gestión.

d) La fecha y hora oficial.

**13. El proceso tecnológico que permite convertir un documento en soporte papel o en otro soporte no electrónico en un fichero electrónico que contiene la imagen codificada, fiel e íntegra del documento, se conoce en la LPACAP como:**

a) Automatización.

b) Fotocopiado.

c) Autenticación.
d) Digitalización.

**14. Aquellos documentos e informaciones cuyo régimen especial establezca una forma de presentación en el registro distinta a la que se haya utilizado:**

a) No se tendrán por presentados.
b) Paralizarán el procedimiento hasta que sean presentados reglamentariamente.
c) Solo producirán efectos si el instructor ve necesaria su inclusión.
d) Se tendrán por presentados pero no podrán generar derechos.

**15. El funcionamiento del registro electrónico:**

a) Permitirá la presentación de documentos todos los días hábiles del año durante la jornada laboral de su personal.
b) El inicio del cómputo de los plazos que hayan de cumplir las Administraciones Públicas vendrá determinado por la fecha y hora de presentación en el registro electrónico de cada Administración u Organismo.
c) Los documentos se considerarán presentados por el orden de hora efectiva en el que fueron aceptados por el funcionario habilitado al efecto.
d) El registro electrónico de cualquier Administración u Organismo se regirá a efectos de cómputo de los plazos, por la fecha y hora oficial indicada por el *Central European Time*.

**16. ¿Qué calendario de días inhábiles se aplicará en los registros electrónicos a efectos del cómputo de plazos?**

a) El que se publique al efecto en el Boletín Oficial del Estado para todos los registros.
b) El que se publique al efecto en el Boletín Oficial de la Comunidad Autónoma para todos los registros ubicados en ella.
c) El que determine la sede electrónica del registro de cada Administración Pública u Organismo.
d) El que determine la sede electrónica del ayuntamiento en cuyo municipio se ubique el registro.

**17. Se definen por el artículo 59.1 de la *Ley 16/1985, de 25 de junio, del Patrimonio Histórico Español* como "los conjuntos orgánicos de documentos, o la reunión de varios de ellos, reunidos por las personas jurídicas, públicas o privadas, en el ejercicio de sus actividades, al servicio de su utilización para la investigación, la cultura, la información y la gestión administrativa":**

a) Los archivos.
b) Los registros.
c) Los expedientes.
d) Las bibliotecas.

**18. Señala la respuesta incorrecta. Atendiendo al ciclo vital de los documentos, el artículo 8 del *Real Decreto 1708/2011, de 18 de noviembre, por el que se establece el Sistema Español de Archivos y se regula el Sistema de Archivos de la Administración General del Estado y de sus Organismos Públicos y su régimen de acceso*, los Archivos del Sistema de Archivos de la Administración General del Estado, se clasifican en:**

a) Archivos de oficina o de gestión.
b) Archivos generales o centrales de los Ministerios y de los organismos públicos dependientes de los mismos.
c) Archivo de personal.
d) Archivos históricos.

**19. Llevar a cabo el proceso de identificación de series y elaborar el cuadro de clasificación es una función de:**

a) Los archivos de oficina o de gestión.
b) Los archivos generales o centrales.
c) Los archivos intermedios.
d) Los archivos históricos.

**20. No es una función de los archivos de oficina o de gestión:**

a) Identificar y llevar a cabo procesos de valoración documental.
b) Acreditar las actuaciones y actividades de la unidad productora.
c) Eliminar los documentos de apoyo informativo antes de la transferencia al Archivo central.
d) Apoyar la gestión administrativa.

**21. Forman parte del Sistema Español de Archivos los sistemas archivísticos autonómicos, provinciales y locales que se establezcan en función de las relaciones de cooperación basadas en el principio de:**

a) Interés público.
b) Seguridad documental.
c) Jerarquía.
d) Voluntariedad.

**22. ¿Qué tipo de clasificación de documentos es preferible cuando se trata de fondos documentales de gran amplitud cronológica, especialmente en el ámbito de la Administración electrónica?**

a) Clasificación orgánica.
b) Clasificación funcional.
c) Clasificación ideológica.
d) Clasificación por materias.

**23. Operación que relaciona los documentos entre sí y proporciona a cada uno de ellos una situación determinada, un número de orden dentro de las unidades de instalación, es decir, dentro de los legajos, libros o cajas que contienen documentos:**

a) Ordenación.
b) Clasificación.
c) Seriación.
d) Formalización.

**24. Los documentos de decisión:**

a) Son aquellos que comunican la existencia de hechos o actos a otras personas, órganos o entidades.
b) Contienen una declaración de conocimiento de un órgano administrativo cuya finalidad es la acreditación de actos, hechos o efectos.
c) Contienen una declaración de juicio de un órgano administrativo, persona o entidad pública o privada, sobre las cuestiones de hecho o de derecho que sean objeto de un procedimiento administrativo.
d) Contienen una declaración de voluntad de un órgano administrativo sobre materias de su competencia.

**25. A diferencia de una notificación, las comunicaciones:**

a) No trasladan actos de decisión.
b) Acredita hechos, circunstancias, juicios o acuerdos.
c) Contienen una declaración de juicio de un órgano administrativo.
d) Son el instrumento por el que el ciudadano se relaciona con la actividad de las Administraciones Públicas.

**26. ¿Cómo se llama el documento que contiene una o varias peticiones de un ciudadano dirigidas a promover la acción del órgano administrativo al que se dirige?**

a) Petición.
b) Alegación.
c) Solicitud.
d) Recurso.

**27. Por regla general, los documentos administrativos constan de tres partes:**

a) Emisor, texto y firma.
b) Encabezamiento, cuerpo y pie.
c) Asunto, destinatario y emisor.
d) Antefirma, nombre del emisor y rúbrica.

**28. Es un documento de los ciudadanos:**

a) Informe.
b) Certificado.
c) Oficio.
d) Alegación.

**29. Es un documento de constancia:**

a) Certificado.
b) Resolución.
c) Oficio.
d) Informe.

**30. En el proceso de archivo de documentos, ¿cómo se llama el trabajo de colocar una señal de números y letras que se pone al documento para indicar su colocación dentro del archivo?**

a) Datación.
b) Signaturación.
c) Desdoble.
d) Foliación.

## **Capítulo 2.** Sistema operativo Microsoft Windows 11

**1. ¿Cuál de las siguientes opciones no es un permiso de usuario autentificado en una carpeta de Windows 11?**

a) Lectura y escritura.
b) Lectura y ejecución.
c) Mostrar el contenido de la carpeta.
d) Modificar.

**2. ¿Cuál es la combinación de teclas que hace que se abra una nueva ventana en el explorador de archivos?**

a) Ctrl + N.
b) Ctrl + F.
c) Alt + N.
d) Alt + F.

**3. ¿Cuál es la acción que realiza en el explorador de archivos la combinación de teclas Alt + Flecha arriba?**

a) Ver la carpeta siguiente.
b) Ver la carpeta que contenía la carpeta seleccionada.
c) Ver la carpeta anterior.
d) Abrir el cuadro de diálogo Propiedades del elemento seleccionado.

**4. En la frase: "Es posible que hayamos empezado a cortar un archivo y cambiemos de opinión y no queramos moverlo. No pasa nada, pulsamos la tecla _____ para indicar que no vamos a continuar". ¿A qué tecla se refiere?**

a) Esc.
b) Tab.
c) Ctrl.
d) Alt + Shift.

**5. ¿A cuánto equivalen 762 Kb?**

a) 780.831 bits.
b) 780.831 Kbytes.
c) 780.831 Mbytes.
d) 780.831 bytes.

**6. ¿Cuál es la combinación de teclas que hace que se seleccione la barra de direcciones en el explorador de archivos?**

a) Ctrl + D.
b) Ctrl + F.
c) Alt + D.
d) Alt + E.

**7. Desde un punto de restauración, ¿a cuál de los siguientes elementos, instalados después de crear el punto de restauración, no afecta la restauración del sistema Windows?**

a) A las aplicaciones.
b) A los archivos personales.
c) A los controladores.
d) A las actualizaciones.

**8. ¿Cuál de los siguientes símbolos no pueden usarse en el nombre de un archivo de Windows?**

a) \ ?
b) @ ?

c) < $

d) < > &

**9. ¿Qué combinación de teclas me permite volver a las carpetas anteriores en el historial del Explorador de archivos de Windows?**

a) Alt + Flecha izquierda.

b) Ctrl + S.

c) Windows  + U.

d) Ctrl + Flecha izquierda.

**10. En la opción "Este Equipo" del explorador de Windows, además de las carpetas por defecto, encontraré información de:**

a) Conexiones de Red.

b) Unidades de disco.

c) Nuevos Elementos.

d) Carpetas favoritas.

**11. En el Explorador de Windows 11:**

a) Hay Cinta de Opciones, Caja de direcciones y panel de navegación.

b) Hay Cinta de Opciones, Caja de Búsqueda y panel de direcciones.

c) Hay Cinta de Opciones, Caja de navegación y panel de búsqueda.

d) Hay Cinta de Opciones, Caja de Búsqueda y panel de navegación.

**12. Windows PowerShell:**

a) Es la nueva ayuda en Windows 11.

b) Es el nuevo gestor de arranque del sistema.

c) Es una versión mejorada del intérprete de comandos DOS.

d) Es una forma de llamar al sistema operativo MSDos.

**13. En Windows 11 queremos refrescar el contenido de la ventana activa. ¿Qué tecla o teclas de acceso rápido utilizaremos?**

a) F5.

b) Ctr + X.

c) Alt + F4.

d) Ctrl + Alt + Tab.

**14. ¿Cuál de los siguientes son todos modos de captura de la herramienta Recortes?**

a) Forma Libre, rectangular y circular.

b) Forma Libre, ventana y línea.

c) Forma Libre, circular y ventana.
d) Forma Libre, rectangular y ventana.

**15. Al realizar una búsqueda avanzada desde el explorador de Windows 11, en el tamaño, cual no es una opción correcta:**

a) Minúsculo.
b) Mediano.
c) Muy grande.
d) Gigantesco.

**16. Una de las funciones del Sistema Operativo es:**

a) Gestionar el procesador.
b) Gestionar el tiempo que está el usuario usando el PC.
c) Gestionar los contenidos que está utilizando el usuario.
d) Todas las anteriores son correctas.

**17. En Windows:**

a) No podemos configurar el ratón para adaptarlo, ya que siempre son iguales.
b) Podemos configurar el ratón, siempre y cuando éste sea por cable.
c) Podemos configurar el ratón para adaptarlo mejor al usuario.
d) Ninguna de las anteriores es correcta.

**18. Para controlar la presencia en la instalación se pueden usar:**

a) Técnicas biométricas.
b) Antivirus.
c) Firewall.
d) Contraseñas.

**19. El Kernel del Sistema Operativo:**

a) Gestiona el interfaz de usuario.
b) Gestiona los archivos.
c) Gestiona las funciones básicas del sistema.
d) Es una aplicación de gestión.

**20. ¿Qué es el hardware?**

a) Es un programa que se encarga de monitorizar el estado de los componentes.
b) Es un programa que se encarga de monitorizar el sistema operativo.
c) Es un programa que se encarga de monitorizar la temperatura de los componentes.
d) Todas son falsas.

# Capítulo 3. Procesadores de textos: Word para Microsoft 365. Funciones y utilidades

**1. ¿Desde qué pestaña de la cinta de opciones de Word podremos comparar dos versiones de un documento?**

a) Inicio.
b) Referencias.
c) Word no nos permite realizar esa acción.
d) Revisar.

**2. ¿Cuál de las siguientes relaciones entre opción y grupo no es correcta?**

a) Tachado y Fuente.
b) Interlineado y Párrafo.
c) Espaciado y Párrafo.
d) Hipervínculo y Referencias.

**3. La alineación es un comando de Word 365 que afecta a:**

a) La selección de texto.
b) La dirección del texto.
c) El interlineado del texto.
d) Los párrafos.

**4. ¿En qué ficha y grupo está la opción para utilizar las tabulaciones?**

a) Insertar / Tabulaciones.
b) Inicio / Párrafo/ botón cuadro diálogo Párrafo.
c) Inicio / formato / Tabulaciones.
d) Inicio / Tabulaciones.

**5. En Word, ¿cuál es la diferencia entre pulsar INTRO y pulsar las teclas Mayúsculas + Intro?**

a) Intro indica párrafo nuevo y Mayúsculas + Intro indica salto de línea.
b) No hay diferencias para Word.
c) Intro indica párrafo nuevo, y Mayúsculas + Intro indica salto de sección.
d) Intro indica salto de línea nuevo, y Mayúsculas + Intro indica salto de sección.

**6. El botón Borrar Formato en Word:**

a) Borra todo el Formato de la selección.
b) Deja el texto sin formato y lo elimina.
c) Funciona haciendo doble clic.
d) Ese botón existe en Excel, pero no en Word.

**7. Los sangrados en Word:**

a) Definen el límite izquierdo de los párrafos de un documento, pero no el derecho.
b) Definen el límite derecho de los párrafos de un documento, pero no el izquierdo.
c) Definen el límite izquierdo y el límite derecho de los párrafos de un documento.
d) Definen el límite izquierdo de los párrafos de un documento y el estado de la primera línea de cada uno.

**8. La carta modelo en un proceso de combinar correspondencia de Word:**

a) Tendrá la tabla de datos para combinar.
b) No tendrá los campos de combinación.
c) Incluirá el texto que no varía.
d) Tendrá tantas hojas como datos se combinen.

**9. El método más rápido para acceder a las opciones de la cinta de opciones de Word 365 es hacer un clic con el ratón sobre ellas; si queremos acceder a las distintas opciones de los paneles y menús a partir del teclado, podemos pulsar la tecla:**

a) F1.
b) Shift.
c) Ctrl.
d) Alt.

**10. La combinación de teclas para la alineación centrada es:**

a) Ctrl + T
b) Ctrl + Q
c) Ctrl + J
d) Ctrl + Alt + C

**11. El interlineado se puede definir como:**

a) El espacio que hay entre los párrafos de un documento.
b) El espacio que hay entre los caracteres de un párrafo.
c) El espacio que hay entre los párrafos seleccionados.
d) El espacio que hay entre una y otra línea de un mismo párrafo.

**12. ¿En qué menú de Word 365 se encuentra la opción Marcas de Agua?**

a) Insertar.
b) Diseño.
c) Disposición.
d) Inicio.

**13. ¿Qué combinación de teclas nos lleva en Word 365 al menú de impresión?**

a) Alt + Ctrl + R
b) Alt + Ctrl + V
c) Alt + Ctrl + I
d) Alt + Ctrl + D

**14. La sangría francesa:**

a) Controla el límite izquierdo de todas las líneas del párrafo menos la segunda.
b) Controla el límite izquierdo de todas las líneas del párrafo menos la última.
c) Controla el límite izquierdo de todas las líneas del párrafo menos la primera.
d) Controla el límite derecho de todas las líneas del párrafo menos la segunda.

**15. Para disminuir un nivel en una lista Multinivel de Word 365 pulsamos:**

a) Mayúsculas + Control.
b) Mayúsculas + Ins.
c) Mayúsculas + L.
d) Ninguna es correcta.

**16. ¿Cuál es el valor máximo del porcentaje de escala del espaciado de caracteres?**

a) 400.
b) 600.
c) 200.
d) 1000.

**17. ¿Cuál es la definición de tabulación de barra?**

a) Alinea el texto tabulado del lado derecho.
b) Alinea los números decimales.
c) Dibuja una línea vertical en el documento.
d) Te permite insertar un marcador de sangría en la regla horizontal para alinear la primera línea de los párrafos del texto.

**18. ¿Qué combinación de teclas inserta una nota al pie de página?**

a) Ctrl + Alt + O
b) Ctrl + Alt + D
c) Ctrl + Alt + S
d) Ctrl + Alt + R

**19. Un estilo de Word 365 puede ser:**

a) De párrafo, carácter, imagen y tabla.
b) De párrafo, carácter, imagen y lista.
c) De párrafo, carácter, lista y tabla.
d) Ninguna es correcta.

**20. La biblioteca de viñetas es:**

a) El conjunto de viñetas usadas en el documento actual.
b) El conjunto de viñetas disponibles para usar.
c) El conjunto de viñetas de tipo párrafo.
d) El conjunto de viñetas de tipo *true type*.

# Capítulo 4. Hojas de cálculo: Excel para Microsoft 365. Funciones y utilidades

**1. Si queremos eliminar un comentario que tiene una celda de Excel 365, ¿a qué ficha tenemos que acceder?**

a) Revisar.
b) Comentarios.
c) Datos.
d) Programador.

**2. Las constantes de Excel 365 pueden ser valores:**

a) Numéricos y de tipo texto.
b) Horas y Fechas.
c) Numéricos, de texto, horas y fechas.
d) Numéricos, de texto, horas y fechas y booleanos.

**3. Si en una celda aparecen símbolos de sostenido (#####):**

a) Está en notación científica negativa.
b) Es un valor de texto incorrecto.
c) El valor no cabe en la altura de la celda.
d) El valor no cabe en la anchura de la celda.

**4. De manera predeterminada, Excel 365:**

a) Muestra 2 hoja de cálculo.
b) Muestra 5 hojas de cálculo.
c) Muestra 10 hojas de cálculo.
d) Es un valor configurable.

**5. La opción de ocultar Hoja de Excel 365 podemos encontrarla en:**

a) El botón de lista Insertar.
b) El botón de lista Hoja.
c) El botón de lista Formato.
d) El botón de lista Eliminar.

**6. La etiqueta de la hoja de cálculo se colorea totalmente cuando:**

a) Estás en una hoja distinta.
b) Estás en la propia hoja.
c) Siempre está coloreada.
d) Si la hoja no está totalmente vacía.

**7. En la ficha Página, en el grupo Configurar Página, podemos:**

a) Definir los márgenes de la hoja.
b) Definir los saltos de página.
c) Definir la orientación.
d) Definir los márgenes, los saltos de página pero no el centrado de las páginas.

**8. La escala de ajuste de la hoja de cálculo, tiene un valor máximo de:**

a) 100 %.
b) 400 %.
c) 250 %.
d) 150 %.

**9. Un encabezado en Excel 365 es la parte de la Hoja que está:**

a) Entre el borde inferior y el margen superior.
b) Entre el borde inferior y el margen inferior.
c) Entre el borde superior y el margen superior.
d) Entre el borde superior y el margen superior.

**10. El código #N/A es:**

a) Error de acceso a la celda.
b) Fórmula matricial.
c) Error de celda.
d) División por 0.

**11. Las funciones de Excel 365 son:**

a) Fórmulas predefinidas.
b) Cálculos predefinidos.

c) Argumentos predefinidos.
d) Macros.

### 12. La función =SUMA(A1 ; A8 ; A10)

a) Suma todas las celdas desde la A1 a la A8 y además la A10.
b) Suma todas las celdas desde la A1 a la A10 menos la A8.
c) Suma todas las celdas desde la A1 a la A8 y el resultado lo coloca en la A10.
d) Suma las celdas A1, A8 y la A10.

### 13. La función =SUMA(A1 ; 3 ; A8)

a) Suma 3 veces la celda A1 y la A8.
b) Suma la celda A1 y 3 veces la celda A8.
c) No es una formula correcta.
d) Suma la celda A1, una constante de 3 y la celda A8.

### 14. La función RESIDUO:

a) Calcula el interés residual de un préstamo.
b) Devuelve el resto de una división.
c) Calcula la parte entera de una división.
d) No es una función correcta, sería RESTO.

### 15. La función" =REDONDEAR (B3 ; -2)", teniendo en B3 el valor "14,14":

a) Dará un error como resultado.
b) Redondea el valor B3 al valor más cercano a "-2".
c) Redondea el valor B3 y le resta "2".
d) Devuelve como resultado 0.

### 16. Un gráfico en Excel 365 puede llegar a tener:

a) Eje X.
b) Eje X, Eje Y.
c) Eje X, Eje Y, Eje Z.
d) Eje X y Eje Z.

### 17. El eje de valores de un gráfico en columnas:

a) Puede ser el eje vertical.
b) Puede ser el eje horizontal.
c) Puede ser el eje vertical u horizontal.
d) Un gráfico de columnas no tiene eje de valores.

**18. Si en los rótulos de la lista aparecen botones de lista desplegable es porque:**

a) Se ha realizado una ordenación personalizada.
b) Se ha realizado un Filtrado.
c) Se ha realizado un Subtotal.
d) Se ha realizado un Filtro Avanzado.

**19. Los datos de una lista de una hoja de cálculo se ordenan:**

a) Alfabéticamente.
b) Personalizadamente.
c) Puede ser Alfabéticamente o Personalizadamente.
d) Por la fila de las celdas afectadas.

**20. El área de trazado de un gráfico:**

a) Es el área total ocupada por el gráfico.
b) Es el área que ocupa la representación de las series de datos.
c) Es el área que ocupan el título y la leyenda del gráfico.
d) Es el área que ocupa la leyenda y los rótulos de datos.

# Capítulo 5. Bases de datos: Access 365. Principales funciones y utilidades

**1. En un informe de Access, ¿cuál de las siguientes opciones podemos realizar?**

a) Modificar y actualizar datos de las tablas.
b) Insertar y eliminar datos de las tablas.
c) Presentar, organizar y actualizar los datos de las tablas.
d) Presentar y organizar los datos de las tablas.

**2. ¿Cuál de las siguientes afirmaciones es correcta sobre los límites en Microsoft Access?**

a) El número máximo de caracteres de un nombre de campo es 255.
b) El número máximo de campos en una tabla es 2048.
c) El tamaño máximo de una tabla es 2 gigabytes menos el espacio necesario para los objetos del sistema.
d) El número máximo de tablas abiertas es 64.

**3. En un informe tabular se muestran los campos:**

a) En una fila horizontal con etiquetas de campo en la parte superior del informe.
b) En una fila horizontal con etiquetas de campo en la parte inferior del informe.

c) En una fila horizontal con etiquetas de campo en la parte central del informe.

d) En una columna vertical con etiquetas de campo en la parte central del informe.

**4. Cuando estamos viendo el contenido de un valor de campo de una tabla y no podemos ver todo el contenido a la vez, ¿qué comando de los siguientes nos abre el cuadro de Zoom para verlo cómodamente?**

a) Mayús + F10.

b) Mayús + F6.

c) Mayús + F2.

d) Mayús + F12.

**5. Un formulario en Columnas muestra:**

a) Cada registro se muestra en una página distinta, con los datos distribuidos en columnas.

b) Cada registro se muestra en una página distinta, con los datos distribuidos en Hojas de datos.

c) Cada registro se muestra en una página distinta, con los datos tabulados.

d) Los datos en forma de tabla, cada registro en una fila, unos debajo de otros.

**6. La fila "O" de las consultas se denomina:**

a) Fila de criterios.

b) Fila de condiciones.

c) Fila de criterios o Fila de condiciones.

d) Fila de excepciones.

**7. Para movernos por los diferentes paneles de las ventanas de una base de datos de Microsoft Access, ¿qué combinación de teclas usaremos?**

a) Mayús + F10.

b) Mayús + F6.

c) Mayús + F2.

d) Mayús + F12.

**8. ¿Cuál de las siguientes opciones no es una de las características de las consultas de acción?**

a) Crear una tabla.

b) Crear subtotales con los datos.

c) Eliminar datos.

d) Actualizar datos.

### 9. Al modificar relaciones Uno a Varios podemos:

a) Actualizar y eliminar en cascada campos relacionados.
b) Solo actualizar en cascada campos relacionados.
c) Solo eliminar en cascada campos relacionados.
d) Actualizar y eliminar en cascada datos de campos.

### 10. La integridad referencial es:

a) Un conjunto de relaciones.
b) Un conjunto de valores no nulos.
c) Un conjunto de campos relacionados.
d) Un conjunto de reglas.

### 11. Para desplegar el menú contextual en los objetos de una base de datos de Microsoft Access, ¿qué combinación de teclas usaremos?

a) Mayús + F10.
b) Mayús + F6.
c) Mayús + F2.
d) Mayús + F12.

### 12. En el tipo de relación "Uno a Varios":

a) Cada registro de la tabla principal tiene más de un registro enlazado en la tabla relacionada.
b) Cada registro de la tabla principal puede tener más de un registro enlazado en la tabla relacionada.
c) Cada registro de la tabla relacionada tiene más de un registro enlazado en la tabla principal.
d) Cada registro de la tabla principal puede tener más de un registro enlazado en la tabla principal.

### 13. ¿Puede tener una tabla dos campos con el mismo nombre en Access 365?

a) Solo si son de tipos de datos diferentes.
b) Solo si uno de ellos es clave primaria.
c) Solo si uno de ellos es clave secundaria de otra tabla de referencia.
d) No se puede en ningún caso.

### 14. Los nombres de los campos de Access tienen una longitud máxima de:

a) 128 caracteres.
b) 64 caracteres.
c) 256 caracteres.
d) 32 caracteres.

**15. Cuál de los siguientes pares no es un valor posible para los campos de tipo Sí / No:**

a) Verdadero / Falso.
b) Activado / Desactivado.
c) Si / No
d) True / False.

**16. ¿Cuál de las siguientes afirmaciones sobre los nombres de campos en Microsoft Access es correcta?**

a) Los nombres de campo pueden tener una longitud de hasta 255 caracteres y no pueden contener espacios en blanco.
b) Los nombres de campo pueden incluir cualquier combinación de letras, números, espacios en blanco y caracteres especiales, excepto un punto (.), un signo de admiración (!), un acento grave (`) y corchetes ([ ]).
c) Los nombres de campo no pueden tener más de 64 caracteres y no deben contener letras.
d) Los nombres de campo pueden incluir caracteres especiales como un punto (.) y corchetes ([ ]), pero no pueden tener espacios en blanco.

**17. En un campo de tipo "Fecha/Hora", ¿cuál de los siguientes no existe en Access 365?**

a) Fecha General.
b) Hora Larga.
c) Fecha Mediana.
d) Hora Completa.

**18. En Access tenemos dos tablas: "Datos Albarán" y "Líneas Albarán". En Datos Albarán está la información relativa a cada albarán y en Líneas Albarán cada línea de los elementos del albarán. Siempre que se hace un pedido se emite un albarán aunque un albarán puede incluir también varios elementos. ¿Cuál de las siguientes relaciones es la que mantiene Datos albarán con Líneas albarán?**

a) Varios a Varios.
b) Varios a Uno.
c) Uno a Varios.
d) Uno a Uno.

**19. En Access, creamos una consulta para eliminar de la tabla de Productos, aquellos registros cuyo valor en el campo activo sea igual a NO. ¿Cuál de los siguientes tipos de consulta deberemos utilizar?**

a) Consulta de creación de tabla.
b) Consulta de selección.

c) Consulta de actualización.

d) Consulta de eliminación.

**20. Para guardar un objeto de base de datos de datos de Microsoft Access, ¿qué combinación de teclas usaremos?**

a) Mayús + F10.

b) Mayús + F6.

c) Mayús + F2.

d) Mayús + F12.

# Capítulo 6. Correo electrónico: Outlook 365

**1. Di cuál es una dirección de correo válida en el Outlook 365:**

a) persona@proveedorcom

b) www.proveedor.com

c) persona.proveedor.com

d) cta@cts.es.

**2. La parte de la izquierda de una dirección de correo electrónico en la versión Outlook 365 se denomina:**

a) Dominio.

b) Organización.

c) Dominio de organización.

d) Nombre de Usuario.

**3. ¿Cuál de las siguientes combinaciones de teclas es la que está asociada a "Responder a todos"?**

a) Ctrl + R

b) Ctrl + Mayús+ R

c) Ctrl + F

d) Ctrl + U

**4. Los clientes de correo POP:**

a) Tienen que estar conectados todo el tiempo.

b) Los mensajes se descargan de golpe si están disponibles.

c) Los mensajes se descargan parcialmente aun sin estar disponibles.

d) Tienen que estar conectados a intervalos de 15'.

### 5. ¿Qué es un Hoax?

a) Un Bulo o Noticia falsa.
b) Suplantación de identidad.
c) Un virus.
d) Un error de configuración en el navegador.

### 6. El protocolo SMTP:

a) Permite recibir mensajes.
b) Permite enviar mensajes.
c) Permite enviar y recibir mensajes.
d) No es un protocolo.

### 7. Cuando un usuario envía un correo:

a) El mensaje se dirige primero hasta el buzón de correo de su proveedor de internet.
b) El mensaje se dirige primero hasta el buzón de correo del proveedor de internet del destinatario.
c) El mensaje se dirige primero hasta el buzón de correo del proveedor de internet del destinatario si es de tipo POP.
d) El mensaje se dirige primero hasta el buzón de correo del proveedor de internet del destinatario si es de tipo SMTP.

### 8. En Microsoft Outlook se pueden configurar:

a) Correos gratuitos.
b) Correos de proveedor de pago.
c) Tanto correos gratuitos como de proveedores de pago.
d) Correos de proveedor de pago, pero con licencia empresarial.

### 9. ¿Cuál de las siguientes expresiones no es correcta?

a) Los destinatarios incluidos en un campo CCO pueden recibir el correo y ver el resto de los destinatarios incluidos en los campos Para y CC, así como responderles.
b) Los destinatarios incluidos en un campo CCO no pueden ver a otros posibles destinatarios del campo CCO.
c) Ningún destinatario, independientemente del campo donde se encuentre, tendrá constancia de alguna dirección de correo electrónico incluida en CCO.
d) Solo los destinatarios del campo PARA podrán saber qué personas han recibido el mensaje en copia oculta.

### 10. La carpeta de correo no deseado o Spam contiene:

a) Correos recibidos con origen desconocido.
b) Correos enviados con destino sospechoso.

c) Correos recibidos o enviados con origen desconocido.

d) Correos enviados con destino sospechoso de los últimos 30 días.

**11. Al pulsar la opción de imprimir de la ficha archivo, en Outlook, podemos elegir en la configuración entre "tabla" o "memorando"; ¿qué diferencia existe entre ambas opciones?**

a) Tabla imprime la lista de correos y Memorando el correo seleccionado.

b) Tabla imprime el correo seleccionado y Memorando la lista de correos.

c) Tabla imprime el correo seleccionado y Memorando permite modificar la configuración de la impresión.

d) Tabla imprime el correo seleccionado en formato tabular y Memorando solo el asunto.

**12. La opción "Responder a todos":**

a) Responde al remitente y a los usuarios de la lista de contactos seleccionados previamente.

b) Responde al remitente y al resto de usuarios que estén en el mensaje.

c) Responde al remitente y solo a los usuarios del mensaje que estén en el CC.

d) Responde al remitente y solo a los usuarios del mensaje que estén en el "Para".

**13. Los destinatarios del campo CC:**

a) No son visibles para los del campo CCO.

b) Solo son visibles para los del campo PARA.

c) Solo son visibles para los del campo CC.

d) Son visibles para todos los destinatarios.

**14. La parte del entorno que permite ver una vista previa del correo seleccionado se llama:**

a) Panel de lectura.

b) Visor de lectura.

c) Vista de lectura.

d) Panel de Vista.

**15. Al reenviar un mensaje en el asunto aparecerá:**

a) RE:

b) RW:

c) RS:

d) RV:

**16. Las reglas pueden aplicarse:**

a) Solo para mensajes que se reciban.
b) Solo para mensajes que se envían.
c) Para mensajes que se envían o reciben.
d) Solo para mensajes que se envían de un determinado remitente.

**17. La extensión de los archivos de archivado de mensajes en Outlook 365 es:**

a) PST.
b) PTS.
c) PAT.
d) ICS.

**18. El icono de seguimiento se corresponde en Outlook 365 con:**

a) Una flecha azul.
b) Una admiración roja.
c) Una bandera roja.
d) Una bandera azul.

**19. La pestaña de ENVIAR y RECIBIR, solo aparece visible en el Outlook 365:**

a) Cuando estamos redactando un correo nuevo.
b) Cuando estamos dentro de la opción de correo.
c) Cuando tenemos marcado un correo de la bandeja de salida.
d) Ninguna es correcta.

**20. Los mensajes no leídos en el Outlook 365:**

a) Aparecen en fondo azul.
b) Tienen una banderita de color rojo.
c) Aparece un sobre abierto en azul.
d) Ninguna es correcta.

## Capítulo 7. Los navegadores de internet

**1. ¿Qué afirmación es correcta al respecto de Internet?**

a) Internet es una red de ordenadores centralizada.
b) Internet es una red de ordenadores descentralizada.
c) Internet es un conjunto de ordenadores sin relación de ningún tipo.
d) Ninguna de las anteriores.

**2. ¿Cuándo apareció el primer navegador Web?**

a) En 1980.
b) En 1989.
c) En 1990.
d) En 1999.

**3. La publicidad en la red de Internet se conoce como:**

a) Banner.
b) Pop-Ups.
c) Chats.
d) Cookies.

**4. ¿Cómo se denomina a la red local de datos?**

a) WAN.
b) UMTS.
c) WiFi.
d) LAN.

**5. ¿Cuál de los siguientes términos no está relacionado con protocolos de Internet?**

a) TCP/IP.
b) HTTP.
c) Java.
d) FTP.

**6. El lugar donde se ofrecen páginas de Internet para ser consultadas se denomina:**

a) Proxy.
b) Server.
c) Gateway.
d) Rúter.

**7. Para convertir un nombre de dominio en una dirección IP pública a la que poder acceder se hace uso de:**

a) DNS.
b) NDS.
c) SDN.
d) Gateway.

**8. Para proteger nuestro PC de accesos indeseados, se puede hacer uso de:**

a) Gateway.
b) Router.
c) Firewall.
d) Ninguna de las respuestas anteriores es correcta.

**9. ¿Cuál es una de las particularidades del protocolo TCP/IP?**

a) Es un protocolo específico para dispositivos móviles.
b) No permite detectar paquetes perdidos.
c) Permite identificar paquetes no recibidos y solicitarlos de nuevo.
d) Ninguna de las anteriores.

**10. ¿Qué pretenden los operadores con el uso del CG-NAT?**

a) Usar una misma IP pública para varios usuarios.
b) Aumentar la velocidad de las conexiones.
c) Generar más tráfico en la red.
d) Ninguna de las anteriores.

**11. Indica cuál de las siguientes direcciones IP es errónea:**

a) 192.168.2.1
b) 192.256.2.5
c) 80.52.63.5
d) 123.2.1.1

**12. Indica cuál de las siguientes opciones no es un navegador de Internet:**

a) Edge.
b) Chrome.
c) Safari.
d) Filezilla.

**13. Para ver el histórico de navegación en Edge, podemos hacer uso de la combinación de teclas:**

a) Ctrl + Mayús + H.
b) Ctrl + H.
c) Mayús + H.
d) Ninguna de las anteriores

**14. ¿Qué formato de compresión de imágenes se suele usar para las webs?**

a) RAW.
b) MPEG.
c) JPG.
d) BMP.

**15. Los enlaces a páginas web o partes de un documento se denominan:**

a) Vínculos.
b) Anclas.

c) Extensiones.

d) Ventanas.

**16. ¿Como se denomina al objeto referente a guardar una página web para visitarla de forma más fácil posteriormente?**

a) Marcador.

b) Favorito.

c) Las dos respuestas anteriores son correctas.

d) Vínculo.

**17. La memoria donde se carga parte de la página web que se visita para navegar más rápido y transmitir únicamente los cambios en la misma se denomina:**

a) Cookie.

b) Caché.

c) Historial.

d) Marcador.

**18. ¿Qué son las cookies de un navegador Web?**

a) Son una memoria para acceder más rápidamente a las webs.

b) Son los datos del usuario que se almacenan al acceder a ciertas webs para agilizar su uso en futuros accesos.

c) Son elementos que dificultan la navegación a través de internet.

d) Son virus que ralentizan la navegación.

**19. ¿Qué servicios se pueden utilizar para hacer copias de seguridad de datos o compartir archivos en la nube?**

a) Facebook.

b) DropBox.

c) Twitter.

d) Ninguno de los anteriores.

**20. El contenido de la red y los niños es un tema que se trata en una disciplina denominada:**

a) Ciberética.

b) Proveedores.

c) El protocolo TCP.

d) Ninguna de las respuestas anteriores es correcta.

# Solución al test n.º 4

## CAPÍTULO 1

**1.** a) El documento.

**2.** a) Es único e irrepetible.

**3.** c) Formato.

**4.** d) Origen funcional.

**5.** b) Edad administrativa.

**6.** c) Edad histórica.

**7.** c) Es útil para el correcto desarrollo de la actividad administrativa.

**8.** c) Incorporar los metadatos mínimos exigidos.

**9.** a) Obtener una copia autenticada del documento original.

**10.** c) Los documentos electrónicos emitidos por las Administraciones Públicas que se publiquen con carácter meramente informativo requieren firma electrónica para ser considerados documentos administrativos.

**11.** d) Los interesados podrán solicitar, en cualquier momento, la expedición de copias auténticas de los documentos públicos administrativos que hayan sido válidamente emitidos por las Administraciones Públicas.

**12.** b) La caducidad del registro.

**13.** d) Digitalización.

**14.** a) No se tendrán por presentados.

**15.** b) El inicio del cómputo de los plazos que hayan de cumplir las Administraciones Públicas vendrá determinado por la fecha y hora de presentación en el registro electrónico de cada Administración u Organismo.

**16.** c) El que determine la sede electrónica del registro de cada Administración Pública u Organismo.

**17.** a) Los archivos.

**18.** c) Archivo de personal.

**19.** b) Los archivos generales o centrales.

**20.** a) Identificar y llevar a cabo procesos de valoración documental.

**21.** d) Voluntariedad.

**22.** b) Clasificación funcional.

**23** a) Ordenación.

**24.** d) Contienen una declaración de voluntad de un órgano administrativo sobre materias de su competencia.

**25.** a) No trasladan actos de decisión.

**26.** c) Solicitud.

**27.** b) Encabezamiento, cuerpo y pie.

**28.** d) Alegación.

**29.** a) Certificado.

**30.** b) Signaturación.

## CAPÍTULO 2

**1.** a) Lectura y escritura.

**2.** a) Ctrl + N.

**3.** b) Ver la carpeta que contenía la carpeta seleccionada.

**4.** a) Esc.

**5.** d) 780.831 bytes.

**6.** c) Alt + D.

**7.** b) A los archivos personales.

**8.** a) \ ?

**9.** a) Alt + Flecha izquierda.

**10.** b) Unidades de disco.

**11.** d) Hay Cinta de Opciones, Caja de Búsqueda y panel de navegación.

**12.** c) Es una versión mejorada del intérprete de comandos DOS.

**13.** a) F5.

**14.** d) Forma Libre, rectangular y ventana.

**15.** c) Muy grande.

**16.** a) Gestionar el procesador.

**17.** c) Podemos configurar el ratón para adaptarlo mejor al usuario.

**18.** a) Técnicas biométricas.

**19.** c) Gestiona las funciones básicas del sistema.

**20.** d) Todas son falsas.

## CAPÍTULO 3

**1.** d) Revisar.

**2.** d) Hipervínculo y Referencias.

**3.** d) Los párrafos.

**4.** b) Inicio / Párrafo/ botón cuadro diálogo Párrafo.

**5.** a) Intro indica párrafo nuevo y Mayúsculas + Intro indica salto de línea.

**6.** a) Borra todo el Formato de la selección.

**7.** c) Definen el límite izquierdo y el límite derecho de los párrafos de un documento.

**8.** c) Incluirá el texto que no varía.

**9.** d) Alt.

**10.** a) Ctrl + T

**11.** d) El espacio que hay entre una y otra línea de un mismo párrafo.

**12.** b) Diseño.

**13.** c) Alt + Ctrl + I

**14.** c) Controla el límite izquierdo de todas las líneas del párrafo menos la primera.

**15.** d) Ninguna es correcta.

**16.** c) 200.

**17.** c) Dibuja una línea vertical en el documento.

**18.** a) Ctrl + Alt + O

**19.** c) De párrafo, carácter, lista y tabla.

**20.** b) El conjunto de viñetas disponibles para usar.

# CAPÍTULO 4

**1.** a) Revisar.

**2.** c) Numéricos, de texto, horas y fechas.

**3.** d) El valor no cabe en la anchura de la celda.

**4.** d) Es un valor configurable.

**5.** c) El botón de lista Formato.

**6.** a) Estás en una hoja distinta.

**7.** c) Definir la orientación.

**8.** b) 400 %.

**9.** c) Entre el borde superior y el margen superior.

**10.** c) Error de celda.

**11.** a) Fórmulas predefinidas.

**12.** d) Suma las celdas A1, A8 y la A10.

**13.** d) Suma la celda A1, una constante de 3 y la celda A8.

**14.** b) Devuelve el resto de una división.

**15.** d) Devuelve como resultado 0.

**16.** c) Eje X, Eje Y, Eje Z.

**17.** c) Puede ser el eje vertical u horizontal.

**18.** b) Se ha realizado un Filtrado.

**19.** c) Puede ser Alfabéticamente o Personalizadamente.

**20.** b) Es el área que ocupa la representación de las series de datos.

## CAPÍTULO 5

**1.** d) Presentar y organizar los datos de las tablas.

**2.** c) El tamaño máximo de una tabla es 2 gigabytes menos el espacio necesario para los objetos del sistema.

**3.** a) En una fila horizontal con etiquetas de campo en la parte superior del informe.

**4.** c) Mayús + F2.

**5.** a) Cada registro se muestra en una página distinta, con los datos distribuidos en columnas.

**6.** a) Fila de criterios.

**7.** b) Mayús + F6.

**8.** b) Crear subtotales con los datos.

**9.** a) Actualizar y eliminar en cascada campos relacionados.

**10.** d) Un conjunto de reglas.

**11.** a) Mayús + F10.

**12.** b) Cada registro de la tabla principal puede tener más de un registro enlazado en la tabla relacionada.

**13.** d) No se puede en ningún caso.

**14.** b) 64 caracteres.

**15.** b) Activado / Desactivado.

**16.** b) Los nombres de campo pueden incluir cualquier combinación de letras, números, espacios en blanco y caracteres especiales, excepto un punto (.), un signo de admiración (!), un acento grave (`) y corchetes ([ ]).

**17.** d) Hora Completa.

**18.** c) Uno a Varios.

**19.** d) Consulta de eliminación.

**20.** d) Mayús + F12.

# CAPÍTULO 6

**1.** d) cta@cts.es.

**2.** d) Nombre de Usuario.

**3.** b) Ctrl + Mayús+ R

**4.** b) Los mensajes se descargan de golpe si están disponibles.

**5.** a) Un Bulo o Noticia falsa.

**6.** b) Permite enviar mensajes.

**7.** a) El mensaje se dirige primero hasta el buzón de correo de su proveedor de internet.

**8.** c) Tanto correos gratuitos como de proveedores de pago.

**9.** d) Solo los destinatarios del campo PARA podrán saber qué personas han recibido el mensaje en copia oculta.

**10.** a) Correos recibidos con origen desconocido.

**11.** a) Tabla imprime la lista de correos y Memorando el correo seleccionado.

**12.** b) Responde al remitente y al resto de usuarios que estén en el mensaje.

**13.** d) Son visibles para todos los destinatarios.

**14.** a) Panel de lectura.

**15.** d) RV:

**16.** c) Para mensajes que se envían o reciben.

**17.** a) PST.

**18.** c) Una bandera roja.

**19.** b) Cuando estamos dentro de la opción de correo.

**20.** d) Ninguna es correcta.

## CAPÍTULO 7

**1.** b) Internet es una red de ordenadores descentralizada.

**2.** c) En 1990.

**3.** a) Banner.

**4.** d) LAN.

**5.** c) Java.

**6.** b) Server.

**7.** a) DNS.

**8.** c) Firewall.

**9.** c) Permite identificar paquetes no recibidos y solicitarlos de nuevo.

**10.** a) Usar una misma IP pública para varios usuarios.

**11.** b) 192.256.2.5.

**12.** d) Filezilla.

**13.** a) Ctrl + H.

**14.** c) JPG.

**15.** a) Vínculos.

**16.** c) Las dos respuestas anteriores son correctas.

**17.** b) Caché.

**18.** b) Son los datos del usuario que se almacenan al acceder a ciertas web para agilizar su uso en futuros accesos.

**19.** b) DropBox.

**20.** a) Ciberética.

**La Administración electrónica: el acceso electrónico de los ciudadanos y las ciudadanas a los servicios públicos. El funcionamiento electrónico del sector público: sede electrónica y portal de internet, sistemas de identificación y firma electrónica. El registro electrónico, el registro electrónico de apoderamientos, el registro de empleados públicos habilitados, el punto de acceso general electrónico de la Administración y el archivo único electrónico**

**1. Se define como "dirección electrónica disponible para los ciudadanos a través de redes de telecomunicaciones cuya titularidad, gestión y administración corresponde a una Administración pública, órgano o entidad administrativa en el ejercicio de sus competencias":**

a) Sede electrónica.
b) Administración electrónica.
c) Página web de una Administración pública.
d) Estándar abierto.

**2. El artículo 26.2 de la Ley 39/2015 (LPACAP) exige, para ser válidos, "contener información de cualquier naturaleza en un soporte electrónico según un formato determinado y susceptible de identificación y tratamiento diferenciado", a:**

a) Las notificaciones administrativas.
b) Las comunicaciones electrónicas.
c) Los documentos electrónicos.
d) Los certificados electrónicos.

**3. Los datos en formato electrónico anejos a otros datos electrónicos o asociados de manera lógica con ellos que utiliza el firmante para firmar, constituyen, según el Reglamento (UE) 910/2014:**

a) La firma electrónica.
b) El certificado electrónico.

c) El expediente electrónico.
d) El documento electrónico.

**4. Los registros electrónicos de las Administraciones públicas deben permitir la presentación de solicitudes, escritos y comunicaciones:**

a) Los mismos días hábiles que el resto de registros.
b) En el horario de presencia de los funcionarios a su cargo.
c) Al menos 12 horas al día, todos los días lectivos.
d) Todos los días del año durante las 24 horas.

**5. Los poderes que se inscriban en los registros electrónicos generales y particulares de apoderamientos tendrán una validez determinada máxima, a contar desde la fecha de inscripción, de:**

a) 3 años.
b) 5 años.
c) 7 años.
d) 10 años.

**6. La sede electrónica a través de la cual se facilita el acceso a los servicios y procedimientos de las distintas sedes electrónicas de la Administración pública correspondiente, se conoce en la LPACAP como:**

a) Punto general de acceso.
b) Oficina virtual de referencia.
c) Registro general electrónico.
d) Portal-sede.

**7. En relación con el tipo de comunicación de interesado con la Administración no es cierto que:**

a) Las personas físicas puedan elegir en todo momento si se comunican con las Administraciones públicas para el ejercicio de sus derechos y obligaciones a través de medios electrónicos o no, salvo que estén obligadas a relacionarse a través de medios electrónicos con las Administraciones públicas.
b) Las Administraciones puedan establecer la obligación de relacionarse con ellas a través de medios electrónicos para determinados procedimientos y para ciertos colectivos de personas físicas.
c) Las personas jurídicas estén obligadas a relacionarse a través de medios electrónicos con las Administraciones públicas para la realización de cualquier trámite de un procedimiento administrativo.
d) El medio elegido por la persona para comunicarse con las Administraciones públicas no puede ser modificado a lo largo del procedimiento.

**8. No están obligados a relacionarse a través de medios electrónicos con las Administraciones públicas para la realización de cualquier trámite de un procedimiento administrativo:**

a) Las entidades sin personalidad jurídica.
b) Todo aquel que ostente la representación de un interesado.
c) Quienes ejerzan una actividad profesional para la que se requiera colegiación obligatoria, para los trámites y actuaciones que realicen con las Administraciones públicas en ejercicio de dicha actividad profesional.
d) Las personas jurídicas.

**9. En las disposiciones de creación de registros electrónicos no es necesario especificar:**

a) Los días declarados como inhábiles.
b) La caducidad del registro.
c) El órgano o unidad responsable de su gestión.
d) La fecha y hora oficial.

**10. El proceso tecnológico que permite convertir un documento en soporte papel o en otro soporte no electrónico en un fichero electrónico que contiene la imagen codificada, fiel e íntegra del documento se conoce en la LPACAP como:**

a) Automatización.
b) Fotocopiado.
c) Autenticación.
d) Digitalización.

**11. En relación con el funcionamiento del registro electrónico es cierto que:**

a) Permitirá la presentación de documentos todos los días hábiles del año durante la jornada laboral de su personal.
b) El inicio del cómputo de los plazos que hayan de cumplir las Administraciones públicas vendrá determinado por la fecha y hora de presentación en el registro electrónico de cada Administración u Organismo.
c) Los documentos se considerarán presentados por el orden de hora efectiva en el que fueron aceptados por el funcionario habilitado al efecto.
d) El registro electrónico de cualquier Administración u Organismo se regirá a efectos de cómputo de los plazos, por la fecha y hora oficial indicada por el Central European Time.

**12. ¿Qué calendario de días inhábiles se aplicará en los registros electrónicos a efectos del cómputo de plazos?**

a) El que se publique al efecto en el Boletín Oficial del Estado para todos los registros.
b) El que se publique al efecto en el boletín oficial de la Comunidad Autónoma para todos los registros ubicados en ella.

c) El que determine la sede electrónica del registro de cada Administración pública u Organismo.

d) El que determine la sede electrónica del ayuntamiento en cuyo municipio se ubique el registro.

**13. A efectos del cómputo de plazo fijado en días hábiles o naturales, y en lo que se refiere a cumplimiento de plazos por los interesados, la presentación en un registro electrónico de una solicitud en un día inhábil:**

a) Se entenderá efectuada en ese mismo momento, puesto que el registro electrónico no tiene días inhábiles.

b) Se entenderá realizada en la primera hora del primer día hábil siguiente, salvo que una norma permita expresamente la recepción en día inhábil.

c) Se entenderá realizada en la misma hora que se ha efectuado, pero del primer día hábil siguiente.

d) No tiene validez.

**14. Señala la respuesta incorrecta. En todo caso, las disposiciones de creación de registros electrónicos especificarán:**

a) El órgano o unidad responsable de su gestión.

b) La fecha y hora oficial.

c) Los días declarados como inhábiles.

d) Los medios electrónicos permitidos.

**15. Cuando los interesados se correspondan con colectivos de personas físicas que por razón de su capacidad económica o técnica, dedicación profesional u otros motivos acreditados tengan garantizado el acceso y disponibilidad de los medios tecnológicos precisos:**

a) Estarán obligados a utilizar siempre medios electrónicos para comunicarse con la Administración.

b) Podrán elegir el medio con el que comunicarse con la Administración.

c) Las Administraciones públicas podrán establecer reglamentariamente la obligatoriedad de comunicarse con ellas utilizando solo medios electrónicos.

d) Tendrán las mismas obligaciones que cualquier persona física en su relación con la Administración.

**16. Señala la respuesta incorrecta. Las aplicaciones y sistemas de información utilizados para la instrucción por medios electrónicos de los procedimientos deberán:**

a) Evitar la simplificación y la publicidad de los documentos.

b) Garantizar el control de los tiempos y plazos.

c) Garantizar la tramitación ordenada de los expedientes.

d) Garantizar la identificación de los órganos responsables de los procedimientos.

**17. Según el artículo 21.4 de la Ley 39/2015 (LPACAP), las Administraciones públicas deben publicar y mantener actualizadas en el portal web, a efectos informativos, las relaciones de procedimientos de su competencia, con indicación de los plazos máximos de duración de los mismos, así como de:**

a) Los órganos que los tramitan.
b) Los efectos que produzca el silencio administrativo.
c) Los modelos de petición de información.
d) Los requisitos para la iniciación de los procedimientos a instancia de los interesados.

**18. Conforme al artículo 155.1 de la Ley 40/2015, de 1 de octubre, de Régimen Jurídico del Sector Público, cada Administración deberá facilitar el acceso de las restantes Administraciones públicas a los datos relativos a los interesados que obren en su poder, especificando las condiciones, protocolos y criterios funcionales o técnicos necesarios para acceder a dichos datos con las máximas garantías de seguridad, integridad y:**

a) Disponibilidad.
b) Reutilización.
c) Compatibilidad.
d) Trazabilidad.

**19. Se define en el artículo 39 de la LRJSP como el punto de acceso electrónico cuya titularidad corresponda a una Administración pública, organismo público o entidad de Derecho Público que permite el acceso a través de internet a la información publicada y, en su caso, a la sede electrónica correspondiente:**

a) Portal de transparencia.
b) Plataforma oficial.
c) Portal web.
d) Portal de internet.

**20. Según el artículo 41.1 de la LRJSP se entiende por actuación administrativa automatizada:**

a) Cualquier acto o actuación realizada íntegramente a través de medios electrónicos por una Administración pública en el marco de un procedimiento administrativo y en la que no haya intervenido de forma directa un empleado público.
b) Cualquier acto o actuación realizada al menos en parte a través de medios electrónicos por una Administración pública en el marco de un procedimiento administrativo y en la que no haya intervenido de forma directa un empleado público.
c) Cualquier acto o actuación realizada íntegramente a través de medios electrónicos por una Administración pública en el marco de un procedimiento administrativo y en la que haya intervenido de forma directa un empleado público.
d) Cualquier acto o actuación realizada al menos en parte a través de medios electrónicos por una Administración pública en el marco de un procedimiento administrativo y en la que haya intervenido de forma directa un empleado público.

**21. En relación con la firma electrónica del personal al servicio de las Administraciones públicas es cierto que:**

a) En ningún caso, los sistemas de firma electrónica podrán referirse solo el número de identificación profesional del empleado público.

b) La actuación de una Administración pública, órgano, organismo público o entidad de derecho público, cuando utilice medios electrónicos, se realizará mediante firma electrónica del titular del órgano o empleado público.

c) Cada Administración pública determinará los sistemas de firma electrónica que debe utilizar su personal, los cuales deberán identificar de forma separada al titular del puesto de trabajo o cargo y a la Administración u órgano en la que presta sus servicios.

d) Con el fin de favorecer la interoperabilidad y posibilitar la verificación automática de la firma electrónica de los documentos electrónicos, cuando una Administración utilice sistemas de firma electrónica distintos de aquellos basados en certificado electrónico reconocido o cualificado, para remitir o poner a disposición de otros órganos, organismos públicos, entidades de Derecho Público o Administraciones la documentación firmada electrónicamente, deberá superponer un sello electrónico basado en un certificado electrónico reconocido.

**22. Según el artículo 11 del Real Decreto 203/2021, de 30 de marzo, por el que se aprueba el Reglamento de actuación y funcionamiento del sector público por medios electrónicos, NO es un contenido mínimo que toda sede electrónica ha de poner a disposición de las personas interesadas:**

a) La normativa reguladora del Registro al que se acceda a través de la sede electrónica.

b) La relación de sistemas de identificación y firma electrónica que sean admitidos o utilizados en la misma.

c) La identificación del acto o disposición de creación y el acceso al mismo, directamente o mediante enlace a su publicación en el Boletín Oficial correspondiente.

d) Relación histórica de los servicios, procedimientos y trámites publicados.

**23. Según el artículo 38.3 de la LRJSP, cada Administración pública determinará las condiciones e instrumentos de creación de las sedes electrónicas, con sujeción a varios principios, entre los que no figura el de:**

a) Neutralidad.
b) Accesibilidad.
c) Coordinación.
d) Publicidad.

**24. Conforme al artículo 9.2 de la LPACAP, los interesados podrán identificarse electrónicamente ante las Administraciones públicas a través de cualquier sistema que cuente con un registro previo como usuario que permita garantizar su:**

a) Identidad.
b) Motivación.

c) Consentimiento.

d) Ubicación.

**25. Según el artículo 13.g) de la LPACAP, quienes tienen capacidad de obrar ante las Administraciones públicas son titulares, en sus relaciones con ellas, del derecho a la obtención y utilización de:**

a) Cualquier medio de identificación y firma electrónica.

b) Los medios de identificación y firma electrónica que tenga a su alcance.

c) Los medios de identificación y firma electrónica contemplados en esta ley.

d) Los medios de identificación y firma electrónica, cuando así corresponda legalmente.

**26. Según el artículo 14 de la LPACAP, NO están obligados a relacionarse electrónicamente con las Administraciones públicas para la realización de cualquier trámite de un procedimiento administrativo:**

a) Los empleados de las Administraciones públicas en toda relación con estas.

b) Los notarios, en el ejercicio de su actividad profesional.

c) Los registradores mercantiles, en el ejercicio de su actividad profesional.

d) Las entidades sin personalidad jurídica.

**27. ¿Pueden las Administraciones públicas establecer la obligación de relacionarse con ellas a través de medios electrónicos a otros colectivos distintos de los que la LPACAP menciona expresamente en su artículo 14.2?**

a) No, solo podrá obligarse a los mencionados en dicho artículo.

b) También están obligados los colectivos de personas físicas que por su capacidad económica tengan acceso a los medios electrónicos necesarios.

c) Sí, para determinados procedimientos, si así se recoge expresamente en una ley.

d) Sí, podrá obligarse reglamentariamente para determinados procedimientos y para ciertos colectivos de personas físicas que, por razón de su capacidad económica, técnica, dedicación profesional u otros motivos quede acreditado que tienen acceso y disponibilidad de los medios electrónicos necesarios.

**28. El Reglamento (UE) 910/2014 la define como "aquella firma electrónica que cumple con los siguientes requisitos: estar vinculada al firmante de manera única; permitir la identificación del firmante; haber sido creada utilizando datos de creación de la firma electrónica que el firmante puede utilizar, con un alto nivel de confianza, bajo su control exclusivo; estar vinculada con los datos firmados por la misma de modo tal que cualquier modificación ulterior de los mismos sea detectable":**

a) Firma electrónica reconocida.

b) Firma electrónica avanzada.

c) Firma electrónica certificada.

d) Firma electrónica cualificada.

**29. Señala la palabra que falta, según el artículo 12.1 de la LPACAP. Las Administraciones públicas deberán garantizar que los interesados pueden relacionarse con la Administración a través de medios electrónicos, para lo que pondrán a su disposición los ………….. de acceso que sean necesarios así como los sistemas y aplicaciones que en cada caso se determinen:**

a) Portales.
b) Servidores.
c) Canales.
d) Códigos.

**30. Una condición para que pueda realizarse válidamente la identificación o firma electrónica en el procedimiento administrativo del interesado por un funcionario público mediante el uso del sistema de firma electrónica del que esté dotado para ello, es que:**

a) El interesado disponga de los medios electrónicos necesarios.
b) El interesado esté obligado a relacionarse con la Administración por medios electrónicos.
c) El interesado se identifique ante el funcionario y preste su consentimiento expreso para esta actuación.
d) El interesado sea una persona física o jurídica.

**31. Conforme al artículo 2 del RD 203/2021, entenderemos el principio de accesibilidad como:**

a) El conjunto de principios y técnicas que se deben respetar al diseñar, construir, mantener y actualizar los servicios electrónicos para garantizar la igualdad y la no discriminación en el acceso de las personas usuarias.
b) Determinar que el diseño de los servicios electrónicos esté centrado en las personas usuarias, de forma que se minimice el grado de conocimiento necesario para el uso del servicio.
c) La capacidad de los sistemas de información y, por ende, de los procedimientos a los que éstos dan soporte, de compartir datos y posibilitar el intercambio de información entre ellos.
d) La capacidad de las Administraciones públicas para que, partiendo del conocimiento adquirido del usuario final del servicio, proporcione servicios precumplimentados y se anticipe a las posibles necesidades de los mismos.

**32. Señala la respuesta incorrecta. Las herramientas y dispositivos que deban utilizarse para la comunicación por medios electrónicos con las Administraciones públicas por parte de las personas interesadas y por el propio sector público, así como sus características técnicas:**

a) Serán no discriminatorios.
b) Estarán disponibles de forma general.

c) Serán compatibles con los productos informáticos de uso general.

d) Carecerán de propiedad intelectual.

**33. Señala la respuesta incorrecta. Las aplicaciones y sistemas de información utilizados para la instrucción por medios electrónicos de los procedimientos deberán:**

a) Evitar la simplificación y la publicidad de los documentos.

b) Garantizar el control de los tiempos y plazos.

c) Garantizar la tramitación ordenada de los expedientes.

d) Garantizar la identificación de los órganos responsables de los procedimientos.

**34. ¿Cuál de los siguientes NO es un requisito de un sello cualificado de tiempo electrónico?**

a) Se basa en una fuente de información temporal vinculada al Tiempo Universal Coordinado.

b) Ha sido firmado mediante el uso de una firma electrónica avanzada o sellada con un sello electrónico avanzado del prestador cualificado de servicios de confianza o por cualquier método equivalente.

c) Vinculación de la fecha y hora con los datos de forma que se elimine razonablemente la posibilidad de modificar los datos sin que se detecte.

d) Protección de los datos transmitidos frente a los riesgos de pérdida, robo, deterioro o alteración no autorizada.

**35. Según el artículo 2 del RD 203/2021, la capacidad de las Administraciones públicas para que, partiendo del conocimiento adquirido del usuario final del servicio, proporcionen servicios precumplimentados y se anticipen a las posibles necesidades de los mismos, está basada en el principio de personalización y:**

a) Proporcionalidad.

b) Proactividad.

c) Interoperabilidad.

d) Adaptabilidad al progreso.

**36. ¿Qué principio enunciado en el RD 203/2021 determina que el diseño de los servicios electrónicos esté centrado en las personas usuarias, de forma que se minimice el grado de conocimiento necesario para el uso del servicio?**

a) Principio de adaptabilidad al progreso.

b) Principio de accesibilidad.

c) Principio de facilidad de uso.

d) Principio de interoperabilidad.

**37. La voluntad de relacionarse electrónicamente o, en su caso, de dejar de hacerlo cuando ya se había optado anteriormente por ello, podrá realizarse en una fase posterior del procedimiento, si bien deberá comunicarse a dicho órgano de forma que quede constancia de la misma. En ambos casos, los efectos de la comunicación se producirán a partir de:**

a) El momento de la comunicación.

b) El momento en que el órgano competente para tramitar el procedimiento haya tenido constancia de la misma.

c) El día siguiente al que el órgano competente para tramitar el procedimiento haya tenido constancia de la misma.

d) El quinto día hábil siguiente a aquel en que el órgano competente para tramitar el procedimiento haya tenido constancia de la misma.

**38. Si existe la obligación del interesado de relacionarse a través de medios electrónicos y aquel no los hubiese utilizado, el órgano administrativo competente en el ámbito de actuación requerirá la correspondiente subsanación, advirtiendo al interesado, o en su caso su representante, que se le tendrá por desistido de su solicitud o se le podrá declarar decaído en su derecho al trámite correspondiente, previa resolución que deberá ser dictada en los términos previstos en el artículo 21 de la LPACAP, de no ser atendido el requerimiento en el plazo de:**

a) 10 días.

b) 15 días.

c) 20 días.

d) Un mes.

**39. A efectos de la resolución del procedimiento, se solicitarán aquellos informes que sean preceptivos por las disposiciones legales, y los que se juzguen necesarios para resolver, citándose el precepto que los exija o fundamentando, en su caso, la conveniencia de reclamarlos. Según el artículo 80.2 de la LPACAP, deben ser emitidos a través de medios electrónicos, en el plazo, salvo que una disposición o el cumplimiento del resto de los plazos del procedimiento permita o exija otro plazo mayor o menor, de:**

a) 10 días.

b) 15 días.

c) 20 días.

d) Un mes.

**40. En relación con las sedes electrónicas es cierto que:**

a) La sede electrónica asociada tendrá consideración de sede electrónica a todos los efectos.

b) El acto o resolución de creación o supresión de una sede electrónica o sede electrónica asociada será publicado en el boletín oficial del Estado.

c) El titular de la sede electrónica y, en su caso, de la sede electrónica asociada, no será responsable de la integridad, veracidad y actualización de la información a la que pueda accederse a través de la misma.

d) Solo podrá crearse una sede electrónica asociada por cada sede electrónica.

**41. El acta o resolución de creación de una sede electrónica debe determinar necesariamente:**

a) La fecha y hora oficial, así como el calendario de días inhábiles a efectos del cómputo de plazos aplicable a la Administración en que se integre el órgano, organismo público o entidad de derecho público vinculado o dependiente que sea titular de la sede electrónica o sede electrónica asociada.

b) La información necesaria para la correcta utilización de la sede electrónica, incluyendo su mapa o información equivalente, con especificación de la estructura de navegación y las distintas secciones disponibles, así como la relativa a propiedad intelectual, protección de datos personales y accesibilidad.

c) La normativa reguladora del Registro al que se acceda a través de la sede electrónica.

d) La identificación del órgano u órganos encargados de la gestión y de los servicios puestos a disposición en la misma.

**42. La actuación de una Administración pública, órgano, organismo público o entidad de derecho público, cuando utilice medios electrónicos, se realizará mediante firma electrónica del titular del órgano o empleado público a través del que se ejerza la competencia. A este respecto, es cierto que:**

a) Cada Administración pública determinará los sistemas de firma electrónica que debe utilizar su personal, los cuales habrán de identificar de forma conjunta al titular del puesto de trabajo o cargo y a la Administración u órgano en la que presta sus servicios.

b) Los sistemas de firma electrónica podrán referirse sólo el número de identificación profesional del empleado público.

c) Los certificados electrónicos de empleado público serán cualificados y se ajustarán a lo señalado en el Esquema Nacional de Interoperabilidad y la legislación vigente en materia de identidad y firma electrónica.

d) En ningún caso se podrá solicitar la revelación de la identidad del titular de un certificado de empleado público con número de identificación profesional.

**43. Según el artículo 38.2 de la Ley 40/2015, de 1 de octubre, del Régimen Jurídico del Sector Público, el establecimiento de una sede electrónica conlleva la responsabilidad del titular respecto de la integridad, veracidad y ................. de la información y los servicios a los que pueda accederse a través de la misma. Señala qué palabra falta en la anterior frase:**

a) Seguridad.
b) Interoperabilidad.
c) Actualización.
d) Neutralidad.

**44. Servicio de la administración electrónica que permite a la ciudadanía tener acceso a la información de carácter personal en poder de las Administraciones públicas, así como sobre los procedimientos en los que tenga condición de persona interesada:**

a) Punto de acceso general electrónico.
b) Portal de internet.
c) Sede electrónica.
d) Carpeta ciudadana.

**45. Cuando una sede electrónica o sede electrónica asociada contenga procedimientos, servicios o ambos, cuya competencia corresponda a otro órgano administrativo, organismo público o entidad de derecho público vinculado o dependiente, ¿quién será responsable de la integridad, veracidad y actualización de los mismos?**

a) El titular de la competencia, siempre que dicho órgano, organismo o entidad pertenezca a la misma Administración.
b) El titular de la sede electrónica o sede electrónica asociada, siempre que dicho órgano, organismo o entidad pertenezca a la misma Administración.
c) El titular de la competencia, sea de la misma o de diferente Administración.
d) El titular de la sede electrónica o sede electrónica asociada, sea de la misma o de diferente Administración.

# Solución al test n.º 5

**1.** a) Sede electrónica.

**2.** c) Los documentos electrónicos.

**3.** a) La firma electrónica.

**4.** d) Todos los días del año durante las 24 horas.

**5.** b) 5 años.

**6.** a) Punto general de acceso.

**7.** d) El medio elegido por la persona para comunicarse con las Administraciones públicas no puede ser modificado a lo largo del procedimiento.

**8.** b) Todo aquel que ostente la representación de un interesado.

**9.** b) La caducidad del registro.

**10.** d) Digitalización.

**11.** b) El inicio del cómputo de los plazos que hayan de cumplir las Administraciones públicas vendrá determinado por la fecha y hora de presentación en el registro electrónico de cada Administración u Organismo.

**12.** c) El que determine la sede electrónica del registro de cada Administración pública u Organismo.

**13.** b) Se entenderá realizada en la primera hora del primer día hábil siguiente, salvo que una norma permita expresamente la recepción en día inhábil.

**14.** d) Los medios electrónicos permitidos.

**15.** c) Las Administraciones públicas podrán establecer reglamentariamente la obligatoriedad de comunicarse con ellas utilizando solo medios electrónicos.

**16.** a) Evitar la simplificación y la publicidad de los documentos.

**17.** b) Los efectos que produzca el silencio administrativo.

**18.** a) Disponibilidad.

**19.** d) Portal de internet.

**20.** a) Cualquier acto o actuación realizada íntegramente a través de medios electrónicos por una Administración pública en el marco de un procedimiento administrativo y en la que no haya intervenido de forma directa un empleado público.

**21.** b) La actuación de una Administración pública, órgano, organismo público o entidad de derecho público, cuando utilice medios electrónicos, se realizará mediante firma electrónica del titular del órgano o empleado público.

**22.** d) Relación histórica de los servicios, procedimientos y trámites publicados.

**23.** c) Coordinación.

**24.** a) Identidad.

**25.** c) Los medios de identificación y firma electrónica contemplados en esta ley.

**26.** a) Los empleados de las Administraciones públicas en toda relación con estas.

**27.** d) Sí, podrá obligarse reglamentariamente para determinados procedimientos y para ciertos colectivos de personas físicas que, por razón de su capacidad económica, técnica, dedicación profesional u otros motivos quede acreditado que tienen acceso y disponibilidad de los medios electrónicos necesarios.

**28.** b) Firma electrónica avanzada.

**29.** c) Canales.

**30.** c) El interesado se identifique ante el funcionario y preste su consentimiento expreso para esta actuación.

**31.** a) El conjunto de principios y técnicas que se deben respetar al diseñar, construir, mantener y actualizar los servicios electrónicos para garantizar la igualdad y la no discriminación en el acceso de las personas usuarias.

**32.** d) Carecerán de propiedad intelectual.

**33.** a) Evitar la simplificación y la publicidad de los documentos.

**34.** d) Protección de los datos transmitidos frente a los riesgos de pérdida, robo, deterioro o alteración no autorizada.

**35.** b) Proactividad.

**36.** c) Principio de facilidad de uso.

**37.** d) El quinto día hábil siguiente a aquel en que el órgano competente para tramitar el procedimiento haya tenido constancia de la misma.

**38.** a) 10 días.

**39.** a) 10 días.

**40.** a) La sede electrónica asociada tendrá consideración de sede electrónica a todos los efectos.

**41.** d) La identificación del órgano u órganos encargados de la gestión y de los servicios puestos a disposición en la misma.

**42.** c) Los certificados electrónicos de empleado público serán cualificados y se ajustarán a lo señalado en el Esquema Nacional de Interoperabilidad y la legislación vigente en materia de identidad y firma electrónica.

**43.** c) Actualización.

**44.** d) Carpeta ciudadana.

**45.** c) El titular de la competencia, sea de la misma o de diferente Administración.

# TEST N.º 6

**La responsabilidad de la Administración Pública: principios y procedimiento. La responsabilidad patrimonial de las autoridades y del personal al servicio de las Administraciones Públicas. La potestad sancionadora: principios y especialidades del procedimiento. La expropiación forzosa: concepto, elementos y procedimiento general**

**1. Las Administraciones Públicas que, en el ejercicio de sus respectivas competencias, establezcan medidas que limiten el ejercicio de derechos individuales o colectivos o exijan el cumplimiento de requisitos para el desarrollo de una actividad:**

a) Deberán aplicar el principio de proporcionalidad y elegir la medida menos restrictiva.
b) Deberán motivar su necesidad para la protección del interés público así como justificar su adecuación para lograr los fines que se persiguen.
c) Deberán evaluar periódicamente los efectos de esas medidas y los resultados obtenidos.
d) Todas las respuestas son correctas.

**2. ¿Cuál es el principio en virtud del cual la actuación de las Administraciones públicas no puede ser alterada arbitrariamente?**

a) El principio de buena fe.
b) El principio de proporcionalidad.
c) El principio de seguridad jurídica.
d) El principio de confianza legítima.

**3. Las infracciones administrativas se clasificarán por la Ley en:**

a) Graves y leves.
b) Leves, graves y muy graves.
c) Leves, graves, menos graves y muy graves.
d) Muy graves, graves y menos graves.

**4. En la determinación normativa del régimen sancionador, así como en la imposición de sanciones por las Administraciones Públicas se deberá observar la debida idoneidad y necesidad de la sanción a imponer y su adecuación a la gravedad del hecho constitutivo de la infracción. La graduación de la sanción considerará especialmente el siguiente criterio:**

a) La naturaleza de los perjuicios causados.

b) El grado de culpabilidad o la existencia de intencionalidad.

c) La reincidencia, por comisión en el término de un año de más de una infracción de la misma naturaleza cuando así haya sido declarado por resolución firme en vía administrativa.

d) Todas las respuestas son correctas.

**5. Cuando de la comisión de una infracción derive necesariamente la comisión de otra u otras, se deberá imponer:**

a) Únicamente la sanción correspondiente a la infracción más grave cometida.

b) Únicamente la sanción correspondiente a la infracción más leve cometida.

c) Únicamente la sanción correspondiente a la primera infracción cometida.

d) Todas y cada una de las sanciones correspondientes a las infracciones cometidas.

**6. Las infracciones y sanciones prescribirán según lo dispuesto en las leyes que las establezcan. Si estas no fijan plazos de prescripción, las infracciones muy graves prescribirán:**

a) A los cinco años.

b) A los tres años.

c) Al año.

d) A los seis meses.

**7. Las infracciones leves prescribirán:**

a) Al año.

b) A los seis meses.

c) A los tres meses.

d) Al mes.

**8. ¿Cuándo prescriben las sanciones impuestas por faltas graves?**

a) A los cinco años.

b) A los tres años.

c) A los dos años.

d) Al año.

**9. Señale la respuesta correcta respecto a la prescripción de las infracciones y sanciones:**

a) El plazo de prescripción de las infracciones comenzará a contarse desde el día siguiente en que la infracción se hubiera cometido.

b) En el caso de infracciones continuadas o permanentes, el plazo comenzará a correr desde que finalizó la conducta infractora.

c) El plazo de prescripción de las sanciones comenzará a contarse desde el día siguiente a aquel en que sea ejecutable la resolución por la que se impone la sanción o haya transcurrido el plazo para recurrirla.

d) Interrumpirá la prescripción la iniciación, con conocimiento del interesado, del procedimiento de ejecución, volviendo a transcurrir el plazo si aquel está paralizado durante más de un mes por causa no imputable al infractor.

**10. ¿En qué caso, las sanciones administrativas de naturaleza pecuniaria, podrán implicar privación de libertad?**

a) Cuando la sanción sea por la comisión reiterada de infracciones muy graves.

b) Cuando la sanción sea consecuencia de una infracción muy grave que afecte al interés público general.

c) Cuando el infractor sea reincidente.

d) En ningún caso.

**11. ¿Cuándo prescriben las sanciones impuestas por faltas muy graves?**

a) A los cinco años.
b) A los tres años.
c) A los dos años.
d) Al año.

**12. Con carácter general, las infracciones graves prescribirán:**

a) Al año.
b) A los dos años.
c) A los tres años.
d) A los cinco años.

**13. Interrumpirá la prescripción de la infracción, la iniciación, con conocimiento del interesado, de un procedimiento administrativo de naturaleza sancionadora, reiniciándose el plazo de prescripción si el expediente sancionador estuviera paralizado durante:**

a) Un mes por causa no imputable al presunto responsable.
b) Más de un mes por causa no imputable al presunto responsable.
c) Más de quince días por causa no imputable al presunto responsable.
d) Más de veinte días por causa no imputable al presunto responsable.

**14. El artículo 31 de la LPACAP, respecto a las sanciones, en los casos en que se aprecie identidad del sujeto, hecho y fundamento, se dispone que:**

a) Podrán sancionarse los hechos que lo hayan sido penal o administrativamente.
b) No podrán sancionarse los hechos en ningún caso.
c) Solo podrán sancionarse los hechos que lo hayan sido penalmente.
d) No podrán sancionarse los hechos que lo hayan sido penal o administrativamente.

**15. Una disposición administrativa sancionadora puede tener efectos retroactivos:**

a) Respecto de todo tipo de infracciones.
b) En ningún caso, al contravenir los preceptos constitucionales.
c) Cuando favorezca al presunto infractor.
d) Siempre.

**16. La aplicación analógica en materia sancionadora:**

a) Sirve para cubrir las lagunas legales existentes.
b) Se admite cuando favorezca al presunto infractor.
c) Está expresamente prohibida.
d) Significa que, ante la ausencia de una norma administrativa regulando expresamente el tema de que se trate, se aplican los principios del Derecho Penal.

**17. La primera norma que consagró con carácter general la responsabilidad patrimonial de la Administración fue:**

a) Ley de Expropiación Forzosa, de 16 de diciembre de 1954.
b) Reglamento de régimen interno del Cuerpo de telégrafos de 1900.
c) Ley 30/92, de 26 de noviembre.
d) La Constitución Republicana de 1931.

**18. El sistema de responsabilidad patrimonial se aplica:**

a) A todas las Administraciones Públicas.
b) A las Comunidades Autónomas.
c) A las Comunidades Autónomas y a la Administración Local.
d) A la Administración Local.

**19. El derecho a ser indemnizados por toda lesión que sufran en sus bienes y derechos como consecuencia del funcionamiento de los servicios públicos se reconoce a:**

a) Los particulares.
b) Las personas jurídicas.
c) Los ciudadanos.
d) Las Administraciones.

**20. ¿Cómo ha de ser el daño alegado en las reclamaciones de responsabilidad patrimonial?**

a) Efectivo, evaluable económicamente e individualizado con relación con una persona o grupo de personas.
b) Directo y resarcible.
c) Susceptible de valoración y demostrable.
d) Debe producir consecuencias negativas en la actividad de la persona dañada.

**21. No serán indemnizables los daños:**

a) Que el particular no tenga el deber jurídico de soportar de acuerdo con la ley.
b) Producidos por fuerza mayor.
c) Producidos por circunstancias evitables.
d) Producidos por un hecho superable.

**22. Existirá responsabilidad patrimonial si la lesión es consecuencia del:**

a) Funcionamiento en general de los servicios públicos.
b) Funcionamiento normal o anormal de los servicios públicos.
c) Funcionamiento anormal de los servicios públicos.
d) Funcionamiento ilegal de los servicios públicos.

**23. La regla general es que la responsabilidad concurrente de diferentes Administraciones Públicas es:**

a) Mancomunada.
b) Solidaria.
c) Indiferente.
d) Indistinta.

**24. La Administración podrá abonar la indemnización derivada de una responsabilidad patrimonial:**

a) En metálico y regalo de bienes.
b) En especie, si media acuerdo con el interesado.
c) Solo se le permite que el pago lo haga a plazos.
d) Solo podrá utilizarse el pago en especie.

**25. En los supuestos en los que el particular conoce a la autoridad o empleado público que le ha causado el daño:**

a) Lo demandará ante los tribunales civiles.
b) No lo podrá demandar ante la Administración hasta que el empleado haya reconocido su culpa.

c) Reclamará a la Administración donde el empleado público presta sus servicios.
d) Las respuestas a) y b) son correctas.

**26. En relación con la responsabilidad penal del personal al servicio de las Administraciones Públicas el Código Penal no recoge el siguiente tipo delictivo:**

a) Malversación.
b) Cohecho.
c) Homicidio.
d) Desobediencia.

**27. El plazo de prescripción del derecho a reclamar la responsabilidad patrimonial es de:**

a) Cinco años.
b) Seis meses.
c) Un año.
d) Nunca prescribe.

**28. En el caso de daños físicos el plazo de prescripción del derecho a reclamar la responsabilidad patrimonial comienza a contarse desde:**

a) La fecha de producción del daño.
b) Desde la curación o la determinación del alcance de las secuelas.
c) La fecha de manifestación del efecto lesivo.
d) La fecha del accidente.

**29. Si el daño que ha sufrido el particular se ha producido por dolo, culpa o negligencia grave de la autoridad o empleado público:**

a) La Administración correspondiente, cuando hubiere indemnizado a los lesionados, les exigirá de oficio en vía administrativa la responsabilidad en que hubieran incurrido.
b) Una vez satisfecha la indemnización la Administración podrá exigir al empleado público su responsabilidad.
c) La Administración correspondiente le pedirá el dinero para después pagar al reclamante.
d) La Administración no exigirá al empleado público su responsabilidad.

**30. Transcurridos seis meses desde que se inició el procedimiento de responsabilidad patrimonial sin que haya recaído y notificado resolución expresa podrá entenderse que los efectos que se producen son:**

a) Desestimatorios según los casos.
b) Los que señale la propuesta de resolución.
c) Estimatorios.
d) Desestimatorios.

**31. La resolución administrativa de los procedimientos de responsabilidad patrimonial:**

a) Ponen fin a la vía administrativa.
b) No ponen fin a la vía administrativa.
c) Ponen fin a la vía administrativa en los casos determinados por la ley.
d) No ponen fin a la vía administrativa en los casos determinados por la ley.

**32. La responsabilidad administrativa se ha incluido en el siguiente artículo de la Constitución:**

a) 103.
b) 137.
c) 9.1º.
d) 106.

**33. Cuando la Administración debe indemnizar a un particular por un daño que le ha ocasionado al desarrollar legalmente un servicio público, estamos ante un supuesto:**

a) Incluido en la teoría de la indemnización.
b) Incluido en la teoría de la responsabilidad.
c) Que no puede darse en la realidad.
d) En el que no cabe dicha indemnización.

**34. Actualmente, la responsabilidad de la Administración se basa en:**

a) La culpabilidad de la misma como causa de un daño a un tercero.
b) La existencia real de este daño por la actuación administrativa.
c) La propia responsabilidad del funcionario actuante.
d) Su actuación ilegítima solamente.

**35. Se dice que la responsabilidad de la Administración es:**

a) Ilimitada.
b) Objetiva.
c) Irreclamable.
d) Subjetiva.

**36. En virtud del principio de responsabilidad objetiva de la Administración:**

a) Al particular se le abonará la indemnización procedente, en su caso, al margen de que haya o no culpa en los funcionarios actuantes.
b) La Administración se ve impelida a indemnizar en cualquier supuesto de daño a un particular.
c) Primero habrá que reclamar al funcionario y luego a la Administración.
d) La Administración no tiene por qué abonar indemnización alguna.

**37. La antijuridicidad del detrimento patrimonial que sufre un particular como consecuencia de una conducta de la Administración significa que:**

a) La Administración incurre en una ilegalidad.
b) El particular es el que debe incurrir en dicha ilegalidad.
c) El particular no está obligado legalmente a soportar el daño causado.
d) Todas las respuestas anteriores son correctas.

**38. Si el daño causado por la Administración afecta a la generalidad de los administrados, respecto a la responsabilidad de la misma:**

a) No puede exigírsele.
b) Deberá indemnizar a todos los lesionados.
c) Solo indemnizará a los que efectivamente demuestren la lesión sufrida.
d) Nada de lo anterior es correcto.

**39. En un supuesto de caso fortuito que provoque un daño, la Administración:**

a) Está obligada a indemnizar.
b) No está obligada a indemnizar.
c) Lo estará cuando así lo establezca la Ley.
d) No se puede incurrir en responsabilidad.

**40. Para estar obligado a indemnizar no es necesario que el daño sea:**

a) Efectivo.
b) Evaluable económicamente.
c) Individualizado.
d) General.

**41. Cuando un Tribunal anula un acto administrativo:**

a) No se responderá por la Administración.
b) Incurrirá en responsabilidad ésta.
c) Puede dar lugar a esta responsabilidad.
d) Se presume esta responsabilidad.

**42. La acción de regreso en materia de responsabilidad administrativa:**

a) Compete al funcionario declarado responsable.
b) Es subsidiaria en la exigencia de la responsabilidad.
c) Se le permite a la Administración en algunos casos.
d) Corresponde a los perjudicados por el suceso que da lugar a la responsabilidad.

**43. Si la Administración se ve obligada a resarcir a un particular por un daño causado por una actuación administrativa en la que ha mediado negligencia grave de un funcionario:**

a) Solo le abonará si el funcionario es insolvente y después de dirigirse el particular contra él.

b) Le indemnizará y exigirá de oficio al funcionario su responsabilidad, para la devolución de lo abonado.

c) Indemnizará y abrirá expediente disciplinario al funcionario.

d) Las respuestas a) y b) son ciertas.

**44. Cuando la Administración actúe como persona de Derecho Privado, la exigencia de responsabilidad:**

a) Se planteará en vía contencioso-administrativa y, después, ante los Tribunales ordinarios.

b) Se planteará, judicialmente, en vía contencioso-administrativa.

c) Se planteará ante el Consejo de Ministros o Consejo de Gobierno, en su caso.

d) No prosperará.

**45. El ejercicio de la acción de responsabilidad pierde su viabilidad a partir del/de los:**

a) Año en que se causó el daño.

b) Seis meses desde dicho daño.

c) Dos años desde el mismo.

d) No tiene límite alguno.

**46. En el caso de los procedimientos de responsabilidad patrimonial será preceptivo solicitar informe al servicio cuyo funcionamiento haya ocasionado la presunta lesión indemnizable, no pudiendo exceder el plazo de su emisión de:**

a) Un mes.

b) Veinte días.

c) Quince días.

d) Diez días.

**47. Según la Constitución, para que pueda llevarse a efecto una expropiación forzosa es necesario que:**

a) La consienta el particular afectado.

b) Incumpla, siempre, el anterior la función social del derecho de propiedad.

c) Los bienes se afecten a una causa de interés público.

d) Nada de lo anterior es correcto.

**48. A través de la expropiación forzosa:**

a) La Administración Pública y un particular celebran un contrato de compraventa.
b) El segundo cede temporalmente a la primera la propiedad de un bien.
c) Se produce una transferencia obligatoria del derecho de propiedad sobre un bien a la Administración Pública.
d) El particular pierde, sin compensación, un bien que le pertenecía.

**49. La expropiación se diferencia de la confiscación en que:**

a) Ha de indemnizarse al particular expropiado.
b) La primera se aplica a los ciudadanos y la segunda a otro Ente público.
c) En la confiscación la valoración del bien es superior.
d) Todo lo anterior es correcto.

**50. Si la Administración Pública, en vez de adquirir el bien de un particular, lo permuta obligatoriamente por otro de su pertenencia, nos encontramos ante un/una:**

a) Contrato privado.
b) Permuta propia del Derecho Civil.
c) Trueque bilateral simultáneo de carácter voluntario.
d) Expropiación en toda regla.

**51. Cuando la Administración Pública expropia un bien de dominio público de otra Administración:**

a) No está obligada a compensarle económicamente.
b) Ha de destinarlo a similar finalidad, sin que pueda perder su condición de demanial.
c) Le abonará el valor por compensación.
d) No es posible este tipo de expropiación.

**52. Una característica de la expropiación forzosa es que:**

a) La Administración Pública confisca un bien de un particular.
b) Ha de realizarse por razones de utilidad social.
c) No tiene contraprestación alguna.
d) Nada de lo anterior es correcto.

**53. El órgano competente de una Comunidad Autónoma que debe autorizar el ejercicio de la potestad expropiatoria, en caso de que se haya declarado la utilidad pública o el interés social de forma genérica es el:**

a) Parlamento Autonómico.
b) Presidente de la misma.
c) Consejo de Gobierno.
d) Consejero de que se trate.

**54. Se entiende implícita la utilidad pública respecto de:**

a) Las expropiaciones de muebles.
b) Las expropiaciones de inmuebles, en un Plan de Obras y Servicios de una Diputación Provincial.
c) Todo tipo de expropiación.
d) Ninguno de los casos anteriores.

**55. En una expropiación por causa de interés social puede ser beneficiario un/una:**

a) Entidad pública.
b) Persona natural.
c) Concesionario de la Administración Pública.
d) Todos ellos.

**56. No puede ser beneficiario en una expropiación, por causa de utilidad pública, un/una:**

a) Concesionario de la Administración Pública.
b) Persona natural o jurídica.
c) Municipio.
d) Lo pueden ser todos ellos.

**57. Si el propietario del bien objeto de expropiación no compareciere en el expediente:**

a) Se le emplazará por edictos.
b) Se entenderán las diligencias con el familiar más directo.
c) Intervendrá en su nombre el Ministerio Fiscal.
d) Se archivará este, hasta que sea encontrado.

**58. El beneficiario de una expropiación, por su condición de tal:**

a) Adquiere la propiedad de los bienes o, en su caso, derechos expropiados.
b) Solo adquiere la posibilidad de su disfrute o utilización.
c) No está obligado a indemnizar al expropiado.
d) Puede por sí solo emprender el expediente expropiatorio.

**59. Los actos expropiatorios que sean recurribles, tratándose de un Ayuntamiento, han de adoptarse por el/la:**

a) Presidente.
b) Pleno.
c) Junta de Gobierno Local.
d) Subdelegado del Gobierno en la provincia.

**60. En caso de que la propiedad de la cosa a expropiar fuere litigiosa, las diligencias se entenderán con el/los:**

a) Propietario con mejor derecho aparente.
b) Propietario que goce de presunción de titularidad registral.
c) Posibles propietarios.
d) Ministerio Fiscal.

**61. Existiendo una Ley previa que autorice la expropiación de un bien mueble, el acuerdo de expropiación ha de adoptarse, tratándose de la Administración General del Estado, por el/la:**

a) Consejo de Ministros.
b) Ministro de que se trate.
c) Presidente del Gobierno de la Nación.
d) Cualquiera de ellos.

**62. No es necesaria la declaración de la necesidad de la ocupación cuando:**

a) Así lo estime oportuno el expropiante.
b) Se trate de un bien mueble.
c) Se declare la urgente ocupación.
d) Debe hacerse en todos los anteriores casos.

**63. La *causa expropiandi* en la expropiación:**

a) Ha de mantenerse en el tiempo, antes, en y después de la expropiación.
b) Solo debe existir antes y durante la tramitación del expediente expropiatorio.
c) Es de libre apreciación por la Administración Pública.
d) Ha de justificarse con posterioridad a la expropiación.

**64. La concreción de los bienes específicos que se van a expropiar se produce en:**

a) La declaración del interés social del fin a que haya de afectarse el bien expropiado.
b) La determinación del justiprecio.
c) La declaración de la necesidad de la ocupación.
d) El momento en que se conoce exactamente la identidad del expropiado.

**65. El plazo de información pública para alegaciones sobre la relación de bienes y sujetos afectados por una expropiación es de:**

a) Diez días.
b) Quince días.
c) Veinte días.
d) Treinta días.

# Solución al test n.º 6

**1.** d) Todas las respuestas son correctas.

**2.** d) El principio de confianza legítima.

**3.** b) Leves, graves y muy graves.

**4.** d) Todas las respuestas son correctas.

**5.** a) Únicamente la sanción correspondiente a la infracción más grave cometida.

**6.** b) A los tres años.

**7.** b) A los seis meses.

**8.** c) A los dos años.

**9.** a) El plazo de prescripción de las infracciones comenzará a contarse desde el día siguiente en que la infracción se hubiera cometido.

**10.** d) En ningún caso.

**11.** b) A los tres años.

**12.** b) A los dos años.

**13.** b) Más de un mes por causa no imputable al presunto responsable.

**14.** d) No podrán sancionarse los hechos que lo hayan sido penal o administrativamente.

**15.** c) Cuando favorezca al presunto infractor.

**16.** c) Está expresamente prohibida.

**17.** a) Ley de Expropiación Forzosa, de 16 de diciembre de 1954.

**18.** a) A todas las Administraciones Públicas.

**19.** a) Los particulares.

**20.** a) Efectivo, evaluable económicamente e individualizado con relación con una persona o grupo de personas.

**21.** b) Producidos por fuerza mayor.

**22.** b) Funcionamiento normal o anormal de los servicios públicos.

**23.** b) Solidaria.

**24.** b) En especie, si media acuerdo con el interesado.

**25.** c) Reclamará a la Administración donde el empleado público presta sus servicios.

**26.** c) Homicidio.

**27.** c) Un año.

**28.** b) Desde la curación o la determinación del alcance de las secuelas.

**29.** a) La Administración correspondiente, cuando hubiere indemnizado a los lesionados, les exigirá de oficio en vía administrativa la responsabilidad en que hubieran incurrido.

**30.** d) Desestimatorios.

**31.** a) Ponen fin a la vía administrativa.

**32.** d) 106.

**33.** a) Incluido en la teoría de la indemnización.

**34.** b) La existencia real de este daño por la actuación administrativa.

**35.** b) Objetiva.

**36.** a) Al particular se le abonará la indemnización procedente, en su caso, al margen de que haya o no culpa en los funcionarios actuantes.

**37.** c) El particular no esté obligado legalmente a soportar el daño causado.

**38.** a) No puede exigírsele.

**39.** a) Está obligada a indemnizar.

**40.** d) General.

**41.** c) Puede dar lugar a esta responsabilidad.

**42.** c) Se le permite a la Administración en algunos casos.

**43.** b) Le indemnizará y exigirá de oficio al funcionario su responsabilidad, para la devolución de lo abonado.

**44.** b) Se planteará, judicialmente, en vía contencioso-administrativa.

**45.** a) Año en que se causó el daño.

**46.** d) Diez días.

**47.** d) Nada de lo anterior es correcto.

**48.** c) Se produce una transferencia obligatoria del derecho de propiedad sobre un bien a la Administración Pública.

**49.** a) Ha de indemnizarse al particular expropiado.

**50.** d) Expropiación en toda regla.

**51.** d) No es posible este tipo de expropiación.

**52.** d) Nada de lo anterior es correcto.

**53.** c) Consejo de Gobierno.

**54.** b) Las expropiaciones de inmuebles, en un Plan de Obras y Servicios de una Diputación Provincial.

**55.** d) Todos ellos.

**56.** b) Persona natural o jurídica.

**57.** c) Intervendrá en su nombre el Ministerio Fiscal.

**58.** a) Adquiere la propiedad de los bienes o, en su caso, derechos expropiados.

**59.** b) Pleno.

**60.** d) Ministerio Fiscal.

**61.** a) Consejo de Ministros.

**62.** c) Se declare la urgente ocupación.

**63.** a) Ha de mantenerse en el tiempo, antes, en y después de la expropiación.

**64.** c) La declaración de la necesidad de la ocupación.

**65.** b) Quince días.

# TEST N.º 7

**La Provincia. La Diputación Provincial. Competencias.
La elección de los/as Diputados/as Provinciales y del Presidente
o de la Presidenta. Organización: clases de órganos y atribuciones.
Funcionamiento de los órganos colegiados de las entidades locales.
Régimen de sesiones y acuerdos: clases, requisitos y procedimientos
de constitución y celebración, convocatoria y orden del día.
Actas y certificaciones de acuerdos**

**1. De acuerdo con el artículo 141.1 de la Constitución española:**

a) La Provincia es una Entidad Local con personalidad jurídica propia, determinada por la agrupación de Municipios y división territorial para el cumplimiento de las actividades de la Comunidad Autónoma.

b) La Provincia es una Entidad Local con personalidad jurídica propia, determinada por la agrupación de comarcas y división territorial para el cumplimiento de las actividades del Estado.

c) La Provincia es una Entidad Local con personalidad jurídica propia, determinada por la agrupación de Municipios y división territorial para el cumplimiento de las actividades del Estado.

d) La Provincia es una Entidad Local con personalidad jurídica propia, determinada por la agrupación de Municipios y división territorial para el cumplimiento de los fines de la Unión Europea.

**2. El Decreto de Javier de Burgos fue:**

a) El que realizó la efectiva división provincial y fue aprobado en el año 1833.

b) El que aprobó la extinción de las Diputaciones Provinciales en Cataluña.

c) El que realizó la efectiva división provincial y fue aprobado en el año 1843.

d) El que abogó por el carácter regionalista de la provincia.

### 3. Según la Constitución española:

a) En los Archipiélagos, las Islas tendrán además su administración propia en forma de Cabildos o Consejos.
b) El gobierno y la administración autónoma de las Provincias estarán encomendados a los Ayuntamientos.
c) La Provincia es circunscripción electoral para la elección de Diputados y Senadores.
d) Las respuestas a) y c) son correctas.

### 4. El territorio de la Nación española se divide en:

a) 40 Provincias.
b) 54 Provincias.
c) 60 Provincias.
d) 50 Provincias.

### 5. Son fines propios y específicos de la Provincia:

a) Asegurar la prestación integral y adecuada en la totalidad del territorio provincial de los servicios de competencia regional.
b) Participar en la coordinación de la Comunidad Autónoma y el Estado.
c) Garantizar los principios de solidaridad y equilibrio intermunicipales.
d) Asegurar la prestación integral y adecuada en la totalidad del territorio municipal de los servicios públicos.

### 6. El Presidente de la Diputación deberá jurar o prometer el cargo:

a) Ante la Subdelegación del Gobierno.
b) Ante la Delegación del Gobierno.
c) Ante el Pleno de la misma.
d) Ante el Consejo de Diputaciones.

### 7. El mandato del Presidente de la Diputación será:

a) Por cinco años, pero puede ser destituido de su cargo mediante moción de censura o por la pérdida de una cuestión de confianza.
b) Por seis años, pero puede ser destituido de su cargo mediante moción de censura o por la pérdida de una cuestión de confianza.
c) Por cuatro años, pero puede ser destituido de su cargo mediante moción de censura o por la pérdida de una cuestión de confianza.
d) Por cuatro años, pero puede ser destituido de su cargo por votación de la mitad de los diputados provinciales.

**8. No es una atribución del Presidente de la Diputación:**

a) El planteamiento de conflictos de competencias a otras Entidades locales y demás Administraciones Públicas.
b) El ejercicio de las acciones judiciales y administrativas y la defensa de la Diputación en las materias de su competencia.
c) Representar a la Diputación.
d) Aprobar las bases de las pruebas para la selección del personal.

**9. Corresponde al Presidente de la Diputación:**

a) El ejercicio de las acciones judiciales y administrativas y la defensa en cualquier materia.
b) El despido del personal laboral.
c) La organización de la Diputación.
d) Ninguna respuesta es correcta.

**10. El Presidente de la Diputación puede delegar el ejercicio de sus atribuciones, salvo:**

a) El despido del personal laboral.
b) Concertar operaciones de crédito.
c) Aprobar la oferta de empleo público.
d) Las respuestas a) y b) son correctas.

**11. Si una provincia tiene entre 500.001 a 1.000.000 residentes le corresponderá el siguiente número de Diputados:**

a) 51.
b) 27.
c) 25.
d) 31.

**12. Los Diputados se repartirán entre los Partidos Judiciales de la correspondiente Provincia, mediante el sistema de:**

a) Asignar a cada Partido Judicial dos Diputados y distribuir los restantes proporcionalmente a la población de los mismos.
b) Asignar a cada Partido Judicial un Diputado y distribuir los restantes proporcionalmente a la población de los mismos.
c) Asignar a cada Partido Judicial diez Diputados y distribuir los restantes proporcionalmente a la población de los mismos.
d) Asignar a cada Partido Judicial dos Diputados y distribuir los restantes por el sistema de D'Hondt.

**13. No corresponde al Pleno de la Diputación:**

a) La aprobación de la plantilla de personal y la relación de puestos de trabajo.
b) La aprobación de los planes de carácter provincial.
c) Distribuir las retribuciones complementarias que no sean fijas y periódicas.
d) La declaración de lesividad de los actos de la Diputación.

**14. Es una atribución de la Junta de Gobierno de la Diputación:**

a) La asistencia al Pleno en el ejercicio de sus atribuciones.
b) La asistencia a las Comisiones Informativas en el ejercicio de sus atribuciones.
c) La asistencia al Presidente en el ejercicio de sus atribuciones.
d) Las atribuciones que el Pleno le delegue.

**15. ¿Se puede perder la condición de Vicepresidente de la Diputación?**

a) En ningún caso.
b) Sí, por renuncia expresa manifestada por escrito y por pérdida de la condición de miembro de la Junta de Gobierno.
c) Sí, por renuncia expresa manifestada oralmente y por pérdida de la condición de miembro de la Junta de Gobierno.
d) Sí, por renuncia expresa y por pérdida de la condición de miembro del Pleno.

**16. Las Comisiones Informativas de las Diputaciones Provinciales:**

a) Tienen por función el estudio, informe o resolución de los asuntos que hayan de ser sometidos a la decisión del Pleno.
b) Tienen por función el estudio, informe o consulta de los asuntos que hayan de ser sometidos a la decisión del Pleno.
c) Pueden ser generales y extinguirse automáticamente una vez que hayan dictaminado o informado sobre el asunto que constituye su objeto.
d) Pueden ser permanentes y se constituyen con carácter especial.

**17. En relación con la Comisión Especial de Cuentas de la Diputación:**

a) Le corresponde el examen y estudio e informe de todas las cuentas, presupuestarias y extrapresupuestarias, que deba aprobar el Pleno de la Corporación.
b) Su constitución, composición e integración y funcionamiento se ajusta a lo señalado para las demás Comisiones Informativas.
c) Le corresponde canalizar la participación de los ciudadanos y de sus asociaciones en materia de cuentas.
d) Las respuestas a) y b) son correctas.

**18. La creación, composición, organización, ámbito de actuación y funciona-miento de los Consejos Sectoriales de las Diputaciones:**

a) Serán establecidos en el correspondiente acuerdo plenario.
b) Serán establecidos en la correspondiente Resolución del Presidente.
c) Serán establecidos en el correspondiente acuerdo de la Junta de Gobierno.
d) Ninguna respuesta es correcta.

**19. Las Provincias podrán realizar:**

a) La gestión ordinaria de servicios propios de la Administración Autonómica.
b) La gestión ordinaria de servicios propios de la Administración Estatal.
c) La gestión ordinaria de servicios propios de las comarcas.
d) Todas las respuestas son falsas.

**20. Los conflictos de atribuciones que surjan entre órganos y Entidades depen-dientes de una misma Corporación Local se resolverán:**

a) No existen conflictos de atribuciones sino conflictos de jurisdicciones.
b) Los conflictos de atribuciones los resuelve el Estado.
c) Por el Pleno, cuando se trate de conflictos que afecten a órganos colegiados o miembros de estos.
d) No es posible que existan conflictos de atribuciones entre entidades dependientes de una misma Corporación.

**21. ¿Podrán las Comunidades Autónomas crear una organización provincial complementaria a la prevista en la Ley de Bases de Régimen Local?**

a) Sí.
b) En los casos que establezca el Reglamento Orgánico de la Diputación.
c) Solo en los supuestos establecidos en la ley.
d) Previa autorización de la Administración Estatal.

**22. Las competencias delegadas:**

a) Preverán técnicas de dirección y control de oportunidad y eficiencia.
b) En algunos casos preverán técnicas de dirección y control de oportunidad y eficiencia.
c) En ningún caso preverán técnicas de dirección y control de oportunidad y eficiencia.
d) Preverán técnicas de dirección pero no de control de oportunidad y eficiencia.

**23. Las competencias propias de los Municipios, las Provincias, las Islas y demás Entidades Locales territoriales:**

a) Solo podrán ser determinadas por reglamento y se ejercen en régimen de autonomía.
b) Solo podrán ser determinadas por ley y se ejercen en régimen de autonomía.

c) Solo podrán ser determinadas por ley y se ejercen en régimen de jerarquía.

d) Solo podrán ser determinadas por ley y se ejercen en régimen de tutela.

**24. En el caso de la cuestión de confianza, si esta se vincula a la aprobación de los Presupuestos anuales, se entenderá otorgada la confianza si en el plazo de un mes desde que se votó el rechazo de la cuestión de confianza:**

a) Se aprueba por mayoría simple.

b) No se presenta una moción de censura con candidato alternativo a Presidente.

c) Se aprueba por mayoría absoluta.

d) Las respuestas a) y c) son correctas

**25. Son competencias propias de la Diputación:**

a) Cementerios y actividades funerarias.

b) Promoción del deporte e instalaciones deportivas y de ocupación del tiempo libre.

c) Tráfico, estacionamiento de vehículos y movilidad.

d) La prestación de los servicios de administración electrónica y la contratación centralizada en los municipios con población inferior a 20.000 habitantes.

**26. No es una competencia de la Diputación:**

a) La prestación de servicios públicos de carácter supramunicipal.

b) La coordinación de los servicios municipales entre sí.

c) La asistencia y cooperación jurídica, económica y técnica a los Municipios.

d) Policía local, protección civil, prevención y extinción de incendios.

**27. La Diputación:**

a) Ejecuta las obras y servicio de competencia municipal establecidos en un plan provincial aprobado mensualmente.

b) Aprueba anualmente un plan provincial de cooperación a las obras y servicios de competencia provincial.

c) Aprueba cada seis meses un plan provincial de cooperación a las obras y servicios de competencia municipal.

d) Aprueba anualmente un plan provincial de cooperación a las obras y servicios de competencia municipal.

**28. ¿Quién asegura, en su territorio, la coordinación de los diversos planes provinciales?**

a) El Estado.

b) La Comunidad Autónoma.

c) La Comarca.

d) Las Áreas Metropolitanas.

### 29. La Diputación o entidad equivalente:

a) Asegura el acceso de la población de la Provincia al conjunto de los servicios mínimos de competencia municipal.
b) Da soporte a los Ayuntamientos para la tramitación de procedimientos administrativos.
c) Presta apoyo en la selección y formación del personal de los Ayuntamientos.
d) Todas las respuestas son correctas.

### 30. Los conflictos de competencias planteados entre diferentes Entidades Locales serán resueltos:

a) Previa audiencia de las Diputaciones afectadas.
b) Previa audiencia de los municipios afectados.
c) Por la Administración del Estado previa audiencia de las Comunidades Autónomas afectadas.
d) Previa audiencia del Estado.

### 31. Según la Constitución, a la Provincia solo la pueden gobernar y administrar autónomamente los/las:

a) Diputaciones.
b) Plenos de las mismas.
c) Presidentes.
d) Diputaciones u otro tipo de Corporaciones representativas.

### 32. Señala cuál de las siguientes no es una potestad o prerrogativa de una Entidad Local:

a) Tributaria y financiera.
b) La embargabilidad de sus bienes y derechos en los términos previstos en las leyes.
c) De ejecución forzosa y sancionadora.
d) Expropiatoria y de investigación.

### 33. El Estatuto Provincial de CALVO-SOTELO fue de:

a) 1929.
b) 1924.
c) 1925.
d) 1931.

### 34. Los órganos desconcentrados y descentralizados para la gestión de los servicios de las Provincias son creados por:

a) El Presidente de la Corporación.
b) El Pleno de la Corporación.

c) La Comisión de Cuentas.
d) La Junta de Gobierno.

**35. La división provincial actual arranca del/de la:**

a) Constitución vigente.
b) Constitución de 1812.
c) Decreto de Javier de Burgos de 1833.
d) Vigente Ley de Régimen Local.

**36. Respecto al Estado, la delimitación provincial del territorio español:**

a) Sirve para que este gestione a dicho nivel algunos de sus servicios.
b) Es la base del reconocimiento de los Municipios.
c) No tiene repercusión alguna.
d) Comporta la necesaria descentralización de su organización.

**37. El Derecho autonómico ha atribuido a las Provincias la función de prestar servicios de la Comunidad Autónoma de carácter:**

a) Delegado.
b) Desconcentrado.
c) Descentralizado.
d) Las respuestas a) y c) son correctas.

**38. La denominación y capitalidad de una Provincia puede hacerse por:**

a) Ley Orgánica de las Cortes Generales.
b) Ley ordinaria de las mismas.
c) Ley de la Asamblea Legislativa de la Comunidad Autónoma.
d) Real Decreto del Gobierno de la Nación.

**39. La Provincia es circunscripción electoral para la elección de/de los:**

a) Concejales.
b) Parlamentos Autonómicos.
c) Diputados Provinciales.
d) Todos los anteriores.

**40. La alteración de los límites provinciales se efectuará por:**

a) Ley de la Asamblea Legislativa de la Comunidad Autónoma respectiva.
b) Ley Orgánica de las Cortes Generales.
c) Acuerdo del Consejo de Ministros.
d) Acuerdo del Consejo de Gobierno de la Comunidad Autónoma correspondiente.

**41. El ámbito sectorial en que la Provincia puede actuar con arreglo a Derecho, se denomina:**

a) Ámbito decisorio.
b) Programa sectorial.
c) Sector de actuación.
d) Competencia provincial.

**42. Las Diputaciones Provinciales fueron abolidas por Fernando VII en:**

a) 1812.
b) 1814.
c) 1823.
d) 1833.

**43. El número de Provincias existentes en la actualidad, en España, es:**

a) Cincuenta y dos.
b) Cincuenta.
c) Cincuenta y uno.
d) Cincuenta y dos más las Islas.

**44. La personalidad jurídica de las Provincias se califica por la ley de:**

a) Plena.
b) Propia.
c) Depende del Ente que las crea.
d) No la tienen.

**45. La Provincia participa en la:**

a) Cooperación de la Administración Estatal y Autonómica con la Local.
b) Colaboración de dichas Administraciones.
c) Coordinación de la Administración Local con la de la Comunidad Autónoma y la del Estado.
d) No tiene participación alguna.

**46. Los habitantes de una Provincia reciben, por esta condición, el nombre de:**

a) Vecinos.
b) Provincianos.
c) Residentes.
d) Ninguno.

**47. Son fines propios y específicos de las Provincias:**

a) Realizar los servicios de competencia municipal.
b) Coordinar la Administración Municipal con la Estatal y Autonómica.
c) Garantizar los principios de solidaridad y autonomía intermunicipales.
d) Garantizar el principio de equilibrio intermunicipal.

**48. En cuanto a los servicios municipales, la Provincia:**

a) Debe efectuar su prestación.
b) Basta con que asegure dicha prestación.
c) Los gestiona de común acuerdo con los Ayuntamientos.
d) Nada de lo anterior es cierto.

**49. Son órganos necesarios de toda Diputación Provincial el:**

a) Pleno, el Presidente y los Vicepresidentes.
b) Presidente, los Vicepresidentes en su caso, el Pleno y la Junta de Gobierno.
c) Pleno, el Presidente, los Vicepresidentes y la Junta de Gobierno en todo caso.
d) Pleno, el Presidente, los Vicepresidentes y la Junta de Gobierno cuando así lo apruebe el Pleno.

**50. No es un órgano necesario en una Diputación el/la/los:**

a) Comisión Especial de Cuentas.
b) Pleno.
c) Diputados Delegados.
d) Vicepresidentes.

**51. Entre los órganos complementarios de las Diputaciones no se encuentran los/las:**

a) Juntas Sectoriales.
b) Comisiones Informativas.
c) Comisión Especial de Cuentas.
d) Diputados Delegados.

**52. La elección del Presidente de una Diputación Provincial se hará:**

a) Entre los que encabecen las correspondientes listas en las elecciones locales.
b) Por mayoría absoluta en primera vuelta y simple en la segunda.
c) Por mayoría absoluta en primera vuelta y, en su defecto, el de la lista más votada.
d) Entre todos los concejales elegidos en los Municipios de la Provincia.

**53. El Presidente de la Diputación Provincial de Barcelona es:**

a) Excelentísimo.
b) Ilustrísimo.
c) Señoría.
d) No existe esta figura allí.

**54. El mandato de un Presidente de Diputación Provincial dura normalmente:**

a) Cuatro años.
b) Cinco años.
c) Dos años, siendo reelegible.
d) Nueve años.

**55. Cuando se presente una moción de censura, el Pleno será presidido por una Mesa de edad integrada por:**

a) Los concejales de mayor y menor edad de los presentes, excluidos el Alcalde y el candidato a la Alcaldía.
b) Los concejales de mayor edad, excluidos el Alcalde y el candidato a la Alcaldía.
c) Los concejales de menor edad de los presentes, incluidos el Alcalde y el candidato a la Alcaldía.
d) Los concejales de mayor y menor edad, excluidos el Alcalde pero no el candidato a la Alcaldía.

**56. El Presidente de la Diputación no puede delegar la siguiente atribución:**

a) Presidir la Junta de Gobierno.
b) Aprobar las bases de las pruebas de selección de los funcionarios.
c) Dirigir los servicios y obras de la Diputación.
d) Ninguna de las anteriores puede ser objeto de delegación.

**57. La declaración de la excedencia forzosa de un funcionario de la Diputación es competencia del/de la:**

a) Pleno de la misma.
b) Presidente.
c) Junta de Gobierno.
d) Junta de Personal.

**58. El Presidente de la Diputación puede ejercer acciones judiciales:**

a) En caso de urgencia solo.
b) Por delegación de la Junta de Gobierno.
c) En cualquier momento, respecto a las materias de su competencia.
d) Solo cuando afecten a la autonomía de la propia Diputación.

**59. Asegurar la gestión de los servicios propios de la Comunidad Autónoma cuya gestión ordinaria esté encomendada a la Diputación es competencia del/de la:**

a) Diputado-Delegado que corresponda.
b) Presidente de la Diputación.
c) Pleno de la Diputación.
d) Comunidad Autónoma.

**60. Una Diputación de una Provincia con cuatro millones de habitantes tiene el siguiente número de Diputados:**

a) Veintisiete.
b) Treinta y uno.
c) Cincuenta y uno.
d) Cincuenta y dos.

**61. Las Diputaciones Provinciales de las Provincias con 700.000 habitantes cuentan con:**

a) Veinticinco Diputados.
b) Treinta y un Diputados.
c) Cincuenta y un Diputados.
d) Veintisiete Diputados.

**62. Los Diputados Provinciales se eligen:**

a) Entre los Concejales de los Ayuntamientos de la Provincia.
b) Por los anteriores o los vecinos.
c) Por el Presidente de la Diputación.
d) Por la Junta Electoral de Zona.

**63. Los Diputados se repartirán entre los:**

a) Partidos políticos.
b) Grupos representados en la Diputación, según el número de Concejales que hayan obtenido en los distintos Municipios.
c) Partidos judiciales.
d) Municipios de la Provincia.

**64. El Pleno de una Diputación no puede delegar la siguiente atribución:**

a) Aprobación de los Planes de carácter provincial.
b) Organización de la Diputación.
c) Control de los órganos de gobierno.
d) No puede delegar ninguna de las anteriores.

**65. La Junta de Gobierno ejerce competencias del Presidente:**

a) Descentralizadas.
b) Delegadas.
c) Desconcentradas.
d) De ningún tipo.

**66. Un Vicepresidente de una Diputación es un órgano:**

a) Complementario.
b) Necesario.
c) Innecesario.
d) Nada de lo expuesto es cierto.

**67. El nombramiento de los Vicepresidentes de las Diputaciones corresponde al/a la:**

a) Pleno de cada Entidad.
b) Presidente de cada Entidad.
c) Grupo Político mayoritario.
d) Junta de Gobierno.

**68. El Pleno de una Diputación, respecto del nombramiento del Vicepresidente de la misma:**

a) Lo confirma.
b) Toma nota.
c) No tiene nada que hacer.
d) Puede revocarlo.

**69. Los Vicepresidentes, en cuanto a las delegaciones de competencias que hubiere otorgado el Presidente:**

a) Pueden revocarlas en cualquier momento.
b) Solo las pueden revocar cuando lo sustituyan por causa de ausencia o enfermedad.
c) En el supuesto anterior, no pueden revocarlas.
d) Nada de lo expuesto es correcto.

**70. Los Diputados Delegados son:**

a) Órganos necesarios de las Diputaciones Provinciales.
b) Órganos complementarios de las mismas.
c) No existe esta figura.
d) Elegidos por el Pleno de la Corporación.

**71. El Presidente nato de las Comisiones Informativas es el:**

a) Presidente de la Diputación Provincial.
b) Subdelegado del Gobierno en la Provincia.
c) Diputado-Delegado encargado del Área a que dediquen su actuación.
d) Vicepresidente de la Diputación, por delegación del Presidente.

**72. En la organización provincial, los órganos que se constituyen, con participación ciudadana, para hacer un seguimiento de cuestiones de especial interés para la colectividad son los/las:**

a) Comisiones Informativas.
b) Juntas de Distrito.
c) Asambleas Vecinales.
d) Consejos Sectoriales.

**73. En la organización provincial, los órganos que se constituyen inexorablemente para preparar y dictaminar los asuntos que se sometan al Pleno de la Diputación, son los/las:**

a) Comisiones Informativas.
b) Órganos desconcentrados.
c) Consejos Sectoriales.
d) Órganos delegados.

**74. Los conflictos de atribuciones que surjan entre dos Diputados Delegados se resuelven por:**

a) Pleno de la Diputación.
b) Presidente de la misma.
c) Tribunal Superior de Justicia pertinente.
d) Pleno de los Ayuntamientos de donde procedan.

**75. La asistencia y cooperación jurídica, económica y técnica por parte de las Diputaciones Provinciales debe dirigirse principalmente al/a los/las:**

a) Comarcas constituidas en su territorio.
b) Municipios más conflictivos.
c) Municipios de menor capacidad económica y de gestión.
d) Ayuntamiento de la capital de la Provincia.

**76. ¿Quién aprueba el Plan Provincial de Cooperación a las Obras y Servicios de competencia municipal?**

a) El Presidente de la Diputación.
b) Los Alcaldes de los pueblos afectados.
c) La Comunidad Autónoma.
d) El Pleno de la Diputación.

**77. Los Planes Provinciales de Cooperación a las Obras y Servicios de competencia municipal se sufragan con:**

a) Medios exclusivos de la Diputación de que se trata.
b) Subvenciones de los Municipios interesados.
c) Aportaciones de los propios Municipios, medios de la Diputación y subvenciones de otras Administraciones Públicas.
d) Operaciones de crédito avaladas por el Estado y la Comunidad Autónoma.

**78. Los Municipios afectados, en la elaboración de los Planes Provinciales de Cooperación a las Obras y Servicios de competencia municipal:**

a) Deben participar.
b) Solo son informados de sus directrices.
c) Lo aprueban en Asamblea de sus respectivos Alcaldes.
d) No tienen nada que hacer.

**79. En la tramitación de los procedimientos administrativos por los Ayuntamientos, las Diputaciones Provinciales:**

a) Sustituyen a los mismos.
b) No puede intervenir.
c) Da soporte a los mismos, cuando aquellos se lo encomienden.
d) Nada de lo expuesto es cierto.

**80. Contra la decisión de una Comunidad Autónoma resolviendo un conflicto de competencias entre dos Diputaciones puede plantearse recurso:**

a) De amparo.
b) Contencioso-administrativo.
c) De inconstitucionalidad.
d) De ningún tipo.

**81. La Junta de Gobierno se integra por el Presidente y un número de Diputados:**

a) Inferior a 32.
b) No superior a la mitad del número de los mismos.
c) No superior al tercio del número legal de los mismos.
d) No superior a 21.

**82. Señala la respuesta incorrecta respecto a la Provincia:**

a) En los Archipiélagos, las Islas tendrán además su administración propia en forma de Cabildos o Consejos.
b) El gobierno y la administración autónoma de las Provincias estarán encomendados a Diputaciones u otras Corporaciones de carácter representativo.

c) No se podrán crear agrupaciones de Municipios diferentes de la Provincia.

d) Cualquier alteración de los límites provinciales habrá de ser aprobada por las Cortes Generales mediante ley orgánica.

**83. ¿Hasta qué número de residentes, las Diputaciones, contarán con 25 Diputados Provinciales?**

a) Hasta 500.000.
b) Hasta 500.001.
c) Hasta 750.000.
d) Hasta 750.001.

**84. ¿Quién elige a los Diputados Provinciales?**

a) Los Alcaldes de todos los Ayuntamientos del Partido Judicial.
b) Los vecinos de la Provincia mediante sufragio.
c) Los Concejales electos de todos los Ayuntamientos del Partido Judicial.
d) El Presidente de la Diputación Provincial.

**85. ¿A quién corresponde el ejercicio de acciones administrativas y la defensa de la Corporación Provincial en materias de competencia plenaria?**

a) Al Presidente de la Diputación.
b) Al Pleno de la Diputación Provincial.
c) A la Junta de Gobierno de la Diputación.
d) Al Vicepresidente Primero de la Diputación.

**86. Atendiendo a su finalidad fundamental, puede definirse la sesión como:**

a) Un acto más del procedimiento.
b) Una reunión de los miembros de la Corporación.
c) Un procedimiento que tiene por objeto la formación y declaración de voluntad del órgano colegiado.
d) Una conferencia expositiva.

**87. Las sesiones pueden ser:**

a) Ordinarias y extraordinarias.
b) Ordinarias y permanentes.
c) Permanentes y especiales.
d) Ordinarias, extraordinarias y extraordinarias urgentes.

**88. La periodicidad de las sesiones extraordinarias es:**

a) Como mínimo cada mes en los Ayuntamientos de municipios de más de 20.000 habitante.
b) Cada dos meses en los Ayuntamientos de los municipios de una población entre 5.001 habitantes y 20.000 habitantes.

c) Las sesiones extraordinarias no están sujetas a periodicidad.
d) Cada tres meses en los municipios de hasta 5.000 habitantes.

**89. Si el Presidente no convocase el Pleno extraordinario solicitado por la cuarta parte, al menos, del número legal de miembros de la Corporación dentro del plazo de quince días hábiles desde que fuera solicitado:**

a) Quedará automáticamente convocado para el décimo día hábil siguiente al de la finalización de dicho plazo, a las once horas.
b) Quedará automáticamente convocado para el undécimo día hábil siguiente al de la finalización de dicho plazo, a las doce horas.
c) Quedará automáticamente convocado para el décimo día hábil siguiente al de la finalización de dicho plazo, a las doce horas.
d) Ninguna respuesta es correcta.

**90. La convocatoria de las sesiones dará lugar a la apertura del correspondiente expediente, en el que no deberá constar:**

a) La constancia de las tasas que procedan.
b) La relación de expedientes conclusos.
c) La fijación del Orden del Día.
d) Minuta del Acta.

**91. En el Orden del Día de las sesiones ordinarias se incluirá el punto de ruegos y preguntas:**

a) De todos los asistentes.
b) Siempre.
c) De las asociaciones de vecinos.
d) En determinados casos.

**92. ¿Es posible habilitarse otro edificio o local para la celebración de las sesiones?**

a) En los casos de fuerza mayor.
b) En ningún caso.
c) Se celebrarán en la Casa Consistorial y si no es posible se suspenderá la sesión.
d) En todo caso, se celebrarán en Palacio Provincial o sede de la Corporación de que se trate.

**93. Quien se considere aludido por una intervención podrá solicitar del Alcalde o Presidente:**

a) La concesión de un turno por alusiones por tiempo de tres minutos.
b) Retirarse de la sesión.
c) Que se conceda un turno por alusiones, que será breve y conciso.
d) La concesión de un turno por alusiones por tiempo de cinco minutos.

**94. ¿En qué consiste la moción?**

a) Es la propuesta sometida a Pleno tras el estudio del expediente por la Comisión Informativa.

b) Es la propuesta que se somete a Pleno relativa a un asunto incluido en el Orden del Día sin haber pasado por la Comisión Informativa.

c) Es la propuesta que se somete directamente a conocimiento del Pleno, sobre un asunto no comprendido en el Orden del Día y que no tiene cabida en el punto de ruegos y preguntas.

d) Es la propuesta de modificación de un dictamen formulada por un miembro de la Comisión Informativa.

**95. La votación podrá ser:**

a) Por nombre y apellidos o por partido político.
b) Nominal, secreta y en voz alta.
c) Secreta y no secreta.
d) Nominal, secreta y ordinaria.

**96. La votación secreta:**

a) Podrá utilizarse para la aprobación de las Ordenanzas.
b) Solo podrá utilizarse para elección o destitución de personas.
c) Solo podrá utilizarse para la aprobación del Presupuesto.
d) Solo podrá utilizarse para el despido del personal laboral.

**97. En los municipios de gran población no se exigirá el voto favorable de la mayoría absoluta del número legal de miembros del Pleno para:**

a) La concertación de las operaciones de crédito.
b) Los acuerdos relativos a la participación en organizaciones supramunicipales.
c) La aprobación y modificación de los reglamentos de naturaleza orgánica.
d) Los acuerdos relativos a la delimitación y alteración del término municipal.

**98. En los municipios de régimen de gran población se exigirá el voto favorable de la mayoría absoluta del número legal de miembros del Pleno para:**

a) La determinación de los recursos propios de carácter tributario.
b) La alteración del nombre y de la capitalidad del municipio.
c) Las dos anteriores son correctas.
d) la aprobación y modificación de los presupuestos.

**99. La enajenación de bienes, cuando su cuantía exceda del 20 % de los recursos ordinarios de su presupuesto requerirá:**

a) Mayoría simple.
b) Mayoría de dos tercios.

c) Mayoría absoluta.
d) Mayoría de un tercio.

**100. Cuando las resoluciones administrativas se dicten por delegación:**

a) Se deberá dictar una resolución posterior por la Autoridad delegante.
b) Se acompañará de copia del acuerdo de delegación.
c) Podrá ser revocada en cualquier momento.
d) Se hará constar expresamente esta circunstancia y se considerarán dictadas por la Autoridad que la haya conferido.

**101. No se hará constar en el Acta levantada por el Secretario:**

a) Día, mes y año.
b) Edad de los miembros asistentes.
c) Asuntos examinados.
d) Hora en que el Presidente levante la sesión.

**102. Las certificaciones de todos los actos, resoluciones y acuerdos de los órganos de gobierno de la Entidad:**

a) Se expedirán siempre por el Secretario.
b) Se expedirán siempre por el Concejal-Secretario.
c) Se expedirán siempre por el Presidente.
d) Se expedirán siempre por el Secretario, salvo precepto expreso que disponga otra cosa.

**103. El responsable de que se remita a los representantes de la Administración General del Estado y de la Comunidad Autónoma un extracto de los actos y acuerdos de una Corporación es, de forma mediata, el:**

a) Presidente.
b) El Interventor.
c) Notificador.
d) Jefe de cada Dependencia.

**104. Las certificaciones de los asientos de los Libros del Registro General las autoriza:**

a) El Presidente.
b) El Secretario.
c) No son posibles.
d) El Encargado del Registro.

**105. La determinación de la periodicidad de las sesiones plenarias ordinarias se acuerda por el:**

a) Propio Pleno en la sesión constitutiva.
b) Alcalde o Presidente.

c) Pleno, con un mínimo de una al mes.
d) Pleno en sesión extraordinaria.

**106. Puede pedir la celebración de sesión extraordinaria y debe, por ello, convocarse:**

a) Un tercio del número de hecho de miembros de la Corporación.
b) Un tercio del número legal de miembros de la misma.
c) Una cuarta parte de este último número.
d) La décima parte de los mismos.

**107. La celebración de una sesión extraordinaria solicitada legalmente, en principio, no debe demorarse, desde que se solicitó, por más de:**

a) Cuatro días hábiles.
b) Dos meses.
c) Quince días hábiles.
d) Cuando lo estime oportuno el Alcalde, sin límite de tiempo.

**108. Las sesiones extraordinarias se convocarán como mínimo:**

a) Dos días naturales antes.
b) Veinticuatro horas antes.
c) Dos días hábiles antes.
d) No se requiere plazo alguno.

**109. Las sesiones extraordinarias urgentes deben convocarse con una antelación mínima de:**

a) Cuatro días.
b) Dos días naturales.
c) Dos días hábiles.
d) Nada de lo anterior es cierto.

**110. Debe motivarse la convocatoria de:**

a) Todas las sesiones.
b) Las ordinarias.
c) Las extraordinarias.
d) Ninguna de ellas.

**111. Las sesiones que deben comenzar con un pronunciamiento sobre su urgencia son:**

a) Todas.
b) Las extraordinarias.

c) Las ordinarias.
d) Las extraordinarias urgentes.

## 112. El orden del día de las sesiones:

a) Se adjunta a la convocatoria.
b) Se incluye en esta.
c) Se entrega antes de comenzar la sesión, una vez constituida.
d) Ninguna de las respuestas anteriores es correcta.

## 113. Pueden solicitar que un asunto se estudie en una sesión de Pleno sin haber sido dictaminado por la Comisión Informativa respectiva:

a) Solo el Alcalde.
b) Las Comisiones Informativas.
c) Los Portavoces de los Grupos Políticos.
d) Cualquier Concejal.

## 114. Se requiere ratificación de la inclusión de un asunto en el Orden del Día:

a) En caso de que se lleve por urgencias.
b) Si no se ha dictaminado previamente por la Comisión pertinente.
c) En los dos casos anteriores.
d) En cualquier caso.

## 115. Los ruegos y preguntas se incluyen en las sesiones:

a) De todo tipo.
b) Ordinarias.
c) Extraordinarias.
d) Urgentes.

## 116. La declaración de urgencia de un asunto no incluido en el orden del día requiere:

a) Decreto del Presidente.
b) Que sea sesión extraordinaria.
c) Mayoría absoluta del número legal de miembros.
d) Informe del Secretario General.

## 117. Un acuerdo sobre un asunto urgente que no haya sido considerado tal es:

a) Irregular.
b) Válido.
c) Nulo.
d) Anulable.

**118. Puede redactarse en catalán una convocatoria u orden del día:**

a) En cualquier caso.
b) Cuando así lo acuerde la propia Corporación.
c) En cualquier sesión de una Corporación Local.
d) Cuando sea lengua oficial.

**119. Para declarar secreto el debate de un asunto en un Pleno se requiere:**

a) Decreto del Alcalde o Presidente.
b) Que así se fije en la convocatoria.
c) Que lo acuerde la mayoría de los miembros.
d) Que se acuerde por mayoría absoluta de estos.

**120. Para celebrar una sesión fuera de la sede de la Corporación se requiere:**

a) Resolución de la Presidencia.
b) Acuerdo del órgano de que se trate.
c) Caso fortuito.
d) Nada de lo anterior, pues puede hacerse en cualquier caso y momento.

**121. Terminar una sesión el mismo día en que comienza es:**

a) Obligatorio.
b) La regla general.
c) Lo anormal.
d) Preceptivo en las ordinarias.

**122. Como regla general, el mínimo de quórum para constituir válidamente el Pleno es de:**

a) Un tercio del número legal de miembros.
b) Asistencia del Presidente y el Secretario, exclusivamente.
c) Tres miembros.
d) Depende de la convocatoria en que se celebra.

**123. Si no hay quórum en la constitución de una sesión del Pleno se:**

a) Celebra media hora después.
b) Celebra con carácter deliberante.
c) Convoca a la misma hora dos días después.
d) Entiende automáticamente convocada, a la misma hora, dos días después.

**124. Si una vez constituida la sesión, quedaran menos de tres miembros en la misma se:**

a) Levanta la misma.
b) Adoptan acuerdos que no requieran mayoría cualificada.
c) Puede adoptar cualquier acuerdo.
d) Entiende convocada la sesión dos días después.

**125. Deben comunicarse a la Alcaldía las ausencias del término municipal de un Concejal que excedan de:**

a) Dos días.
b) Un día.
c) Ocho días.
d) No es necesario hacerlo.

**126. El Alcalde de un Municipio con población de trescientos mil habitantes puede sancionar a los miembros que no asistan a las sesiones con:**

a) Separación del cargo.
b) Reprobación oficial.
c) Multa.
d) Suspensión provisional.

**127. Un miembro no puede hacer uso de la palabra en una sesión:**

a) Extraordinaria del Pleno o de la Junta de Gobierno Local.
b) Salvo por su Portavoz.
c) Cuando se vote.
d) Puede hacerlo en cualquier momento.

**128. Las interrupciones en las sesiones del Pleno:**

a) Solo se dan para que pueda informar un particular sobre un asunto concreto.
b) Están prohibidas.
c) Las señala discrecionalmente el Presidente de la sesión.
d) Se realizan siempre antes de votar, para deliberar.

**129. La propuesta de modificación de un dictamen formulada por un miembro de la Comisión Informativa se denomina:**

a) Moción.
b) Enmienda.
c) Voto particular.
d) Proposición.

**130. A cualquier cuestión planteada a los órganos de gobierno en el seno del Pleno se le llama:**

a) Voto particular.
b) Pregunta.
c) Ruego.
d) Moción.

**131. En las Asambleas Vecinales de una Entidad de ámbito territorial inferior al municipal, los acuerdos se adoptan por:**

a) El Alcalde Pedáneo.
b) Mayoría simple.
c) Mayoría absoluta.
d) Unanimidad.

**132. Las sesiones extraordinarias de la Junta de Gobierno Local se celebran como mínimo cada:**

a) Mes.
b) Quince días.
c) Dos meses.
d) No tienen un mínimo preestablecido.

**133. El día y hora de celebración de las sesiones ordinarias de la Junta de Gobierno Local los fija el/la:**

a) Reglamento Orgánico.
b) Pleno.
c) Presidente.
d) Ley.

**134. Entre la convocatoria y la celebración de la sesión ordinaria de esta Junta de Gobierno Local deben transcurrir:**

a) No menos de veinticuatro horas.
b) Setenta y dos horas.
c) Dos días hábiles.
d) Dos días naturales.

**135. Las sesiones de la Junta de Gobierno Local son:**

a) Públicas.
b) No públicas siempre.
c) A puerta cerrada, salvo votación por mayoría absoluta.
d) Solo deliberantes.

**136. Si no hay quórum en primera convocatoria se celebra la reunión de la Junta de Gobierno Local:**

a) Una hora después.
b) A los dos días.
c) A la media hora.
d) El día siguiente.

**137. Las conclusiones de la Junta de Gobierno Local en reuniones deliberantes se denominan:**

a) Dictámenes.
b) Acuerdos.
c) Resoluciones.
d) Instrucciones.

**138. Cuando asiste al Presidente, la Junta de Gobierno Local:**

a) Adopta acuerdos.
b) Emana dictámenes.
c) Realiza votaciones formales.
d) Expide Decretos.

**139. Para votar nominalmente debe acordarse por el/los:**

a) Grupos Políticos.
b) Pleno.
c) Alcalde o Presidente.
d) Pleno en votación secreta.

**140. La forma de votación prevista con carácter exclusivo para elección de personas es la:**

a) Ordinaria.
b) Nominal.
c) A mano alzada.
d) Secreta.

**141. La votación por papeletas es la:**

a) Forma prohibida.
b) Nominal.
c) Secreta.
d) Ordinaria.

**142. Puede delegarse el voto en:**

a) Un Concejal del mismo Grupo Político.
b) El Portavoz del Grupo Político.
c) El Presidente.
d) Nadie.

**143. Si persiste un empate en una segunda votación se:**

a) Celebra una nueva sesión.
b) Lo dirime el Presidente o Alcalde.
c) Levanta la sesión.
d) Efectúa un sorteo.

**144. Se requiere quórum de mayoría absoluta del número legal de miembros del Ayuntamiento de un Municipio de régimen común para aprobar:**

a) Una delegación de competencias en la Junta de Gobierno Local.
b) La alteración de la calificación jurídica de los bienes comunales.
c) Una Ordenanza de Mercados.
d) Para todos ellos.

**145. Si el Ayuntamiento de un Municipio de régimen común pretende vender un bien patrimonial que no supera el 10 % de los recursos ordinarios de Presupuesto, se requiere:**

a) Mayoría simple.
b) Mayoría absoluta.
c) Dos tercios del número legal de miembros.
d) Dos tercios del número de hecho de estos.

**146. La municipalización de una actividad en monopolio requiere quórum cualificado de:**

a) Ningún tipo.
b) Mayoría absoluta del número legal de miembros.
c) Mayoría absoluta del número de hecho de estos.
d) Dos terceras partes del número de hecho y, en todo caso, mayoría absoluta del número legal de miembros.

**147. En las Comisiones Informativas, ¿quién decide en caso de empate en las votaciones?**

a) El Pleno.
b) El miembro más antiguo, con voto de calidad.
c) El miembro de mayor edad, con voto especial.
d) El Presidente con voto de calidad.

**148. Los traslados de una resolución del Alcalde se efectúan por el:**

a) Propio Alcalde.
b) Encargado del Registro.
c) Responsable de la Secretaría General.
d) Jefe de la Dependencia.

**149. El plazo general de notificación de una providencia de trámite:**

a) No existe, pues esta no se notifica.
b) Es de veinticuatro horas.
c) Es de diez días.
d) Depende del asunto de que se trate.

**150. Las Ordenanzas Municipales:**

a) Se notifican.
b) Se publican.
c) Según los casos, se notifican o publican.
d) Solo se comunican.

**151. Se debe remitir copia o extracto de las resoluciones y acuerdos de los órganos de gobierno de las Entidades Locales al/a:**

a) Boletín Oficial de la Provincia o de la Comunidad Autónoma uniprovincial.
b) Subdelegado del Gobierno en la provincia o Delegado del Gobierno de la Nación (si se trata de una Comunidad Autónoma uniprovincial) y a la Administración de la Comunidad Autónoma.
c) Jefe del Servicio de Información de cada Corporación.
d) Todos los anteriores.

**152. El responsable de extender las actas de una sesión del Pleno es el:**

a) Presidente de la Corporación.
b) Miembro de la misma que se designe en dicha sesión.
c) Secretario.
d) Cualquiera de los anteriores puede hacerlo.

**153. En las actas ha de hacerse constar nominalmente el sentido del voto:**

a) En todo caso.
b) Cuando lo ordene el Presidente.
c) Cuando lo pidan los interesados.
d) Solo en las votaciones secretas.

### 154. En el supuesto de que una sesión no llegue a celebrarse:

a) Se reflejará este pormenor en el acta de la misma.
b) Se sustituye el acta por una diligencia del Secretario haciéndolo notar.
c) No se efectúa ninguna actuación de la que derive la constancia de esta incidencia.
d) Firmarán el acta de la sesión no celebrada solo los asistentes.

### 155. Los borradores de las actas:

a) Se aprueban por el Secretario General.
b) Se aprueban al finalizar la sesión a que se refieran.
c) Los redacta el Presidente y se aprueban en la siguiente sesión.
d) Nada de lo anterior es cierto.

### 156. La apertura del libro de Actas se diligencia por:

a) El Secretario.
b) El Alcalde.
c) Los dos anteriores.
d) Un Juez o un Notario.

### 157. Si un Juez solicita la remisión del Libro de Actas:

a) Se efectuará la misma a través del Presidente de la Corporación.
b) Se realizará una fotocopia del Libro, antes de remitírselo, para que quede constancia en la Corporación.
c) El Secretario General deberá llevarlo personalmente y permitir que solo se examine el Libro en su presencia.
d) No se le enviará bajo ningún pretexto.

### 158. Las certificaciones de los acuerdos del Pleno se expiden por:

a) El Secretario General por sí solo.
b) Orden del Presidente, efectuándolas el Secretario.
c) Presidente o Alcalde.
d) Jefe de la Unidad correspondiente.

### 159. La expedición de una certificación sobre un acuerdo adoptado en una sesión plenaria cuya acta no ha sido aprobada aún:

a) Está prohibida.
b) Se podrá realizar, haciendo constar expresamente este pormenor.
c) Carece de validez.
d) Puede efectuarse sin limitación alguna, dado el carácter de fedatario público del Secretario General.

**160. Con carácter general, la Junta de Gobierno Local, existe en todos los Municipios con población superior a:**

a) 500 habitantes.
b) 1.000 habitantes.
c) 3.000 habitantes.
d) 5.000 habitantes.

**161. La propuesta que se somete directamente a conocimiento del Pleno, sobre un asunto no comprendido en el Orden del Día y que no tiene cabida en el punto de ruegos y preguntas, se denomina:**

a) Proposición.
b) Moción.
c) Enmienda.
d) Ruego.

**162. ¿Cuál es el sistema normal de votación en las Corporaciones Locales?**

a) El nominal.
b) El secreto.
c) El ordinario.
d) El público.

**163. Las Comisiones Informativas, estarán obligados a convocar sesión extraordinaria cuando lo solicite al menos:**

a) La cuarta parte de sus miembros.
b) La quinta parte de sus miembros.
c) El Presidente.
d) Un miembro.

**164. El funcionamiento de las Juntas de Distrito se rige por las normas que acuerde:**

a) La Junta de Gobierno Local.
b) El Alcalde.
c) El Pleno.
d) El Presidente de la Junta de Distrito.

**165. Los acuerdos emanados de los Presidentes de las Entidades Locales, denominados Resoluciones, adoptan la forma de:**

a) Dictámenes del Presidente.
b) Reales Decreto de la Presidencia.
c) Acuerdos de la Presidencia.
d) Decreto de la Presidencia.

**166. Como regla general, los actos de las Entidades Locales son:**

a) Inmediatamente ejecutivos.
b) Ejecutivos cuando así lo disponga la norma.
c) Nunca son ejecutivos.
d) Ejecutivos a los veinte días de su firmeza.

# Solución al test n.º 7

**1.** c) La Provincia es una Entidad Local con personalidad jurídica propia, determinada por la agrupación de Municipios y división territorial para el cumplimiento de las actividades del Estado.

**2.** a) El que realizó la efectiva división provincial y fue aprobado en el año 1833.

**3.** d) Las respuestas a) y c) son correctas.

**4.** d) 50 Provincias.

**5.** c) Garantizar los principios de solidaridad y equilibrio intermunicipales.

**6.** c) Ante el Pleno de la misma.

**7.** c) Por cuatro años, pero puede ser destituido de su cargo mediante moción de censura o por la pérdida de una cuestión de confianza.

**8.** a) El planteamiento de conflictos de competencias a otras Entidades locales y demás Administraciones Públicas.

**9.** b) El despido del personal laboral.

**10.** d) Las respuestas a) y b) son correctas.

**11.** b) 27.

**12.** b) Asignar a cada Partido Judicial un Diputado y distribuir los restantes proporcionalmente a la población de los mismos.

**13.** c) Distribuir las retribuciones complementarias que no sean fijas y periódicas.

**14.** c) La asistencia al Presidente en el ejercicio de sus atribuciones.

**15.** b) Sí, por renuncia expresa manifestada por escrito y por pérdida de la condición de miembro de la Junta de Gobierno.La respuesta correcta es la b), con arreglo al artículo 66.2 del Reglamento de Organización, Funcionamiento y Régimen Jurídico de las Entidades Locales que indica que:

**16.** b) Tienen por función el estudio, informe o consulta de los asuntos que hayan de ser sometidos a la decisión del Pleno.

**17.** d) Las respuestas a) y b) son correctas.

**18.** a) Serán establecidos en el correspondiente acuerdo plenario.

**19.** a) La gestión ordinaria de servicios propios de la Administración Autonómica.

**20.** c) Por el Pleno, cuando se trate de conflictos que afecten a órganos colegiados o miembros de estos.

**21.** a) Sí.

**22.** a) Preverán técnicas de dirección y control de oportunidad y eficiencia.

**23.** b) Solo podrán ser determinadas por ley y se ejercen en régimen de autonomía.

**24.** b) No se presenta una moción de censura con candidato alternativo a Presidente.

**25.** d) La prestación de los servicios de administración electrónica y la contratación centralizada en los municipios con población inferior a 20.000 habitantes.

**26.** d) Policía local, protección civil, prevención y extinción de incendios.

**27.** d) Aprueba anualmente un plan provincial de cooperación a las obras y servicios de competencia municipal.

**28.** b) La Comunidad Autónoma.

**29.** d) Todas las respuestas son correctas.

**30.** c) Por la Administración del Estado previa audiencia de las Comunidades Autónomas afectadas.

**31.** d) Diputaciones u otro tipo de Corporaciones representativas.

**32.** b) La embargabilidad de sus bienes y derechos en los términos previstos en las leyes.

**33.** c) 1925.

**34.** b) El Pleno de la Corporación.

**35.** b) Constitución de 1812.

**36.** a) Sirve para que este gestione a dicho nivel algunos de sus servicios.

**37.** d) Las respuestas a) y c) son correctas.

**38.** b) Ley ordinaria de las mismas.

**39.** b) Parlamentos Autonómicos.

**40.** b) Ley Orgánica de las Cortes Generales.

**41.** d) Competencia provincial.

**42.** b) 1814.

**43.** b) Cincuenta.

**44.** b) Propia.

**45.** c) Coordinación de la Administración Local con la de la Comunidad Autónoma y la del Estado.

**46.** d) Ninguno.

**47.** d) Garantizar el principio de equilibrio intermunicipal.

**48.** b) Basta con que asegure dicha prestación.

**49.** c) Pleno, el Presidente, los Vicepresidentes y la Junta de Gobierno en todo caso.

**50.** c) Diputados Delegados.

**51.** a) Juntas Sectoriales.

**52.** b) Por mayoría absoluta en primera vuelta y simple en la segunda.

**53.** a) Excelentísimo.

**54.** a) Cuatro años.

**55.** a) Los concejales de mayor y menor edad de los presentes, excluidos el Alcalde y el candidato a la Alcaldía.

**56.** a) Presidir la Junta de Gobierno.

**57.** b) Presidente.

**58.** c) En cualquier momento, respecto a las materias de su competencia.

**59.** b) Presidente de la Diputación.

**60.** c) Cincuenta y uno.

**61.** d) Veintisiete Diputados.

**62.** a) Entre los Concejales de los Ayuntamientos de la Provincia.

**63.** c) Partidos judiciales.

**64.** d) No puede delegar ninguna de las anteriores.

**65.** b) Delegadas.

**66.** b) Necesario.

**67.** b) Presidente de cada Entidad.

**68.** b) Toma nota.

**69.** c) En el supuesto anterior, no pueden revocarlas.

**70.** b) Órganos complementarios de las mismas.

**71.** a) Presidente de la Diputación Provincial.

**72.** d) Consejos Sectoriales.

**73.** a) Comisiones Informativas.

**74.** b) Presidente de la misma.

**75.** c) Municipios de menor capacidad económica y de gestión.

**76.** d) El Pleno de la Diputación.

**77.** c) Aportaciones de los propios Municipios, medios de la Diputación y subvenciones de otras Administraciones Públicas.

**78.** a) Deben participar.

**79.** c) Da soporte a los mismos, cuando aquellos se lo encomienden.

**80.** b) Contencioso-administrativo.

**81.** c) No superior al tercio del número legal de los mismos.

**82.** c) No se podrán crear agrupaciones de Municipios diferentes de la Provincia.

**83.** a) Hasta 500.000.

**84.** c) Los Concejales electos de todos los Ayuntamientos del Partido Judicial.

**85.** b) Al Pleno de la Diputación Provincial.

**86.** c) Un procedimiento que tiene por objeto la formación y declaración de voluntad del órgano colegiado.

**87.** d) Ordinarias, extraordinarias y extraordinarias urgentes.

**88.** c) Las sesiones extraordinarias no están sujetas a periodicidad.

**89.** c) Quedará automáticamente convocado para el décimo día hábil siguiente al de la finalización de dicho plazo, a las doce horas.

**90.** a) La constancia de las tasas que procedan.

**91.** b) Siempre.

**92.** a) En los casos de fuerza mayor.

**93.** c) Que se conceda un turno por alusiones, que será breve y conciso.

**94.** c) Es la propuesta que se somete directamente a conocimiento del Pleno, sobre un asunto no comprendido en el Orden del Día y que no tiene cabida en el punto de ruegos y preguntas.

**95.** d) Nominal, secreta y ordinaria.

**96.** b) Solo podrá utilizarse para elección o destitución de personas.

**97.** a) La concertación de las operaciones de crédito.

**98.** b) La alteración del nombre y de la capitalidad del municipio.

**99.** c) Mayoría absoluta.

**100.** d) Se hará constar expresamente esta circunstancia y se considerarán dictadas por la Autoridad que la haya conferido.

**101.** b) Edad de los miembros asistentes.

**102.** d) Se expedirán siempre por el Secretario, salvo precepto expreso que disponga otra cosa.

**103.** a) Presidente.

**104.** b) El Secretario.

**105.** d) Pleno en sesión extraordinaria.

**106.** c) Una cuarta parte de este último número.

**107.** c) Quince días hábiles.

**108.** c) Dos días hábiles antes.

**109.** d) Nada de lo anterior es cierto.

**110.** c) Las extraordinarias.

**111.** d) Las extraordinarias urgentes.

**112.** a) Se adjunta a la convocatoria.

**113.** c) Los Portavoces de los Grupos Políticos.

**114.** b) Si no se ha dictaminado previamente por la Comisión pertinente.

**115.** b) Ordinarias. ).

**116.** c) Mayoría absoluta del número legal de miembros.

**117.** c) Nulo.

**118.** d) Cuando sea lengua oficial.

**119.** d) Que se acuerde por mayoría absoluta de estos.

**120.** a) Resolución de la Presidencia.

**121.** b) La regla general.

**122.** a) Un tercio del número legal de miembros.

**123.** d) Entiende automáticamente convocada, a la misma hora, dos días después.

**124.** a) Levanta la misma.

**125.** c) Ocho días.

**126.** c) Multa.

**127.** c) Cuando se vote.

**128.** c) Las señala discrecionalmente el Presidente de la sesión.

**129.** c) Voto particular.

**130.** b) Pregunta.

**131.** b) Mayoría simple.

**132.** d) No tienen un mínimo preestablecido.

**133.** c) Presidente.

**134.** a) No menos de veinticuatro horas.

**135.** b) No públicas siempre.

**136.** a) Una hora después.

**137.** a) Dictámenes.

**138.** b) Emana dictámenes.

**139.** b) Pleno.

**140.** d) Secreta.

**141.** c) Secreta.

**142.** d) Nadie.

**143.** b) Lo dirime el Presidente o Alcalde.

**144.** b) La alteración de la calificación jurídica de los bienes comunales..

**145.** a) Mayoría simple.

**146.** b) Mayoría absoluta del número legal de miembros.

**147.** d) El Presidente con voto de calidad.

**148.** c) Responsable de la Secretaría General.

**149.** c) Es de diez días.

**150.** b) Se publican.

**151.** b) Subdelegado del Gobierno en la provincia o Delegado del Gobierno de la Nación (si se trata de una Comunidad Autónoma uniprovincial) y a la Administración de la Comunidad Autónoma.

**152.** c) Secretario.

**153.** c) Cuando lo pidan los interesados.

**154.** b) Se sustituye el acta por una diligencia del Secretario haciéndolo notar.

**155.** d) Nada de lo anterior es cierto.

**156.** a) El Secretario.

**157.** d) No se le enviará bajo ningún pretexto

**158.** b) Orden del Presidente, efectuándolas el Secretario.

**159.** b) Se podrá realizar, haciendo constar expresamente este pormenor.

**160.** d) 5.000 habitantes.

**161.** b) Moción.

**162.** c) El ordinario.

**163.** a) La cuarta parte de sus miembros.

**164.** c) El Pleno.

**165.** d) Decreto de la Presidencia.

**166.** a) Inmediatamente ejecutivos.

# TEST N.º 8

**La actividad subvencional de las Administraciones Públicas: regulación y principios. Procedimientos de concesión y gestión de las subvenciones. Reintegro y control financiero. Infracciones y sanciones. La Base de Datos Nacional de Subvenciones**

**1. Las subvenciones están reguladas en:**

a) La Ley 38/2003, de 17 de noviembre, General de Subvenciones con carácter general.
b) El Decreto 36/2009, de 31 de marzo, por el que se establece el régimen general de subvenciones de la Comunidad Autónoma de Canarias.
c) El Título IX de la Ley 11/2006, de 11 de diciembre, de la Hacienda Pública canaria.
d) Todas las anteriores respuestas son correctas.

**2. Las subvenciones pueden ser:**

a) Comunes.
b) Típicas.
c) Especiales.
d) Nominativas.

**3. Se entiende por subvención:**

a) Toda disposición dineraria en la que se den los requisitos previstos en el artículo 2 de la Ley 38/2003.
b) Las prestaciones derivadas del sistema de clases pasivas del Estado, pensiones de guerra y otras pensiones y prestaciones por razón de actos de terrorismo.
c) Los beneficios fiscales y beneficios en la cotización a la Seguridad Social.
d) Las prestaciones contributivas y no contributivas del Sistema de la Seguridad Social.

**4. Las subvenciones directas pueden ser:**

a) Nominadas.
b) Excepcionales por razones de interés público, social, económico o humanitario.

c) Impuestas por una norma de rango legal.
d) Todas las respuestas anteriores son correctas.

**5. El plazo máximo para resolver y notificar la resolución del procedimiento de concurrencia competitiva será:**

a) Siempre de doce meses.
b) Siempre de dieciocho meses.
c) De doce meses, salvo que en la convocatoria se establezca uno menor.
d) Seis meses, salvo que una norma con rango de ley establezca uno superior.

**6. El plazo máximo para resolver y notificar la resolución del procedimiento de reintegro, desde la fecha del acuerdo de iniciación, será de:**

a) Un mes.
b) Tres meses.
c) Seis meses.
d) Doce meses.

**7. En el del procedimiento de concurrencia competitiva:**

a) Nunca se puede solicitar la modificación del contenido de la resolución.
b) El inicio puede ser de oficio o a instancia de un colectivo de interesados.
c) Con carácter previo a la convocatoria de las subvenciones deberá efectuarse la aprobación del gasto.
d) El plazo para resolver y notificar la resolución del procedimiento se computará siempre a partir de la publicación de la correspondiente convocatoria.

**8. La justificación deberá hacerse en un plazo máximo de:**

a) 1 mes.
b) 2 meses.
c) 3 meses.
d) 6 meses.

**9. El órgano gestor deberá comunicar a la Intervención General de la Administración del Estado la incoación del expediente de reintegro o la discrepancia con su incoación, que deberá ser motivada, en el plazo de:**

a) Dos meses a partir de la recepción del informe de control financiero.
b) Tres meses a partir de la recepción del informe de control financiero.
c) Seis meses a partir de la recepción del informe de control financiero.
d) Doce meses a partir de la recepción del informe de control financiero.

**10. En caso de disconformidad, la Intervención General de la Administración del Estado podrá elevar, a través del Ministro de Hacienda, el informe de control financiero a la consideración del Consejo de Ministros, cuando la disconformidad se refiera a un importe:**

a) Superior a 6 millones de euros.
b) Superior a 9 millones de euros.
c) Superior a 10 millones de euros.
d) Superior a 12 millones de euros.

**11. Una vez iniciado el expediente de reintegro y a la vista de las alegaciones presentadas o, en cualquier caso, transcurrido el plazo otorgado para ello, el órgano gestor deberá trasladarlas, junto con su parecer, a la Intervención General de la Administración del Estado, que emitirá informe en el plazo de:**

a) Un mes.
b) Dos meses.
c) Tres meses.
d) Cuatro meses.

**12. El derecho a reconocer o liquidar el reintegro de una subvención prescribe a los:**

a) 2 años.
b) 3 años.
c) 4 años.
d) 5 años.

**13. Con respecto a la Base de Datos de Subvenciones, no es cierto que:**

a) La referida base de datos contendrá, al menos, referencia a las bases reguladoras de la subvención, convocatorias, identificación de las personas beneficiarias con la subvención otorgada y efectivamente percibida, resoluciones de reintegro y sanciones impuestas.
b) La información incluida en la base de datos de ámbito autonómico tendrá carácter reservado, sin que en ningún caso pueda ser cedida o comunicada a terceros.
c) En términos generales, las autoridades y el personal al servicio de las Administraciones Públicas que tengan conocimiento de estos datos estarán obligados al más estricto y completo secreto profesional respecto de los mismos.
d) La cesión de datos de carácter personal que debe efectuarse a la Intervención General de la Administración de la Comunidad Autónoma de Canarias no requerirá el consentimiento del afectado.

# Soluciones al test n.º 8

**1.** d) Todas las anteriores respuestas son correctas.

**2.** d) Nominativas.

**3.** a) Toda disposición dineraria en la que se den los requisitos previstos en el artículo 2 de la Ley 38/2003.

**4.** d) Todas las respuestas anteriores son correctas.

**5.** d) Seis meses, salvo que una norma con rango de ley establezca uno superior.

**6.** d) Doce meses.

**7.** c) Con carácter previo a la convocatoria de las subvenciones deberá efectuarse la aprobación del gasto.

**8.** b) 2 meses.

**9.** a) Dos meses a partir de la recepción del informe de control financiero.

**10.** d) Superior a 12 millones de euros.

**11.** a) Un mes.

**12.** c) 4 años.

**13.** b) La información incluida en la base de datos de ámbito autonómico tendrá carácter reservado, sin que en ningún caso pueda ser cedida o comunicada a terceros.

**El personal al servicio de las Entidades Locales. Clases de empleados públicos. Derechos y deberes de los empleados públicos. Sistema retributivo. Régimen de Seguridad Social. La prevención de riesgos laborales. Situaciones Administrativas. Incompatibilidades. Régimen disciplinario de los/as empleados/as públicos. La ética de la Administración. El código de ética pública de la Diputación de Salamanca y guía de buenas prácticas**

**1. ¿A qué dos principios ha de atender la designación del personal directivo profesional de las Administraciones públicas?**

a) Publicidad y concurrencia.
b) Legalidad e igualdad.
c) Capacidad y mérito.
d) Idoneidad y transparencia.

**2. Indica una de las notas características de los funcionarios de carrera:**

a) Desempeño de servicios de carácter permanente.
b) Nombramiento legal, hecho por Autoridad competente.
c) Los puestos de trabajo que desempeñan han de figurar en la Plantilla orgánica y en el Registro de Personal.
d) Todas las respuestas son correctas.

**3. ¿Cómo se denomina al personal que, en virtud de nombramiento y con carácter no permanente, solo realiza funciones expresamente calificadas como de confianza o asesoramiento especial, siendo retribuido con cargo a los créditos presupuestarios consignados para este fin?**

a) Personal Laboral.
b) Personal Eventual.
c) Funcionarios interinos.
d) Funcionarios de carrera.

**4. Señala la respuesta incorrecta respecto al personal eventual:**

a) Su nombramiento y cese serán libres.

b) La condición de personal eventual podrá constituir mérito para el acceso a la Función Pública.

c) Su cese tendrá lugar, en todo caso, cuando se produzca el de la autoridad a la que se preste la función de confianza o asesoramiento.

d) Le será aplicable, en lo que sea adecuado a la naturaleza de su condición, el régimen general de los funcionarios de carrera.

**5. Señala la respuesta incorrecta respecto al régimen jurídico del personal laboral:**

a) La Jurisdicción competente en esta materia es la Contencioso-Administrativa.

b) Dentro de este personal, por razón de la fijeza de su vinculación a la Entidad de que se trate, se distingue entre los contratados indefinidamente y los contratados temporalmente.

c) La selección de este personal se hará por concurso, concurso-oposición u oposición libre.

d) La contratación de este personal corresponde al Alcalde o al Presidente de la Diputación Provincial, a quien compete, también, la asignación del mismo a los distintos puestos de trabajo de carácter laboral previstos en las Relaciones de Puestos de Trabajo aprobadas por la Corporación, de acuerdo con la legislación laboral.

**6. Los Ayuntamientos de Municipios con población superior a 50.000 y no superior a 75.000 habitantes podrán incluir en sus plantillas puestos de trabajo de personal eventual por un número que no podrá exceder de:**

a) Uno.
b) Dos.
c) Siete.
d) La mitad de concejales de la Corporación local.

**7. ¿Con qué frecuencia publicarán las Corporaciones locales en su sede electrónica y en el Boletín Oficial de la Provincia o, en su caso, de la Comunidad Autónoma uniprovincial el número de los puestos de trabajo reservados a personal eventual?**

a) Cada cinco años.
b) Cada dos años.
c) Anualmente.
d) Semestralmente.

**8. No se rigen por el Derecho Administrativo el/los:**

a) Funcionarios.
b) Laborales.
c) Personal Eventual.
d) Interinos.

**9. Los puestos de confianza o asesoramiento especial se suelen reservar al/a los:**

a) Políticos.
b) Personal Eventual.
c) Personal Laboral.
d) Funcionarios.

**10. Los interinos ocupan provisionalmente puestos que pueden ser desempeñados por:**

a) Contratados temporales.
b) Personal eventual.
c) Funcionarios.
d) Personal Laboral.

**11. El Texto Refundido de la Ley del Estatuto Básico del Empleado Público se aprobó por:**

a) Real Decreto Legislativo 12/2007, de 13 de marzo.
b) Real Decreto Legislativo 5/2012, de 13 de mayo.
c) Real Decreto Legislativo 5/2015, de 30 de octubre.
d) Real Decreto Legislativo 3/2015, de 14 de abril.

**12. El número de Personal Eventual que haya de existir en un Municipio de régimen común se fija por el/la:**

a) Pleno.
b) Alcalde o Presidente.
c) Comunidad Autónoma respectiva.
d) Junta de Gobierno Local.

**13. Respecto del Personal Eventual, ha de publicarse en el Boletín Oficial de la Provincia:**

a) Las sanciones que se le impongan.
b) El nombramiento y cese.
c) La concesión de menciones honoríficas.
d) Ninguna de las respuestas anteriores es correcta.

**14. Un decreto de un Presidente de una Diputación Provincial despidiendo a un laboral al servicio de la misma:**

a) Es nulo de pleno derecho al dictarse por órgano manifiestamente incompetente.
b) Basta para que se lleve a cabo dicho despido.

c) Debe ser ratificado por el Pleno de la Corporación.

d) Ha de confirmarse ante el correspondiente Juzgado de lo Social.

**15. La no concurrencia con la actividad de la empresa, respecto de este Personal Laboral:**

a) Es un derecho del mismo.

b) Significa que pueden trabajar en la esfera privada, haciendo la competencia a la propia Corporación.

c) Le impide desempeñar cualquier tipo de trabajo fuera de la Corporación.

d) Es un deber del mismo, por el cual no puede hacerle la competencia a la Corporación.

**16. Según el Estatuto Básico del Empleado Público, ¿de cuánto tiempo disfrutarán los empleados públicos por traslado de domicilio sin cambio de residencia?**

a) De dos días.

b) De un día.

c) De dos horas.

d) De un máximo de seis horas.

**17. ¿Qué retribución complementaria está destinada a retribuir las condiciones particulares de algunos puestos de trabajo en atención a su especial dificultad técnica, dedicación, incompatibilidad, responsabilidad, peligrosidad o penosidad?**

a) El complemento especial.

b) El complemento específico.

c) El complemento de productividad.

d) El complemento extraordinario.

**18. ¿A quién corresponde la asignación individual del complemento de productividad en las Corporaciones Locales?**

a) Al Alcalde o Presidente.

b) Al Secretario.

c) Al Interventor.

d) Al Pleno.

**19. A tenor del artículo 95 TR-LEBEP, el incumplimiento por los funcionarios de las normas sobre incompatibilidades cuando ello dé lugar a una situación de incompatibilidad, podrá ser constitutivo de falta:**

a) Muy grave.

b) Grave.

c) Menos grave.

d) Leve.

**20. Los funcionarios que ejerciten el derecho de huelga, por el tiempo en que hayan permanecido en la misma, devengarán y percibirán:**

a) Solo las retribuciones básicas prorrateadas.
b) Las retribuciones básicas y los trienios.
c) Todas las retribuciones que le corresponderían si no hubieran ejercido ese derecho.
d) No devengarán ni percibirán retribución alguna.

**21. ¿Qué complemento está destinado a retribuir el interés e iniciativa con que el funcionario desempeña su puesto de trabajo?**

a) El complemento de productividad.
b) El complemento específico.
c) El complemento singular.
d) El complemento de dedicación especial.

**22. El juramento o promesa a realizar por los funcionarios se efectúa:**

a) Tras la toma de posesión.
b) Antes de ella.
c) En el mismo momento de la toma de posesión.
d) Ante órganos jurisdiccionales.

**23. En el juramento o promesa que deben hacer los funcionarios se señala que se ha de cumplir las obligaciones del cargo con lealtad al/a la/a los:**

a) Constitución.
b) Corporación.
c) Superiores.
d) Rey.

**24. Las cantidades destinadas a financiar aportaciones a planes de pensiones o contratos de seguros tendrán a todos los efectos la consideración de:**

a) Retribución básica.
b) Retribución complementaria.
c) Indemnizaciones.
d) Retribución diferida.

**25. La observancia de las normas sobre seguridad y salud laboral:**

a) Es un principio ético de los empleados públicos.
b) Se ajustará a lo que indiquen los representantes de los trabajadores.
c) Se establece solo para los puestos de trabajo cuyo desempeño suponga riesgos inequívocos.
d) Es obligatoria para todos los empleados públicos.

**26. Los trienios se cobran:**

a) En igual cuantía dentro de cada Subgrupo o Grupo de clasificación profesional, en el supuesto de que este no tenga Subgrupo.
b) En concepto de retribución complementaria.
c) Solo mensualmente, sin percibirse en las pagas extraordinarias.
d) Ninguna de las respuestas anteriores es correcta.

**27. En las pagas extraordinarias se percibe:**

a) El sueldo y el complemento de destino solamente.
b) Todas las retribuciones.
c) Las retribuciones básicas en exclusiva.
d) Nada de lo expuesto es correcto.

**28. La participación en las multas impuestas por un funcionario, cuando esté normativamente atribuida a los servicios:**

a) Está expresamente prohibida.
b) No está sujeta a retención fiscal.
c) Se permite excepcionalmente, con arreglo a dicha normativa.
d) Es la regla general y forma parte de las retribuciones complementarias.

**29. Señala la respuesta incorrecta. Las retribuciones complementarias de los funcionarios se establecerán por las correspondientes leyes de cada Administración Pública atendiendo, entre otros, a los siguientes factores:**

a) La especial dificultad técnica, responsabilidad, dedicación, incompatibilidad exigible para el desempeño de determinados puestos de trabajo.
b) Los servicios extraordinarios prestados en la jornada normal de trabajo.
c) La progresión alcanzada por el funcionario dentro del sistema de carrera administrativa.
d) El grado de interés, iniciativa o esfuerzo con que el funcionario desempeña su trabajo.

**30. ¿En qué situación administrativa se encontrarán los funcionarios de carrera cuando sean designados para formar parte del Consejo General del Poder Judicial?**

a) Servicio activo.
b) Servicios especiales.
c) Servicio en otras Administraciones públicas.
d) Excedencia por interés particular.

**31. Los funcionarios de carrera podrán obtener la excedencia voluntaria por interés particular cuando hayan prestado servicios efectivos en cualquiera de las Administraciones públicas durante un periodo mínimo de:**

a) Diez años inmediatamente anteriores.
b) Cinco años inmediatamente anteriores.
c) Tres años inmediatamente anteriores.
d) Dos años inmediatamente anteriores.

**32. Señala la respuesta incorrecta respecto de la excedencia de los funcionarios de carrera:**

a) La concesión de excedencia voluntaria por interés particular quedará subordinada a las necesidades del servicio debidamente motivadas.
b) Quienes se encuentren en situación de excedencia voluntaria por agrupación familiar no devengarán retribuciones, ni les será computable el tiempo que permanezcan en tal situación a efectos de ascensos, trienios y derechos en el régimen de Seguridad Social que les sea de aplicación.
c) Los funcionarios de carrera tendrán derecho a un período de excedencia de duración no superior a tres años para atender al cuidado de cada hijo, tanto cuando lo sea por naturaleza como por adopción.
d) Las funcionarias víctimas de violencia de género o de violencia sexual durante los tres primeros meses tendrán derecho a la reserva del puesto de trabajo que desempeñaran, siendo computable dicho período a efectos de antigüedad, carrera y derechos del régimen de Seguridad Social que sea de aplicación.

**33. ¿Durante cuánto tiempo se le reservará el puesto de trabajo a los funcionarios de carrera en excedencia por cuidado de familiares?**

a) Como máximo cinco años.
b) Al menos, durante tres años.
c) Al menos, durante dos años.
d) Un año, en todo caso.

**34. Cuando un funcionario haya sido declarado en la situación de suspensión, dicha situación determinará la pérdida del puesto de trabajo cuando la suspensión exceda de:**

a) Seis meses.
b) Tres meses.
c) Cinco meses.
d) Dos meses.

**35. A quienes se encuentren en situación de excedencia por interés particular:**

a) Les será computable el tiempo que permanezcan en tal situación a efectos de ascensos.

b) Les será computable el tiempo que permanezcan en tal situación a efectos de trienios y derechos en el régimen de Seguridad Social que les sea de aplicación.

c) No devengarán retribuciones.

d) Todas las respuestas son correctas.

**36. Señala la respuesta correcta respecto a la situación de servicios especiales:**

a) A los funcionarios en situación de servicios especiales no se les computará el tiempo que permanezcan en esta situación a los efectos de ascensos, trienios o derechos pasivos.

b) Tendrán derecho a la reserva de plaza y destino.

c) Tendrán preferencia para el reingreso en el servicio activo.

d) Todas las respuestas son correctas.

**37. El abandono del servicio da lugar a:**

a) Sanción pecuniaria.

b) Falta muy grave.

c) Falta grave.

d) Falta leve.

**38. Por su parte, el acoso laboral se tipifica como:**

a) Falta muy grave.

b) Falta grave.

c) Falta leve.

d) No está tipificada.

**39. El descrédito para la imagen pública de la Administración Pública es una circunstancia que debe ser atendida para determinar las faltas:**

a) Muy graves.

b) Graves.

c) Leves.

d) Las respuestas b) y c) son correctas.

**40. La responsabilidad de los funcionarios que induzcan a otros a cometer una falta:**

a) Es similar a la exigible a estos.

b) Se minora en un grado.

c) Se castiga con una sanción superior en grado.

d) Es inexistente.

**41. La suspensión firme de funciones no puede ser superior a:**

a) Tres meses.
b) Tres años.
c) Un año.
d) Seis años.

**42. En el caso de separación del servicio de un funcionario interino:**

a) Podrá ser rehabilitado en el futuro.
b) No es necesaria la motivación del acto.
c) Permanece en activo hasta que se cubra la vacante que venía desempeñando.
d) Se revoca su nombramiento.

**43. La prescripción de las faltas graves se produce a los:**

a) Seis meses.
b) Dos meses.
c) Seis años.
d) Dos años.

**44. La separación del servicio en un Municipio de gran población se acuerda por el/la:**

a) Sindicato mayoritario.
b) Presidente de la Corporación.
c) Pleno de la Corporación.
d) Junta de Gobierno Local.

**45. En la corrección de una falta leve, un trámite inexcusable es:**

a) La previa audiencia al inculpado.
b) Incoar diligencias preliminares.
c) Incoar expediente disciplinario ordinario.
d) Ninguno de los anteriores.

**46. ¿Qué se entiende por "riesgo laboral"?**

a) La posibilidad de que un trabajador sufra un determinado daño derivado del trabajo.
b) La posibilidad de que un trabajador sufra una enfermedad en el trabajo.
c) La posibilidad de que un trabajador sufra acoso.
d) El riesgo que supone el ir a trabajar.

**47. Indica cuál es la definición de prevención:**

a) La probabilidad racional de que un riesgo se materialice de forma inminente.
b) El estudio de los procesos potencialmente peligrosos para el trabajo.

c) Conjunto de actividades o medidas adoptadas o previstas en todas las fases de actividad de la empresa con el fin de evitar o disminuir los riesgos derivados del trabajo.

d) Posibilidad de que un trabajador sufra un determinado daño derivado del trabajo.

**48. Cualquier característica del trabajo que pueda tener una influencia significativa en la generación de riesgos para la seguridad y la salud del trabajador, es:**

a) Una condición de trabajo.
b) Un factor de riesgo.
c) Un proceso potencialmente peligroso.
d) Una zona peligrosa.

**49. ¿Cuál de los siguientes principios generales de la acción preventiva a aplicar en el trabajo, contenidos en la Ley de Prevención de Riesgos Laborales, es incorrecto?**

a) Evaluar los riesgos que no se pueden evitar.
b) Priorizar medidas individuales a las colectivas.
c) Combatir los riesgos en su origen.
d) Tener en cuenta la evolución de la técnica.

**50. Según la Ley de Prevención de Riesgos Laborales, es obligación de los trabajadores en materia de prevención de riesgos:**

a) La protección eficaz en materia de seguridad y salud en el trabajo.
b) Utilizar correctamente los medios y equipos de protección facilitados por el empresario, de acuerdo con las instrucciones recibidas de este.
c) Soportar el coste de las medidas relativas a la seguridad y la salud en el trabajo.
d) Desarrollar una acción permanente de seguimiento de la actividad preventiva.

**51. El posible cambio de puesto de trabajo con riesgo para una trabajadora embarazada:**

a) Deberá realizarse en caso de imposibilidad de adaptación del propio puesto.
b) Se hará previo informe en tal sentido del Servicio de Prevención.
c) Se determinará por el empresario, y dará información a los representantes de los trabajadores.
d) Se extenderá al período de lactancia.

**52. La Ley de Prevención de Riesgos Laborales establece con respecto al Comité de Seguridad y Salud que:**

a) Se constituirá uno en todas las empresas o centros de trabajo que cuenten con más de 30 trabajadores.
b) Se reunirá trimestralmente y siempre que lo solicite alguna de las representaciones en el mismo.

c) En sus reuniones participarán, con voz pero sin voto, los Delegados de Prevención.
d) En sus reuniones participarán con voz y voto los Delegados Sindicales.

**53. En relación con las incompatibilidades del personal estatutario, no es cierto que:**

a) Será incompatible el disfrute de becas y ayudas de ampliación de estudios concedidas en régimen de concurrencia competitiva al amparo de programas oficiales de formación y perfeccionamiento del personal, siempre que para participar en tales acciones se requiera la previa propuesta favorable del Servicio de Salud en el que se esté destinado y que las bases de la convocatoria no establezcan lo contrario.

b) La percepción de pensión de jubilación por un régimen público de Seguridad Social será incompatible con la situación del personal emérito.

c) Las retribuciones del personal emérito, sumadas a su pensión de jubilación, no podrán superar las retribuciones que el interesado percibía antes de su jubilación, consideradas, todas ellas, en cómputo anual.

d) La percepción de pensión de jubilación parcial será compatible con las retribuciones derivadas de una actividad a tiempo parcial.

**54. Será requisito necesario para autorizar la compatibilidad de actividades públicas el que la cantidad total percibida por ambos puestos o actividades no supere la remuneración prevista en los Presupuestos Generales del Estado para:**

a) El cargo de Director General.
b) El nivel 30.
c) El cargo de Jefe de Servicio.
d) El cargo de Diputado o Senador.

**55. ¿En virtud de qué principio la Diputación de Salamanca proclama como uno de sus distintivos la dedicación profesional a la intermunicipalidad, desde la atención y ayuda efectiva a los Ayuntamientos provinciales y a su ciudadanía?**

a) Interés general.
b) Eficiencia.
c) Responsabilidad efectiva.
d) Vocación de servicio público.

# Solución al test n.º 9

**1.** c) Capacidad y mérito.

**2.** d) Todas las respuestas son correctas.

**3.** b) Personal Eventual.

**4.** b) La condición de personal eventual podrá constituir mérito para el acceso a la Función Pública.

**5.** a) La Jurisdicción competente en esta materia es la Contencioso-Administrativa.

**6.** d) La mitad de concejales de la Corporación local.

**7.** d) Semestralmente.

**8.** b) Laborales.

**9.** b) Personal Eventual.

**10.** c) Funcionarios.

**11.** c) Real Decreto Legislativo 5/2015, de 30 de octubre.

**12.** a) Pleno.

**13.** d) Ninguna de las respuestas anteriores es correcta.

**14.** b) Basta para que se lleve a cabo dicho despido.

**15.** d) Es un deber del mismo, por el cual no puede hacerle la competencia a la Corporación.

**16.** b) De un día.

**17.** b) El complemento específico.

**18.** a) Al Alcalde o Presidente.

**19.** a) Muy grave.

**20.** d) No devengarán ni percibirán retribución alguna.

**21.** a) El complemento de productividad.

**22.** c) En el mismo momento de la toma de posesión.

**23.** d) Rey.

**24.** d) Retribución diferida.

**25.** d) Es obligatoria para todos los empleados públicos.

**26.** a) En igual cuantía dentro de cada Subgrupo o Grupo de clasificación profesional, en el supuesto de que este no tenga Subgrupo.

**27.** d) Nada de lo expuesto es correcto.

**28.** a) Está expresamente prohibida.

**29.** b) Los servicios extraordinarios prestados en la jornada normal de trabajo.

**30.** b) Servicios especiales.

**31.** b) Cinco años inmediatamente anteriores.

**32.** d) Las funcionarias víctimas de violencia de género durante los tres primeros meses tendrán derecho a la reserva del puesto de trabajo que desempeñaran, siendo computable dicho período a efectos de antigüedad, carrera y derechos del régimen de Seguridad Social que sea de aplicación.

**33.** c) Al menos, durante dos años.

**34.** a) Seis meses.

**35.** c) No devengarán retribuciones.

**36.** b) Tendrán derecho a la reserva de plaza y destino.

**37.** b) Falta muy grave.

**38.** a) Falta muy grave.

**39.** d) Las respuestas b) y c) son correctas.

**40.** a) Es similar a la exigible a estos.

**41.** d) Seis años.

**42.** d) Se revoca su nombramiento.

**43.** d) Dos años.

**44.** d) Junta de Gobierno Local.

**45.** a) La previa audiencia al inculpado.

**46.** a) La posibilidad de que un trabajador sufra un determinado daño derivado del trabajo.

**47.** c) Conjunto de actividades o medidas adoptadas o previstas en todas las fases de actividad de la empresa con el fin de evitar o disminuir los riesgos derivados del trabajo.

**48.** a) Una condición de trabajo.

**49.** b) Priorizar medidas individuales a las colectivas.

**50.** b) Utilizar correctamente los medios y equipos de protección facilitados por el empresario, de acuerdo con las instrucciones recibidas de este.

**51.** a) Deberá realizarse en caso de imposibilidad de adaptación del propio puesto.

**52.** b) Se reunirá trimestralmente y siempre que lo solicite alguna de las representaciones en el mismo.

**53.** b) La percepción de pensión de jubilación por un régimen público de Seguridad Social será incompatible con la situación del personal emérito.

**54.** a) El cargo de Director General.

**55.** d) Vocación de servicio público.

# TEST N.º 10

**La Hacienda Pública Local: normativa reguladora y principios generales. La gestión tributaria en las Entidades Locales. Clases de ingresos de las Entidades Locales. Los bienes de las Entidades Locales: concepto y clases**

**1. La principal fuente de financiación de las Haciendas Locales son los/las:**

a) Créditos obtenidos de las instituciones financieras.
b) Ingresos de Derecho Privado.
c) Tributos propios.
d) Prestaciones personales de los vecinos.

**2. Nuestra vigente Constitución, respecto de las Haciendas Locales, consagra el principio de:**

a) Autodeterminación.
b) Suficiencia.
c) Autonomía.
d) Dependencia del Estado.

**3. Para alcanzar el principio de suficiencia, en relación con los tributos del Estado y de las Comunidades Autónomas, las Haciendas Locales:**

a) Se encargarán de gestionarlos y recaudarlos.
b) Percibirán las cantidades abonadas por los mismos.
c) Participarán de los resultados de dichos tributos.
d) Determinarán cuáles se implantan en el respectivo territorio de la Entidad Local de que se trate.

**4. En cualquier caso, los recursos con que cuenten las Haciendas Locales:**

a) Han de ser suficientes para el cumplimiento de los fines de las Entidades Locales.
b) Deben tener carácter tributario.
c) Solo deben gestionarse por las propias Haciendas Locales.
d) Todo lo anterior es correcto.

**5. Los recursos con que cuenten las Haciendas Locales han de estar previstos, previa y originariamente, en un/una:**

a) Ley ordinaria de las Cortes Generales.
b) Ley de los Parlamentos Autonómicos.
c) Ordenanza Fiscal de la propia Entidad.
d) Reglamento de carácter general.

**6. Es una figura tributaria un/una:**

a) Precio público.
b) Operación de crédito.
c) Tasa.
d) Subvención.

**7. Es una figura tributaria un/una:**

a) Precio público.
b) Subvención.
c) Multa.
d) Contribución especial.

**8. La potestad tributaria de las Entidades Locales:**

a) No tiene base legal alguna.
b) Es de carácter derivado o secundario.
c) En su territorio, tiene mayor valor que la propia del Estado.
d) La tienen reservada para la creación de sus propios tributos.

**9. En cuanto a la posibilidad de dictar las Entidades Locales normas reglamentarias en materia tributaria:**

a) Se manifiesta a través de Reglamentos Generales de Recaudación.
b) Se realiza mediante Bandos de los Alcaldes.
c) No se le reconoce legalmente.
d) Es requisito *sine qua non* para que puedan exigir sus tributos.

**10. La figura a través de la cual se realiza dicha normación en esta materia por una Entidad Local es un/una:**

a) Ley.
b) Ordenanza Fiscal.
c) Reglamento General.
d) Bando.

**11. Respecto de los tributos previamente creados por una ley estatal como propios de las Entidades Locales, estas tienen:**

a) Autonomía para establecerlos y exigirlos.
b) Que delegar en el Estado su gestión y recaudación.
c) Actuar al dictado de lo que señalen las Comunidades Autónomas respectivas.
d) Que ceder su aprovechamiento al propio Estado.

**12. En relación con la gestión, recaudación e inspección de sus tributos propios, las Entidades Locales pueden:**

a) Descentralizarlas en Entidades inferiores.
b) Concederlas a un particular o una empresa privada con personalidad jurídica.
c) Desconcentrarlas en otra Administración Pública.
d) Delegarlas en una Entidad Local de ámbito superior.

**13. En relación con la gestión, recaudación e inspección de sus tributos propios y en relación con el Estado, las Entidades Locales pueden:**

a) Desconcentrarle las competencias.
b) Descentralizarle las mismas.
c) Establecer mecanismos de colaboración.
d) Delegarle estas competencias.

**14. En defecto de su legislación específica, debe aplicarse en esta materia la ley:**

a) General Presupuestaria.
b) De Presupuestos Generales del Estado de cada año.
c) Del Procedimiento Administrativo Común de las Administraciones Públicas.
d) General Tributaria.

**15. Tienen carácter privado los ingresos procedentes del/de los:**

a) Tributos en general.
b) Tributos del Estado.
c) Patrimonio.
d) Precios públicos.

**16. Para la cobranza de sus tributos, las Entidades Locales:**

a) No gozan de privilegios o prerrogativas.
b) Tienen los propios del Estado.
c) Han de utilizar los servicios propios del Estado.
d) Deben constituir Entidades de Crédito.

**17. Los ingresos que procedan de los bienes de dominio público local tienen la consideración de:**

a) Derecho Público.
b) Derecho Privado.
c) Tributos en cualquier caso.
d) Atípicos.

**18. En cambio, los rendimientos derivados del patrimonio de las Entidades Locales se consideran ingresos de:**

a) Derecho Público.
b) Derecho Privado.
c) Carácter tributario.
d) Carácter excepcional.

**19. Una condición para considerar de carácter privado los ingresos derivados de un derecho real en favor de una Entidad es que:**

a) Sean tributarios.
b) Dicho derecho real no se halle afecto a un uso o servicio público.
c) No posea este tipo de derecho la susceptibilidad de valoración económica.
d) Todo lo anterior es correcto.

**20. La adquisición de un bien donado por un particular se considera, a estos efectos:**

a) Ingreso de dominio público local.
b) Ingreso de Derecho Público.
c) Ingreso de Derecho Privado.
d) Contribución especial.

**21. Lo que abona un particular por la prestación de un servicio público que le afecta o beneficia, siendo de recepción obligatoria, es un/una:**

a) Impuesto.
b) Contribución especial.
c) Tasa.
d) Precio público.

**22. Si dicho servicio público no fuera de recepción obligatoria, el particular abonaría un/una:**

a) Impuesto.
b) Contribución especial.

c) Tasa.

d) Precio público.

**23. En los Municipios de gran población, el titular del órgano de gestión presupuestaria puede ser:**

a) Un miembro de la Corporación.

b) Un funcionario de Administración Local con Habilitación de carácter Nacional necesariamente.

c) Un funcionario de la propia Corporación.

d) Ninguno de los anteriores.

**24. La Intervención General Municipal, en los Municipios de gran población, ejerce las funciones de:**

a) Control y fiscalización interna de la gestión económico-financiera y presupuestaria.

b) Contabilidad.

c) Tesorería.

d) Todas las anteriores son ejercidas por la misma.

**25. Cuando una Entidad Local realiza una obra pública, en virtud de la cual un ciudadano experimenta en sus bienes un incremento de valor, puede exigirle el pago de un/una:**

a) Impuesto.

b) Contribución especial.

c) Tasa.

d) Precio público.

**26. En dicho supuesto, la recaudación que se obtenga se destinará a:**

a) Sufragar obras de beneficencia.

b) Pagar los gastos de la obra.

c) Incrementar los fondos de la Caja de la Corporación.

d) Cualquiera de las anteriores finalidades.

**27. Es de carácter obligatorio su establecimiento y exigencia, para los Ayuntamientos, el Impuesto sobre:**

a) El Incremento de Valor de los Terrenos de Naturaleza Urbana.

b) Circulación de Vehículos.

c) Construcciones, Instalaciones y Obras.

d) Vehículos de Tracción Mecánica.

**28. Es de carácter obligatorio su establecimiento y exigencia, para los Ayuntamientos, el Impuesto sobre:**

a) La Radicación.
b) Actividades Económicas.
c) Construcciones, Instalaciones y Obras.
d) El Incremento de Valor de los Terrenos de Naturaleza Urbana.

**29. En cambio, es potestativo para el Ayuntamiento el establecimiento y exigencia del Impuesto sobre:**

a) Actividades Económicas.
b) Vehículos de Tracción Mecánica.
c) Construcciones, Instalaciones y Obras.
d) Bienes Inmuebles.

**30. Los vehículos gravados por el Impuesto sobre Vehículos de Tracción Mecánica, han de:**

a) Pertenecer a una Administración Pública como regla general.
b) Ser aptos para circular por vías públicas.
c) Ser destinados a su circulación exclusiva por vías privadas.
d) Las respuestas b) y c) son ciertas.

**31. La figura impositiva que ha sustituido al desaparecido Impuesto Municipal de Solares es el Impuesto sobre:**

a) Construcciones, Instalaciones y Obras.
b) Actividades Económicas.
c) Incremento de Valor de los Terrenos de Naturaleza Urbana.
d) Bienes Inmuebles.

**32. La figura impositiva que ha sustituido al Impuesto Municipal sobre la Radicación es el Impuesto sobre:**

a) Bienes Inmuebles.
b) Actividades Económicas.
c) Construcciones, Instalaciones y Obras.
d) Ninguno de los anteriores.

**33. Los beneficios fiscales en los tributos locales han de estar reconocidos originariamente:**

a) Por el Pleno de la Corporación.
b) En norma con rango de ley.

c) En la correspondiente Ordenanza Fiscal.
d) En la Ley General Tributaria.

### 34. Tiene el carácter de tributo indirecto el Impuesto sobre:

a) Actividades Económicas.
b) Incremento de Valor de los Terrenos de Naturaleza Urbana.
c) Construcciones, Instalaciones y Obras.
d) Vehículos de Tracción Mecánica.

### 35. En el Impuesto sobre el Incremento de Valor de los Terrenos de Naturaleza Urbana:

a) Se paga dicho incremento por la mera posesión de dichos bienes, unida al transcurso de los años.
b) El citado incremento ha de ponerse de manifiesto, por ejemplo, al transmitirse la propiedad del bien de que se trate.
c) Se grava cualquier terreno, al margen de su clasificación y calificación urbanística.
d) El incremento de que se trata ha de revertir a la colectividad en su integridad.

### 36. Respecto de las Áreas Metropolitanas está previsto el establecimiento de recargos sobre el siguiente Impuesto:

a) Construcciones, Instalaciones y Obras.
b) Actividades Económicas.
c) Incremento de Valor de los Terrenos de Naturaleza Urbana.
d) Bienes Inmuebles.

### 37. En relación con algún tributo de una Entidad Local, hay una previsión legal de establecimiento por otra Entidad de este tipo de un/una:

a) Impuesto.
b) Participación.
c) Recargo.
d) Precio Público.

### 38. Las operaciones de crédito a que pueden acudir las Entidades Locales no pueden instrumentarse a través de:

a) Hipotecas sobre los bienes patrimoniales de la Entidad.
b) Emisión de Deuda Pública.
c) Sustitución total o parcial de una operación de crédito preexistente.
d) Las respuestas a) y c) son ciertas.

**39. Las operaciones de crédito a que pueden acudir las Entidades Locales han de ser:**

a) A medio y largo plazo.
b) A corto y largo plazo.
c) Destinado a obras de mantenimiento.
d) Concertado necesariamente con Entidades Públicas.

**40. Por el aprovechamiento especial del dominio público las Entidades Locales han de exigir un/una:**

a) Contribución especial.
b) Precio público.
c) Tasa.
d) Prestación personal.

**41. De los siguientes ingresos, han de destinarse precisamente a los fines por los que se establecen:**

a) Los impuestos.
b) Las subvenciones.
c) Las contribuciones especiales.
d) Las respuestas b) y c) son ciertas.

**42. El recurso de reposición contra una Ordenanza Fiscal:**

a) Ha de interponerse a partir de su publicación en el Boletín Oficial de la Provincia o, en su caso, de la Comunidad Autónoma uniprovincial.
b) Puede interponerse desde el momento mismo de la aprobación definitiva de dicha Ordenanza.
c) Ha de basarse en las alegaciones efectuadas en el período de información pública habido en la tramitación de dicha Ordenanza.
d) Es inadmisible.

**43. El recurso de reposición, en relación con los actos sobre aplicación y efectividad de un tributo local, en un Municipio de régimen común, es:**

a) Inadmisible.
b) Potestativo para el particular.
c) Obligatorio.
d) El único posible en vía administrativa.

**44. El ejercicio de la potestad de revisión de los actos dictados en vía de gestión tributaria se reserva al/a la:**

a) Jurisdicción Contencioso-Administrativa.
b) Pleno de la Corporación.

c) Presidente de la Corporación.

d) Tribunal Económico-Administrativo competente.

**45. Para que pueda producirse una compensación de deudas de una Entidad Local:**

a) Ha de tenerla con un particular necesariamente.

b) Debe estar pendiente de exigirse.

c) No ha de haberse liquidado, produciéndose esta liquidación al efectuar dicha compensación.

d) Nada de lo anterior es correcto.

**46. En el caso de los Municipios de gran población, el proyecto de Ordenanza fiscal, antes de elevarlo al Pleno, se aprobará por:**

a) El Alcalde.

b) El Presidente de dicha Entidad Local.

c) El Interventor.

d) La Junta de Gobierno Local.

**47. Las Ordenanzas Fiscales de un Ayuntamiento se aprueban definitivamente, en su caso, por el/la:**

a) Administración Tributaria del Estado.

b) Respectiva Comunidad Autónoma.

c) Diputación Provincial correspondiente.

d) Propio Ayuntamiento.

**48. El órgano competente para adoptar el acuerdo de aprobación provisional de una Ordenanza Fiscal en un Ayuntamiento es el/la:**

a) Pleno de la Entidad.

b) Presidente de la misma.

c) Junta de Gobierno Local.

d) Cualquiera de ellos.

**49. El acuerdo de aprobación provisional de una Ordenanza Fiscal, además de en el Boletín Oficial de la Provincia, debe anunciarse abriendo el período de información pública, tratándose de un Ayuntamiento de menos de 5.000 habitantes, en:**

a) El Boletín de la Comunidad Autónoma, si es pluriprovincial.

b) Un diario de mayor difusión del Estado.

c) Un diario de mayor difusión de la Provincia.

d) Nada de lo anterior es cierto.

**50. La exposición al público para sugerencias y reclamaciones se efectúa:**

a) Solo en los Ayuntamientos de más de 10.000 habitantes.
b) Tras la aprobación definitiva.
c) Antes de esta aprobación (si se han presentado reclamaciones o sugerencias) y después de la aprobación provisional.
d) Como trámite previo a cualquier tipo de aprobación.

**51. El Reglamento de Bienes de las Entidades Locales es de:**

a) 2 de abril de 1985.
b) 11 de julio de 1986.
c) 28 de noviembre de 1986.
d) 13 de junio de 1986.

**52. Según el Reglamento de Bienes de las Entidades Locales, los bienes de estas Entidades se clasifican en:**

a) Patrimoniales y de propios.
b) Comunales, de dominio público y patrimoniales.
c) Comunales y de dominio privado.
d) De dominio público y patrimoniales.

**53. Las Provincias como Entidades Locales no tienen bienes:**

a) Privados.
b) Patrimoniales.
c) Comunales.
d) Demaniales.

**54. Las aguas de las fuentes públicas son:**

a) Comunales.
b) De servicio público.
c) De uso público.
d) Patrimoniales.

**55. La inalienabilidad predicable de los bienes de dominio público significa que:**

a) Solo pueden venderse con escritura pública.
b) No pueden ser utilizados por los particulares.
c) Por el transcurso del tiempo, unido a la posesión de los mismos, no se adquiere su propiedad.
d) No son susceptibles de venta alguna.

**56. Los bienes de dominio público solo pagan el tributo:**

a) De bienes inmuebles.
b) Que fije el Estado al efecto.
c) De carácter local que señale cada Comunidad Autónoma.
d) Ninguno.

**57. El Presidente de una Diputación Provincial es competente para adquirir bienes a título oneroso siempre que su valor no supere los:**

a) Diez millones de euros.
b) Seis millones de euros.
c) Tres millones de euros.
d) Cinco millones de euros.

**58. En caso de que sea posible, la aceptación de una herencia ha de realizarse:**

a) Solo cuando tenga cargas o gravámenes.
b) Cuando estas cargas sean superiores a los bienes.
c) Siempre a beneficio de inventario.
d) Para destinar los bienes a fines de beneficencia.

**59. Se requiere autorización de la Comunidad Autónoma para la adquisición de:**

a) Bienes de carácter histórico y artístico.
b) Inmuebles.
c) Semovientes.
d) Valores mobiliarios.

**60. En cambio, se requiere el informe previo de la Comunidad Autónoma para adquirir onerosamente los siguientes bienes:**

a) Inmuebles.
b) Valores mobiliarios.
c) Bienes de carácter histórico y artístico cuando exceda su valor del 1 % de los recursos ordinarios del Presupuesto.
d) Bienes de este carácter aunque no se exceda dicho límite, siempre que no se exceda el de la contratación directa de suministros.

**61. El uso común general de los bienes de dominio público requiere:**

a) Licencia.
b) Concesión.
c) Simple permiso.
d) Nada de lo anterior.

**62. Por su parte, el uso privativo de un bien de dominio público requiere:**

a) Previa autorización.
b) Simple permiso.
c) Concesión.
d) Licencia.

**63. El uso común especial, requiere:**

a) Licencia.
b) Simple precario.
c) Concesión.
d) Nada en especial.

**64. Para usar privativamente bienes de servicio público se requiere:**

a) Autorización.
b) Licencia.
c) Concesión.
d) Nada de lo anterior, pues no cabe este uso.

**65. La realización del comercio ambulante en las vías públicas es un ejemplo de uso:**

a) Común general.
b) Común especial.
c) Privativo.
d) Comunal.

**66. Se considera anormal el siguiente uso del dominio público:**

a) Instalar un quiosco.
b) Una industria callejera.
c) Estacionar un vehículo.
d) Una conducción subterránea de agua.

**67. La enajenación de un bien de dominio público sin previa desafectación:**

a) Corresponde al Pleno de la Entidad Local.
b) Es la regla general.
c) Puede hacerse por el Presidente de la Corporación directamente.
d) Es totalmente ilegal.

**68. Para alterar la calificación jurídica de un bien municipal se requiere, salvo que sea automática:**

a) Voto favorable de dos terceras partes de sus miembros legales.
b) Información pública durante un mes.

c) Voto favorable de la mayoría simple de miembros de la Entidad presentes en la sesión de que se trate.

d) Las respuestas b) y c) son correctas.

**69. Se produce automáticamente esta alteración de la calificación jurídica de un bien:**

a) Por adscripción de un bien demanial a un uso privado.

b) Por prescripción de un bien de dominio público por un particular.

c) Por usucapión en favor de la Entidad de un bien que estuviera destinado a un uso comunal.

d) En cualquiera de los tres casos anteriores.

**70. Como trámite previo al ejercicio de acciones para la defensa de los bienes por una Entidad, se requiere:**

a) Dictamen del Secretario de la Corporación.

b) Interposición de un interdicto de retener o recobrar.

c) Ejercicio del desahucio administrativo.

d) Información pública vecinal.

**71. Cuando un particular requiere a una Entidad para que defienda un bien de la propiedad de esta, se le concede a la misma un plazo para hacerlo de:**

a) Un año.

b) Un mes.

c) Treinta días hábiles.

d) Dos meses.

**72. Si una Entidad no atiende el requerimiento de un particular para que defienda un bien de ella, el particular:**

a) Debe ser indemnizado.

b) Puede ejercer la acción pública para dicha defensa.

c) Debe denunciar a la Entidad.

d) Adquiere la propiedad del bien de que se trate.

**73. En relación con las demandas judiciales que afecten al dominio de las Entidades Locales, estas:**

a) Han de consentir con las pretensiones del demandante.

b) Tienen absolutamente prohibido allanarse.

c) Actuarán sin necesidad de defensa letrada.

d) No pueden presentar oposición en sede judicial.

**74. La comprobación del Inventario de Bienes de una Entidad Local es:**

a) Anual.
b) Semestral.
c) En cada renovación de la Corporación.
d) Cada vez que cambie el Presidente de la Entidad.

**75. La rectificación del Inventario de Bienes de una Entidad Local, debe hacerse:**

a) Semestralmente.
b) Al renovarse la Corporación.
c) Anualmente.
d) Cuando lo diga el Secretario General de la Corporación.

**76. Las avenidas y calles públicas, respecto al Inventario:**

a) Deben excluirse.
b) Si son privadas se excluyen.
c) Se incluyen en todo caso.
d) Cuando estén inscritas en el Registro, se incluyen.

**77. En el Inventario de Bienes no es necesario incluir:**

a) Los bienes de uso público.
b) Los comunales.
c) Los patrimoniales.
d) Deben incluirse todos.

**78. Para inscribir un bien mueble de una Entidad Local en el Registro de la Propiedad basta con:**

a) Escritura pública.
b) Certificado del Secretario General en relación con el Inventario.
c) Certificado de acuerdo plenario.
d) Nada de lo anterior, al no ser susceptible de inscripción.

**79. Para inscribir un bien patrimonial, susceptible de ello, en el Registro de la Propiedad:**

a) Debe constar en escritura pública.
b) No se requiere esta, bastando con una certificación del Secretario General en relación con el Inventario.
c) No tiene por qué inscribirse este tipo de bienes.
d) Se hace de oficio por orden del Alcalde o Presidente.

**80. A la facultad de delimitar la extensión de una propiedad de una Entidad Local ejercida por esta se le llama potestad de:**

a) Deslinde.
b) Recuperación de oficio.
c) Investigación.
d) Desahucio administrativo.

**81. Un particular que se entienda perjudicado en la extensión de un terreno de su propiedad por un deslinde administrativo debe salvaguardar sus derechos:**

a) Interponiendo recurso contencioso-administrativo.
b) Acudiendo a la Jurisdicción ordinaria.
c) Reclamando ante el Alcalde.
d) No puede perjudicársele por un deslinde.

**82. Cuando un particular no esté de acuerdo con los trámites seguidos en un deslinde de bienes por una Entidad Local debe:**

a) Impugnarlo en vía contencioso-administrativa.
b) Impugnarlo ante la Jurisdicción ordinaria.
c) Interponer un interdicto de retener.
d) Interponer un interdicto de recobrar.

**83. La Administración puede recuperar por sí misma los bienes patrimoniales usurpados:**

a) Sin límite de tiempo.
b) Después de dos años de la usurpación.
c) Dentro de los cuatro años siguientes a esta.
d) Dentro del primer año tras la usurpación.

**84. Si una Entidad no recupera de oficio en el plazo previsto en la pregunta anterior sus bienes patrimoniales usurpados:**

a) No puede ejercer acción alguna respecto de los mismos.
b) Puede recuperarlos de esta forma en cualquier momento.
c) Debe acudir a la Jurisdicción Contencioso-Administrativa.
d) Debe acudir a la Jurisdicción civil.

**85. Para determinar la titularidad de los bienes presumiblemente de titularidad de una Entidad Local se acude al/a la:**

a) Ejercicio de las acciones necesarias para su defensa.
b) Recuperación de oficio.
c) Deslinde.
d) Potestad de investigación.

**86. A la extinción en vía administrativa de un derecho constituido sobre un bien comunal, se le denomina:**

a) Interdicto de retener o recobrar la posesión.
b) Desahucio administrativo.
c) Potestad de investigación.
d) Recuperación de oficio.

**87. Además de los Municipios, pueden tener bienes comunales los/las:**

a) Áreas Metropolitanas.
b) Entidades de ámbito territorial inferior al municipal.
c) Provincias.
d) Todos ellos.

**88. La titularidad del aprovechamiento de los bienes comunales la ostentan:**

a) Solo los Municipios.
b) Estos y las Entidades de ámbito territorial inferior al municipal.
c) Los Municipios y cualquier otra Entidad Local.
d) Los vecinos.

**89. Como regla general, el aprovechamiento de estos bienes comunales debe hacerse:**

a) En régimen colectivo.
b) Según la Ordenanza al efecto.
c) En proporción directa a la situación económica del vecino.
d) En proporción inversa a esta situación.

**90. La adjudicación de lotes de bienes comunales a los vecinos para su explotación se hace:**

a) En proporción directa al número de familiares.
b) En proporción directa a su situación económica.
c) En proporción inversa al número de familiares.
d) Solo en explotación colectiva.

**91. El máximo porcentaje que puede detraer una Corporación del producto de una subasta para adjudicar el aprovechamiento de bien comunal es del:**

a) 1 % de los recursos ordinarios.
b) 10 % de estos recursos.
c) 5 %.
d) 25 %.

**92. Puede suprimírsele el carácter de comunal a un bien:**

a) Cuando permanezca más de un año sin ser aprovechado.
b) En cualquier caso, previo acuerdo de la Corporación por mayoría absoluta legal de sus miembros.
c) Sin necesidad de expediente alguno al efecto.
d) Ninguna de las respuestas anteriores es correcta.

**93. Las parcelas sobrantes tienen el carácter de bienes:**

a) Patrimoniales.
b) Comunales.
c) De uso público.
d) De servicio público.

**94. Un camión municipal de recogida de basuras que esté en desuso por sus continuos problemas mecánicos es:**

a) Comunal.
b) De servicio público.
c) De uso público.
d) Patrimonial.

**95. Un bien comunal puede pasar a patrimonial por no ser objeto de disfrute de esta índole, por:**

a) Nueve años.
b) Tres años.
c) Cinco años.
d) Más de diez años.

**96. La diferencia de valor en una permuta de bienes patrimoniales por otros de carácter inmobiliario no debe sobrepasar el siguiente tanto por ciento:**

a) 60 %.
b) 50 %.
c) 40 %.
d) 20 %.

**97. El sistema general de enajenación de un bien patrimonial es el/la:**

a) Concesión.
b) Permuta.
c) Subasta.
d) Enajenación directa.

**98. Señala la respuesta incorrecta. La gestión y administración de los bienes y derechos patrimoniales por las Administraciones Públicas se ajustarán a los siguientes principios:**

a) Identificación y control a través de inventarios o registros adecuados.
b) Subjetividad en la adquisición, explotación y enajenación de estos bienes.
c) Publicidad en la enajenación de estos bienes.
d) Transparencia en la adquisición de estos bienes.

**99. Para que deba pedirse la autorización de la Comunidad Autónoma en una enajenación de bienes inmuebles se requiere que:**

a) Su valor exceda del 10 % de los recursos ordinarios.
b) Su valor exceda del 25 % de estos recursos.
c) Se trate de un bien artístico.
d) No se requiere esta autorización en caso alguno.

**100. La cesión gratuita de bienes a otra Administración, en el caso de un Municipio de régimen común, requiere el siguiente quórum:**

a) Mayoría simple.
b) Mayoría absoluta del número legal de miembros.
c) Dos tercios del número de hecho y, en todo caso, mayoría absoluta del número legal de miembros.
d) No es posible ceder bienes gratuitamente.

**101. ¿Cuál de las siguientes no es una característica básica de los bienes de dominio público?**

a) No están sujetos a tributo alguno.
b) Son inalienables.
c) Son indestructibles.
d) Son imprescriptibles.

**102. Las Administraciones Públicas podrán adquirir bienes y derechos por cualquiera de los modos previstos en el ordenamiento jurídico y, en particular, por:**

a) Herencia, legado o donación.
b) Atribución de la ley.
c) Prescripción.
d) Todas las respuestas son correctas.

**103. Las Administraciones Públicas podrán recuperar por sí mismas la posesión indebidamente perdida sobre los bienes y derechos de su patrimonio, y, si estos tienen la condición de demaniales, la potestad de recuperación podrá ejercitarse:**

a) Antes de que transcurra el plazo de un año, contado desde el día siguiente al de la usurpación.

b) Antes de que transcurra el plazo de un año, contado desde el mismo día de la usurpación.

c) Antes de que transcurra el plazo de cinco años, contados desde el día siguiente al de la usurpación.

d) En cualquier momento.

**104. Con respecto a los bienes comunales, la doctrina (SÁINZ MORENO, entre otros) distingue entre:**

a) Bienes comunales típicos y bienes comunales atípicos.

b) Bienes comunales públicos y bienes comunales semipúblicos.

c) Bienes comunales regulares y bienes comunales irregulares.

d) Bienes comunales simples y bienes comunales complejos.

**105. La cesión por cualquier título del aprovechamiento de bienes comunales deberá ser acordada:**

a) Por el Pleno de la Corporación, requiriéndose el voto favorable de la mayoría simple del número legal de miembros de la Corporación.

b) Por el Pleno de la Corporación, requiriéndose el voto favorable de la mayoría absoluta del número legal de miembros de la Corporación.

c) Por la Junta de Gobierno Local.

d) Por el Alcalde.

# Solución al test n.º 10

**1.** c) Tributos propios.

**2.** b) Suficiencia.

**3.** c) Participarán de los resultados de dichos tributos.

**4.** a) Han de ser suficientes para el cumplimiento de los fines de las Entidades Locales.

**5.** a) Ley ordinaria de las Cortes Generales.

**6.** c) Tasa.

**7.** d) Contribución especial.

**8.** b) Es de carácter derivado o secundario.

**9.** d) Es requisito sine qua non para que puedan exigir sus tributos.

**10.** b) Ordenanza Fiscal.

**11.** a) Autonomía para establecerlos y exigirlos.

**12.** d) Delegarlas en una Entidad Local de ámbito superior.

**13.** c) Establecer mecanismos de colaboración.

**14.** d) General Tributaria.

**15.** c) Patrimonio.

**16.** b) Tienen los propios del Estado.

**17.** a) Derecho Público.

**18.** b) Derecho Privado.

**19.** b) Dicho derecho real no se halle afecto a un uso o servicio público.

**20.** c) Ingreso de Derecho Privado.

**21.** c) Tasa.

**22.** d) Precio público.

**23.** c) Un funcionario de la propia Corporación.

**24.** a) Control y fiscalización interna de la gestión económico-financiera y presupuestaria.

**25.** b) Contribución especial.

**26.** b) Pagar los gastos de la obra.

**27.** d) Vehículos de Tracción Mecánica.

**28.** b) Actividades Económicas.

**29.** c) Construcciones, Instalaciones y Obras.

**30.** b) Ser aptos para circular por vías públicas

**31.** d) Bienes Inmuebles.

**32.** b) Actividades Económicas.

**33.** b) En norma con rango de ley.

**34.** c) Construcciones, Instalaciones y Obras.

**35.** b) El citado incremento ha de ponerse de manifiesto, por ejemplo, al transmitirse la propiedad del bien de que se trate.

**36.** d) Bienes Inmuebles.

**37.** c) Recargo.

**38.** a) Hipotecas sobre los bienes patrimoniales de la Entidad.

**39.** b) A corto y largo plazo.

**40.** c) Tasa.

**41.** d) Las respuestas b) y c) son ciertas.

**42.** d) Es inadmisible.

**43.** d) El único posible en vía administrativa.

**44.** b) Pleno de la Corporación.

**45.** d) Nada de lo anterior es correcto.

**46.** d) La Junta de Gobierno Local.

**47.** d) Propio Ayuntamiento.

**48.** a) Pleno de la Entidad.

**49.** d) Nada de lo anterior es cierto.

**50.** c) Antes de esta aprobación (si se han presentado reclamaciones o sugerencias) y después de la aprobación provisional.

**51.** d) 13 de junio de 1986.

**52.** d) De dominio público y patrimoniales.

**53.** c) Comunales.

**54.** c) De uso público.

**55.** d) No son susceptibles de venta alguna.

**56.** d) Ninguno.

**57.** c) Tres millones de euros.

**58.** c) Siempre a beneficio de inventario.

**59.** d) Valores mobiliarios.

**60.** c) Bienes de carácter histórico y artístico cuando exceda su valor del 1 % de los recursos ordinarios del Presupuesto.

**61.** d) Nada de lo anterior.

**62.** c) Concesión.

**63.** a) Licencia.

**64.** d) Nada de lo anterior, pues no cabe este uso.

**65.** b) Común especial.

**66.** d) Una conducción subterránea de agua.

**67.** d) Es totalmente ilegal.

**68.** b) Información pública durante un mes.

**69.** c) Por usucapión en favor de la Entidad de un bien que estuviera destinado a un uso comunal.

**70.** a) Dictamen del Secretario de la Corporación.

**71.** c) Treinta días hábiles.

**72.** b) Puede ejercer la acción pública para dicha defensa.

**73.** b) Tienen absolutamente prohibido allanarse.

**74.** c) En cada renovación de la Corporación.

**75.** c) Anualmente.

**76.** c) Se incluyen en todo caso.

**77.** d) Deben incluirse todos.

**78.** d) Nada de lo anterior, al no ser susceptible de inscripción.

**79.** b) No se requiere esta, bastando con una certificación del Secretario General en relación con el Inventario.

**80.** a) Deslinde.

**81.** b) Acudiendo a la Jurisdicción ordinaria.

**82.** a) Impugnarlo en vía contencioso-administrativa.

**83.** d) Dentro del primer año tras la usurpación.

**84.** d) Debe acudir a la Jurisdicción civil.

**85.** d) Potestad de investigación.

**86.** b) Desahucio administrativo.

**87.** b) Entidades de ámbito territorial inferior al municipal.

**88.** d) Los vecinos.

**89.** a) En régimen colectivo.

**90.** a) En proporción directa al número de familiares.

**91.** c) 5 %.

**92.** d) Ninguna de las respuestas anteriores es correcta.

**93.** a) Patrimoniales.

**94.** d) Patrimonial.

**95.** d) Más de diez años.

**96.** c) 40 %.

**97.** c) Subasta.

**98.** b) Subjetividad en la adquisición, explotación y enajenación de estos bienes.

**99.** b) Su valor exceda del 25 % de estos recursos.

**100.** b) Mayoría absoluta del número legal de miembros.

**101.** c) Son indestructibles.

**102.** d) Todas las respuestas son correctas.

**103.** d) En cualquier momento.

**104.** a) Bienes comunales típicos y bienes comunales atípicos.

**105.** b) Por el Pleno de la Corporación, requiriéndose el voto favorable de la mayoría absoluta del número legal de miembros de la Corporación.

# TEST N.º 11

**El presupuesto de las Administraciones Locales: contenido, aprobación, modificaciones presupuestarias. Ejecución presupuestaria. Ordenación del gasto y ordenación del pago: órganos competentes. Fases del procedimiento y documentos contables que intervienen. La factura electrónica y FACe. Pagos «en firme» y «a justificar». Anticipos de caja fija. Liquidación y cierre del ejercicio. Control interno de la actividad económico financiera. La función interventora**

**1. La Constitución Española garantiza la suficiencia financiera de las Haciendas Locales en el artículo:**

a) 137.
b) 140.
c) 142.
d) 141.

**2. La norma que regula las Haciendas Locales es la/el:**

a) Ley 39/1988.
b) Real Decreto 500/1990.
c) Ley 18/2001.
d) Real Decreto Legislativo 2/2004.

**3. ¿Cuál de las siguientes afirmaciones es correcta respecto al presupuesto de ingresos?**

a) Representa el límite máximo de ingresos.
b) Se presenta como previsión sin límite de recaudación.
c) No puede modificarse en ningún caso.
d) Siempre debe ajustarse al gasto previsto.

**4. ¿Cuál de estos documentos forma parte de los anexos del Presupuesto General?**

a) El balance de situación patrimonial.
b) El programa anual de inversiones.
c) El informe de gestión de los concejales.
d) El plan de formación del personal.

**5. La estructura de los presupuestos de las entidades locales se determinará:**

a) Por el Consejo de Ministros.
b) Por cada entidad local.
c) Por el Ministerio de Hacienda.
d) El órgano de gobierno de la Diputación Provincial a la que pertenezca.

**6. ¿Cuál es la denominación del Capítulo VII de la clasificación económica de los estados de ingresos de los Presupuestos de entidades locales?**

a) Activos financieros.
b) Transferencias de capital.
c) Transferencias corrientes.
d) Gastos de personal

**7. El Capítulo IV de la clasificación económica del Presupuesto de Gastos de los Presupuestos de las entidades locales se denomina:**

a) Transferencias corrientes.
b) Gastos de personal.
c) Activos financieros.
d) Inversiones reales.

**8. El Capítulo II de la clasificación económica de gastos corresponde a:**

a) Gastos de personal.
b) Gastos corrientes en bienes y servicios.
c) Gastos Financieros.
d) Transferencias de capital.

**9. El Capítulo V de la clasificación económica de gastos corresponde a:**

a) Inversiones reales.
b) Transferencias corrientes.
c) Fondo de Contingencia y Otros Imprevistos.
d) Gastos de personal

**10. ¿Cuál es la denominación del Grupo n.º 3 de la clasificación funcional y por programas de los estados de ingresos y recursos del Presupuesto de las entidades locales?**

a) Servicios de públicos básicos.
b) Seguridad, protección y promoción social.
c) Producción de bienes públicos de carácter preferente.
d) Ninguna es correcta.

**11. En la clasificación por funciones y programas de los estados de gastos y dotaciones del Presupuesto de las entidades locales, el Grupo n.º 0 se denomina:**

a) Servicios de carácter general.
b) Deuda pública.
c) Producción de bienes públicos de carácter preferente.
d) Servicios públicos básicos

**12. En la clasificación por categorías económicas de los estados de gastos y dotaciones del Presupuesto de las entidades locales, el Capítulo III se denomina:**

a) Gastos financieros.
b) Gastos de personal.
c) Pasivos financieros.
d) Fondo de Contingencia

**13. El ejercicio presupuestario coincidirá con:**

a) El año hábil.
b) Trimestre
c) Semestre.
d) El año natural.

**14. ¿Hasta qué fecha debe el Presidente de la Entidad Local remitir el presupuesto general al Pleno para su aprobación, enmienda o devolución?**

a) Antes del 1 de diciembre.
b) Antes del 31 de diciembre.
c) Antes del 15 de octubre.
d) Antes del 15 de septiembre.

**15. ¿Qué órgano aprueba las transferencias de crédito entre distintos grupos de función?**

a) El Presidente.
b) La Junta de Gobierno Local.
c) El Pleno de la Corporación.
d) El Interventor General.

**16. ¿Cuál de estas limitaciones afecta a las transferencias de crédito?**

a) Se pueden transferir a cualquier tipo de crédito sin restricciones.
b) No podrán afectar a créditos ampliables ni extraordinarios.
c) Siempre deben aumentar la cuantía total del presupuesto.
d) Solo pueden aplicarse a gastos de inversión.

**17. ¿Cuál es la primera fase en la gestión del Presupuesto de Gastos de una Entidad Local?**

a) Ordenación del pago.
b) Disposición o compromiso del gasto.
c) Reconocimiento de la obligación.
d) Autorización del gasto.

**18. ¿Qué acto administrativo declara la existencia de un crédito exigible contra la Entidad derivado de un gasto autorizado y comprometido?**

a) Disposición del gasto.
b) Reconocimiento o liquidación de la obligación.
c) Autorización del gasto.
d) Ordenación del pago.

**19. En caso de acumulación, ¿cuál es la opción correcta siguiendo el orden que se establece en el RD 500/1990 en la ejecución de un gasto?**

a) Disposición – Ordenación – Reconocimiento.
b) Autorización – Disposición – Ordenación del pago.
c) Autorización – Disposición – Reconocimiento de la obligación.
d) Reconocimiento – Ordenación – Ejecución.

**20. ¿Qué servicio actúa como punto general de entrada de facturas electrónicas de la Administración General del Estado?**

a) RedIRIS.
b) FACE.
c) Cl@ve.
d) Portal del Proveedor.

**21. ¿A partir de qué fecha fue obligatorio el uso de la factura electrónica para determinados sujetos del sector público?**

a) 1 de enero de 2013.
b) 31 de diciembre de 2013.
c) 15 de enero de 2015.
d) 27 de abril de 2012.

**22. ¿Qué tipo de gastos se atienden con los anticipos de caja fija?**

a) Gastos imprevistos.
b) Inversiones en obra pública.
c) Atenciones corrientes de carácter periódico o repetitivo.
d) Subvenciones finalistas.

**23. ¿En qué fecha debe efectuarse el cierre y liquidación de los Presupuestos de la Entidad Local en cuanto a la recaudación de derechos y el pago de obligaciones?**

a) 1 de enero del ejercicio siguiente.
b) 31 de diciembre del año natural.
c) 31 de marzo del ejercicio siguiente.
d) 30 de junio del año natural.

**24. ¿Cuál es el órgano competente para efectuar la liquidación del presupuesto en una Entidad Local?**

a) El Interventor General del Estado.
b) El Pleno de la Corporación.
c) El Presidente de la Entidad Local.
d) El Tribunal de Cuentas.

**25. En caso de remanente de Tesorería negativo, ¿cuál de las siguientes es una medida obligatoria que debe adoptar la Entidad Local?**

a) Aumentar el presupuesto de ingresos sin justificar.
b) Suprimir la función interventora.
c) Reducir los gastos del nuevo presupuesto.
d) Solicitar ayuda directa al Estado.

# Solución al test n.º 11

**1.** c) 142.

**2.** d) Real Decreto Legislativo 2/2004.

**3.** b) Se presenta como previsión sin límite de recaudación.

**4.** b) El programa anual de inversiones.

**5.** c) Por el Ministerio de Hacienda.

**6.** b) Transferencias de capital.

**7.** a) Transferencias corrientes.

**8.** b) Gastos corrientes en bienes y servicios.

**9.** c) Fondo de Contingencia y Otros Imprevistos.

**10.** c) Producción de bienes públicos de carácter preferente.

**11.** b) Deuda pública.

**12.** a) Gastos financieros.

**13.** d) El año natural.

**14.** c) Antes del 15 de octubre.

**15.** c) El Pleno de la Corporación.

**16.** b) No podrán afectar a créditos ampliables ni extraordinarios.

**17.** d) Autorización del gasto.

**18.** b) Reconocimiento o liquidación de la obligación.

**19.** a) Disposición – Ordenación – Reconocimiento.

**20.** b) FACE.

**21.** c) 15 de enero de 2015.

**22.** c) Atenciones corrientes de carácter periódico o repetitivo.

**23b)** 31 de diciembre del año natural.

**24.** c) El Presidente de la Entidad Local.

**25.** c) Reducir los gastos del nuevo presupuesto.

**Los contratos del Sector Público: concepto. Normativa reguladora. Principios de la contratación pública. Tipos y modalidades de contratos. La invalidez de los contratos. La Plataforma de Contratación del Sector Público**

**1. Están incluidos en el ámbito de la Ley de Contratos del Sector Público:**

a) La relación de servicio de los funcionarios públicos y los contratos regulados en la legislación laboral.

b) Las relaciones jurídicas consistentes en la prestación de un servicio público cuya utilización por los usuarios requiera el abono de una tarifa, tasa o precio público de aplicación general.

c) Los contratos relativos a servicios de arbitraje y conciliación.

d) Los contratos onerosos, cualquiera que sea su naturaleza jurídica, que celebren las Mutuas de Accidentes de Trabajo y Enfermedades Profesionales de la Seguridad Social.

**2. Los contratos que tienen por objeto la adquisición, el arrendamiento financiero, o el arrendamiento, con o sin opción de compra, de productos o bienes muebles, son:**

a) Contratos de servicios.

b) Contratos de suministro.

c) Contratos de obras.

d) Contratos de gestión de servicios públicos.

**3. No se consideran contratos de suministros:**

a) Aquellos en los que el empresario se obligue a entregar una pluralidad de bienes de forma sucesiva y por precio unitario sin que la cuantía total se defina con exactitud al tiempo de celebrar el contrato, por estar subordinadas las entregas a las necesidades del adquirente.

b) Los que tengan por objeto la adquisición y el arrendamiento de equipos y sistemas de telecomunicaciones o para el tratamiento de la información, sus dispositivos y programas, y la cesión del derecho de uso de estos últimos.

c) Los de adquisición de programas de ordenador desarrollados a medida.

d) Los de fabricación, por los que la cosa o cosas que hayan de ser entregadas por el empresario deban ser elaboradas con arreglo a características peculiares fijadas previamente por la entidad contratante, aun cuando esta se obligue a aportar, total o parcialmente, los materiales precisos.

**4. Están sujetos a regulación armonizada los contratos de obras y los contratos de concesión de obras públicas cuyo valor estimado sea igual o superior a:**

a) 5.538.000 euros.
b) 6.581.000 euros.
c) 8.615.000 euros.
d) 1.861.000 euros.

**5. Están sujetos a regulación armonizada los contratos de suministro adjudicados por la Administración General del Estado, sus organismos autónomos, o las Entidades Gestoras y Servicios Comunes de la Seguridad Social, cuyo valor estimado sea igual o superior a:**

a) 5.538.000 euros.
b) 143.000 euros.
c) 221.000 euros.
d) 80.000 euros.

**6. De los siguientes, son contratos privados los contratos celebrados por una Administración pública que tengan por objeto:**

a) La suscripción a revistas, publicaciones periódicas y bases de datos.
b) La concesión de servicios públicos.
c) Los contratos de colaboración entre el sector público y el sector privado.
d) La adquisición de suministros.

**7. Señala la respuesta incorrecta. Es objeto de la Ley 9/2017 regular la contratación del sector público, a fin de garantizar que la misma se ajusta a los principios de:**

a) Simplificación de la formalización de los contratos.
b) Libertad de acceso a las licitaciones.
c) No discriminación e igualdad de trato entre los licitadores.
d) Publicidad y transparencia de los procedimientos.

**8. Conforme al artículo 1.3 de la Ley 9/2017, siempre que guarde relación con el objeto del contrato, en toda contratación pública se incorporarán de manera transversal y preceptiva criterios sociales y:**

a) Divulgativos.
b) Comunitarios.
c) Medioambientales.
d) Judiciales.

**9. Conforme al artículo 3.4 de la Ley 9/2017, los partidos políticos, cuando cumplan los requisitos para ser poder adjudicador y respecto de los contratos sujetos a regulación armonizada, deberán actuar conforme a los principios de publicidad, concurrencia, transparencia, igualdad y:**

a) No discriminación.
b) Eficacia.
c) Sometimiento a las leyes.
d) Legitimidad.

**10. En virtud de la Ley 9/2017 (art. 6.1.a), se presumirá que las entidades intervinientes en un convenio tienen vocación de mercado cuando realicen en el mercado abierto un porcentaje de las actividades objeto de colaboración igual o superior a:**

a) El 10 %.
b) El 20 %.
c) El 50 %.
d) El 30 %.

**11. Un conjunto de trabajos de construcción o de ingeniería civil, destinado a cumplir por sí mismo una función económica o técnica, que tenga por objeto un bien inmueble, es denominado por la Ley 9/2017:**

a) Una infraestructura.
b) Patrimonio material.
c) Una obra.
d) Un servicio público.

**12. En un contrato de concesión de obras, cuando no esté garantizado que, en condiciones normales de funcionamiento, el concesionario vaya a recuperar las inversiones realizadas ni a cubrir los costes en que hubiera incurrido como consecuencia de la explotación de las obras que sean objeto de la concesión, se considerará que el mismo asume un riesgo:**

a) Operacional.
b) Virtual.
c) General.
d) Provisional.

**13. Los contratos que tengan por objeto la adquisición de energía primaria o energía transformada se consideran:**

a) Contratos de concesión de servicios.
b) Contratos de suministros.
c) Contratos privados.
d) Contratos de servicios.

**14. Deberá elaborarse un proyecto y tramitarse como la Ley 9/2017 dispone para los contratos de obras, el contrato mixto en que un elemento del contrato sea una obra y esta supere:**

a) Los 50.000 euros.
b) Los 100.000 euros.
c) Los 5.000 euros.
d) Los 10.000 euros.

**15. No podrán ser objeto de los contratos de servicios:**

a) Los que impliquen ejercicio de la autoridad inherente a los poderes públicos.
b) Los que impliquen el desarrollo o mantenimiento de aplicaciones informáticas.
c) Los que tengan por objeto el desarrollo y la puesta a disposición de productos protegidos por un derecho de propiedad intelectual o industrial.
d) Los que tengan por objeto la prestación de actividades docentes en centros del sector público desarrolladas en forma de cursos de formación o perfeccionamiento del personal al servicio de la Administración.

**16. Se consideran sujetos a regulación armonizada los contratos:**

a) Relativos al tiempo de radiodifusión o al suministro de programas que sean adjudicados a proveedores del servicio de comunicación audiovisual o radiofónica.
b) De concesión adjudicados para la puesta a disposición o la explotación de redes fijas destinadas a prestar un servicio al público en relación con la producción, el transporte o la distribución de agua potable;
c) De concesión de obras cuyo valor estimado sea igual o superior a 5.538.000 euros.
d) Que tengan por objeto los servicios de certificación y autenticación de documentos que deban ser prestados por un notario público.

**17. Los contratos celebrados por entidades del sector público que siendo poder adjudicador no reúnan la condición de Administraciones públicas, tienen la consideración de:**

a) Contratos administrativos.
b) Contratos privados.
c) Contratos administrativos especiales.
d) Contratos mixtos.

**18. Los contratos celebrados por entidades del sector público que no reúnan la condición de poder adjudicador tienen la consideración de:**

a) Contratos administrativos.
b) Contratos privados.
c) Contratos administrativos especiales.
d) Contratos mixtos.

**19. Para la Directiva 2014/23/UE, de 26 de febrero de 2014, relativa a la adjudicación de contratos de concesión, el criterio delimitador del contrato de concesión de servicios respecto del contrato de servicios es:**

a) La cuantificación del coste.
b) Quién asume el riesgo operacional.
c) La exigencia o no de la clasificación del empresario.
d) La publicación en boletín oficial.

**20. Según el art. 13.3 de la Ley 9/2017, de 8 de noviembre, de Contratos del Sector Público, los contratos de obras se referirán:**

a) A una obra completa.
b) A una superficie acotada.
c) A un área concreta.
d) A un plan urbanístico determinado.

**21. Según el artículo 3.2. de la LCSP tienen la consideración de Administración pública:**

a) Las autoridades administrativas independientes.
b) Las fundaciones públicas.
c) Las Mutuas colaboradoras con la Seguridad Social.
d) Las Entidades Públicas Empresariales.

**22. Uno de los objetos de la Ley 9/2017 de Contratos del Sector Público es asegurar una eficiente utilización de los fondos destinados a la realización de obras, la adquisición de bienes y la contratación de servicios mediante la exigencia de la definición previa de las necesidades a satisfacer, la salvaguarda de la libre competencia y la selección de la oferta económicamente más ventajosa, todo ello en conexión con el objetivo de estabilidad presupuestaria y control del gasto, y el principio de:**

a) Integridad.
b) Transparencia.
c) Efectividad.
d) Calidad.

**23. Se entenderá que un contrato tiene carácter oneroso en los casos en que:**

a) El contratista obtenga algún tipo de beneficio económico de forma directa.
b) El órgano contratante obtenga algún tipo de beneficio económico.
c) El contratista obtenga algún tipo de beneficio económico, ya sea de forma directa o indirecta.
d) Tanto el órgano contratante como el contratista obtienen algún tipo de beneficio económico, ya sea de forma directa o indirecta.

**24. ¿Qué tipo de contrato fue suprimido por la Ley 9/2017 de Contratos del Sector Público?**

a) El contrato de servicios.
b) El contrato mixto.
c) El contrato de concesión de servicios.
d) El contrato de colaboración público-privada.

**25. Se incluyen en el ámbito de aplicación de la Ley 9/2017 de Contratos del Sector Público:**

a) La relación de servicio de los funcionarios públicos y los contratos regulados en la legislación laboral.
b) Los contratos que tengan por objeto servicios relacionados con campañas políticas, cuando sean adjudicados por una Administración pública.
c) Los contratos relativos a servicios de arbitraje y conciliación.
d) Las relaciones jurídicas consistentes en la prestación de un servicio público cuya utilización por los usuarios requiera el abono de una tarifa, tasa o precio público de aplicación general.

**26. En los casos en que un elemento del contrato mixto sea una obra deberá elaborarse un proyecto y tramitarse como para los contratos de obras, a partir de que la obra supere:**

a) Los 20.000 euros.
b) Los 50.000 euros.
c) Los 100.000 euros.
d) Los 250.000 euros.

**27. Los fondos sin personalidad jurídica, a efectos de la Ley 9/2017:**

a) Tienen la consideración de Administración pública.
b) Forman parte del Sector Público.
c) Se considerarán poderes adjudicadores.
d) Se consideran fundaciones.

**28. A tenor del art. 42 de la Ley de Contratos del Sector Público, la declaración de nulidad de los actos preparatorios del contrato o de la adjudicación, cuando sea firme, llevará en todo caso consigo la del mismo contrato, que entrará en fase de:**

a) Suspensión.
b) Ejecución.
c) Cancelación.
d) Liquidación.

**29. ¿Cuál de las siguientes es una causa de anulabilidad del contrato?**

a) El incumplimiento de las circunstancias y requisitos exigidos para la modificación de los contratos.

b) La falta de publicación del anuncio de licitación en el perfil de contratante alojado en la Plataforma de Contratación del Sector Público.

c) Haber llevado a efecto la formalización del contrato, en los casos en que se hubiese interpuesto el recurso especial en materia de contratación sin respetar la suspensión automática del acto recurrido en los casos en que fuera procedente.

d) La falta de capacidad de obrar o de solvencia económica, financiera, técnica o profesional.

**30. ¿Por cuál de las siguientes razones, en virtud del artículo 39.2 de la Ley 9/2017, los contratos celebrados por poderes adjudicadores serán nulos de pleno derecho?**

a) Los encargos que acuerden los poderes adjudicadores para la ejecución directa de prestaciones a través de medios propios, cuando no observen alguno de los requisitos establecidos relativos a la condición de medio propio.

b) El incumplimiento de las circunstancias y requisitos exigidos para la modificación de los contratos.

c) Todas aquellas disposiciones, resoluciones, cláusulas o actos emanados de cualquier poder adjudicador que otorguen, de forma directa o indirecta, ventajas a las empresas que hayan contratado previamente con cualquier Administración.

d) El incumplimiento de las normas establecidas para la adjudicación de los contratos basados en un acuerdo marco celebrado con varios empresarios o de los contratos específicos basados en un sistema dinámico de adquisición en el que estuviesen admitidos varios empresarios, siempre que dicho incumplimiento hubiera determinado la adjudicación del contrato de que se trate a otro licitador.

**31. Señala la respuesta incorrecta. Solo podrán contratar con el sector público las personas naturales o jurídicas:**

a) Que tengan plena capacidad de obrar.

b) Que no estén incursas en una prohibición de contratar.

c) Que tengan la nacionalidad española.

d) Que acrediten su solvencia económica, financiera y técnica o profesional o se encuentren debidamente clasificadas.

**32. Según la Ley 9/2017, de 8 de noviembre, de Contratos del Sector Público, la falta de publicación del anuncio de licitación en el perfil de contratante alojado en la Plataforma de Contratación del Sector Público será causa de:**

a) Nulidad de pleno derecho.

b) Anulabilidad.

c) Subsanación a instancia de parte.

d) Corrección por la Junta de Contratación.

**33. De acuerdo con el artículo 132 de la Ley 9/2017, de 8 de noviembre, de Contratos del Sector Público, los órganos de contratación darán a los licitadores y candidatos un tratamiento igualitario y no discriminatorio y ajustarán su actuación a los principios de:**

a) Solvencia y capacidad.
b) Transparencia y proporcionalidad.
c) Igualdad y meritocracia.
d) Eficacia y eficiencia.

**34. En virtud del artículo 28 de la LCSP, las entidades del sector público:**

a) Deberán incorporar consideraciones sociales, medioambientales y de innovación como aspectos imprescindibles en los procedimientos de contratación pública.
b) Promoverán la participación de la pequeña y mediana empresa y el acceso sin coste a la información, en los términos previstos en la citada ley.
c) Podrán celebrar, sin requisitos previos, contratos derivados de proyectos promovidos por la iniciativa privada, en particular con respecto a los contratos de concesión de obras y concesión de servicios, incluidos en su modalidad de sociedad de economía mixta.
d) Ninguna respuesta es correcta.

**35. Según el artículo 28.1 de la LCSP, las entidades del sector público no podrán celebrar otros contratos que aquellos que sean ................. para el cumplimiento y realización de sus fines institucionales. ¿Qué palabra falta en la frase anterior?**

a) Necesarios.
b) Útiles.
c) Suficientes.
d) Relevantes.

**36. ¿Cuál de las siguientes opciones se corresponde íntegramente con lo enunciado por el artículo 28.2 de la LCSP?**

a) Las entidades del sector público velarán por la eficiencia y el mantenimiento de los términos acordados en la ejecución de los procesos de contratación pública, favorecerán la agilización de trámites, valorarán la incorporación de consideraciones sociales, medioambientales y de innovación como aspectos positivos en los procedimientos de contratación pública y promoverán la participación de la pequeña y mediana empresa y el acceso sin coste a la información, en los términos previstos en la presente ley.
b) Las entidades del sector público respetarán la eficiencia y el mantenimiento de los términos acordados en la ejecución de los procesos de contratación pública, valorarán la agilización de trámites, promoverán la incorporación de consideraciones sociales, medioambientales y de innovación como aspectos positivos en los procedimientos de contratación pública y favorecerán la participación de la pequeña y mediana empresa y el acceso sin coste a la información, en los términos previstos en la presente ley.

c) Las entidades del sector público promoverán la eficiencia y el mantenimiento de los términos acordados en la ejecución de los procesos de contratación pública, velarán por la agilización de trámites, favorecerán la incorporación de consideraciones sociales, medioambientales y de innovación como aspectos positivos en los procedimientos de contratación pública y valorarán la participación de la pequeña y mediana empresa y el acceso sin coste a la información, en los términos previstos en la presente ley.

d) Las entidades del sector público valorarán la eficiencia y el mantenimiento de los términos acordados en la ejecución de los procesos de contratación pública, promoverán la agilización de trámites, favorecerán la incorporación de consideraciones sociales, medioambientales y de innovación como aspectos positivos en los procedimientos de contratación pública y fomentarán la participación de la pequeña y mediana empresa y el acceso sin coste a la información, en los términos previstos en la presente ley.

**37. Según el artículo 347 de la LCSP, ¿quién debe poner a disposición la plataforma electrónica para la difusión de los perfiles de contratante?**

a) El Ministerio del Interior.
b) El Congreso de los Diputados.
c) La Dirección General del Patrimonio del Estado del Ministerio de Hacienda.
d) La Agencia Tributaria.

**38. ¿Dónde deben alojarse obligatoriamente los perfiles de contratante de los órganos del sector público estatal?**

a) En sus respectivas páginas web.
b) En los portales autonómicos.
c) En la Plataforma de Contratación del Sector Público.
d) En el Boletín Oficial del Estado.

**39. En caso de discrepancia entre la información publicada en el sistema autonómico y en la Plataforma estatal, ¿cuál prevalece?**

a) La información de la Plataforma estatal.
b) La del Diario Oficial de la Unión Europea.
c) La publicada en el BOE.
d) La de la comunidad autónoma.

**40. ¿Están las comunidades autónomas obligadas a establecer su propio sistema de información de la contratación?**

a) Sí, sin excepción.
b) No, pueden optar por utilizar la Plataforma de Contratación del Sector Público.
c) Solo si tienen más de un millón de habitantes.
d) Solo si así lo determina el Parlamento Autonómico.

# Solución al test n.º 12

**1.** d) Los contratos onerosos, cualquiera que sea su naturaleza jurídica, que celebren las Mutuas de Accidentes de Trabajo y Enfermedades Profesionales de la Seguridad Social.

**2.** b) Contratos de suministro.

**3.** c) Los de adquisición de programas de ordenador desarrollados a medida.

**4.** a) 5.538.000 euros.

**5.** b) 143.000 euros.

**6.** a) La suscripción a revistas, publicaciones periódicas y bases de datos.

**7.** a) Simplificación de la formalización de los contratos.

**8.** c) Medioambientales.

**9.** a) No discriminación.

**10.** b) El 20 %.

**11.** c) Una obra.

**12.** a) Operacional.

**13.** b) Contratos de suministros.

**14.** a) Los 50.000 euros.

**15.** a) Los que impliquen ejercicio de la autoridad inherente a los poderes públicos.

**16.** c) De concesión de obras cuyo valor estimado sea igual o superior a 5.538.000 euros.

**17.** b) Contratos privados.

**18.** b) Contratos privados.

**19.** b) Quién asume el riesgo operacional.

**20.** a) A una obra completa.

**21.** a) Las autoridades administrativas independientes.

**22.** a) Integridad.

**23.** c) El contratista obtenga algún tipo de beneficio económico, ya sea de forma directa o indirecta.

**24.** d) El contrato de colaboración público-privada.

**25.** b) Los contratos que tengan por objeto servicios relacionados con campañas políticas, cuando sean adjudicados por una Administración pública.

**26.** b) Los 50.000 euros.

**27.** b) Forman parte del Sector Público.

**28.** d) Liquidación.

**29.** a) El incumplimiento de las circunstancias y requisitos exigidos para la modificación de los contratos.

**30.** d) El incumplimiento de las normas establecidas para la adjudicación de los contratos basados en un acuerdo marco celebrado con varios empresarios o de los contratos específicos basados en un sistema dinámico de adquisición en el que estuviesen admitidos varios empresarios, siempre que dicho incumplimiento hubiera determinado la adjudicación del contrato de que se trate a otro licitador.

**31.** c) Que tengan la nacionalidad española.

**32.** a) Nulidad de pleno derecho.

**33.** b) Transparencia y proporcionalidad.

**34.** b) Promoverán la participación de la pequeña y mediana empresa y el acceso sin coste a la información, en los términos previstos en la citada ley.

**35.** a) Necesarios.

**36.** a) Las entidades del sector público velarán por la eficiencia y el mantenimiento de los términos acordados en la ejecución de los procesos de contratación pública, favorecerán la agilización de trámites, valorarán la incorporación de consideraciones sociales, medioambientales y de innovación como aspectos positivos en los procedimientos de contratación pública y promoverán la participación de la pequeña y mediana empresa y el acceso sin coste a la información, en los términos previstos en la presente ley.

**37.** c) La Dirección General del Patrimonio del Estado del Ministerio de Hacienda.

**38.** c) En la Plataforma de Contratación del Sector Público.

**39.** d) La de la comunidad autónoma.

**40.** b) No, pueden optar por utilizar la Plataforma de Contratación del Sector Público.

**La Ley 19/2013, de Transparencia, Acceso a la Información Pública y Buen Gobierno: caracterización general. Publicidad activa, procedimiento y régimen de acceso a la información, régimen de reclamaciones. La protección de datos de carácter personal: Ley Orgánica 3/2018 de protección de datos personales y garantía de los Derechos Digitales y Reglamento (UE) 2016/679. Principios de protección de datos. Derechos del interesado. Responsable del tratamiento y encargado del tratamiento. Recursos, responsabilidad y sanciones**

**1. La cualidad que permite y facilita el acceso de los ciudadanos a la información pública en poder de la Administración dentro de los límites establecidos por la legislación vigente se conoce como:**

a) Accesibilidad.
b) Transparencia.
c) Objetividad.
d) Buen gobierno.

**2. En el Capítulo I del Título I: "Transparencia de la actividad pública" de la Ley 19/2013, concretamente en el art. 3, se señala que serán objeto de aplicación de las disposiciones las entidades privadas:**

a) En cuyo capital social la participación, directa o indirecta, sea superior al 50 por 100.
b) Que perciban durante el período de un año ayudas o subvenciones públicas en una cuantía superior a 100.000 euros o cuando al menos el 40 % del total de sus ingresos anuales tengan carácter de ayuda o subvención pública, siempre que alcancen como mínimo la cantidad de 5.000 euros.
c) Con personalidad jurídica propia, vinculadas a cualquiera de las Administraciones públicas o dependientes de ellas.
d) Que tengan atribuidas funciones de regulación o supervisión de carácter externo sobre un determinado sector o actividad.

**3. Según el artículo 5.4 de la Ley 19/2013, de 9 de diciembre, de transparencia, acceso a la información pública y buen gobierno, la información sujeta a las obligaciones de transparencia será publicada en las correspondientes sedes electrónicas o páginas web:**

a) De una manera clara, estructurada y entendible para los interesados.
b) Obligatoriamente, en formatos reutilizables.
c) Previa autorización del órgano inmediatamente superior al responsable de la sede electrónica o página web.
d) En los términos que establezca una ley.

**4. En virtud del artículo 5.3 de la Ley 19/2013, cuando la información pública contuviera datos especialmente protegidos, la publicidad solo se llevará a cabo:**

a) Previa disociación de los mismos.
b) Previo consentimiento de los afectados.
c) De forma personalizada.
d) De forma codificada.

**5. Según el artículo 5.4 de la Ley 19/2013, la información sujeta a las obligaciones de transparencia será publicada en las correspondientes sedes electrónicas o páginas web y de una manera clara, estructurada y entendible para los interesados y, preferiblemente:**

a) En formatos reutilizables.
b) En diferentes idiomas.
c) En la página de inicio.
d) Codificada.

**6. Según el artículo 5.5 de la Ley 19/2013, de 9 de diciembre, de transparencia, acceso a la información pública y buen gobierno, toda la información será comprensible, de acceso fácil y gratuito y estará a disposición de las personas con discapacidad en una modalidad suministrada por medios o en formatos adecuados de manera que resulten accesibles y comprensibles, conforme al principio de:**

a) Igualdad de oportunidades.
b) No discriminación.
c) Eficacia.
d) Accesibilidad universal y diseño para todos.

**7. En relación con la información institucional, organizativa y de planificación, el artículo 6 de la Ley 19/2013 dispone que:**

a) Todos los empleados públicos deberán publicar información relativa a las funciones que desarrollan.
b) Las Administraciones públicas publicarán los planes y programas anuales y plurianuales en los que se fijen objetivos concretos, así como las actividades, medios y tiempo previsto para su consecución.

c) El grado de cumplimiento y resultados de los planes y programas anuales y plurianuales de las Administraciones públicas en los que se fijen objetivos concretos deberán ser objeto de evaluación y publicación periódica junto con los indicadores de medida y valoración, en la forma en que se determine por la Administración General del Estado.

d) En el ámbito de la Administración General del Estado corresponde a las secretarías generales la evaluación del cumplimiento de estos planes y programas.

**8. En virtud del artículo 7 de la Ley 19/2013, de 9 de diciembre, de transparencia, acceso a la información pública y buen gobierno, ¿deben publicar las Administraciones públicas, en el ámbito de sus competencias, las directrices, instrucciones, acuerdos, circulares o respuestas a consultas planteadas por los particulares u otros órganos?**

a) No, en ningún caso.
b) Sí, en todo caso.
c) Sí, siempre que no tengan efectos jurídicos.
d) Sí, en la medida en que supongan una interpretación del Derecho o tengan efectos jurídicos.

**9. Según el artículo 7 de la Ley 19/2013, de 9 de diciembre, de transparencia, acceso a la información pública y buen gobierno, relativo a la información de relevancia jurídica:**

a) Las Administraciones públicas, en el ámbito de sus competencias, publicarán los proyectos de Reglamento cuya iniciativa les corresponda.
b) Las Administraciones públicas, en el ámbito de sus competencias, no publicarán los proyectos de Reglamento cuya iniciativa les corresponda.
c) Las Administraciones públicas, en el ámbito de sus competencias, no podrán publicar los anteproyectos de ley hasta su aprobación.
d) Las Administraciones públicas no podrán publicar los proyectos de decretos legislativos cuando se soliciten los dictámenes a los órganos consultivos.

**10. En relación con la información de relevancia jurídica, el artículo 7 de la Ley 19/2013 señala que las Administraciones públicas, en el ámbito de sus competencias, publicarán los documentos:**

a) Que deriven de consultas planteadas por los particulares.
b) Que, conforme a la legislación sectorial vigente, deban ser sometidos a un periodo de información pública durante su tramitación.
c) Que contengan memorias o informes.
d) Cuya iniciativa les corresponda.

**11. Según el artículo 8.1 de la Ley 19/2013, la información relativa a los contratos menores:**

a) Deberá realizarse mensualmente.
b) Deberá realizarse trimestralmente.
c) Podrá realizarse trimestralmente.
d) Podrá realizarse semestralmente.

**12. A los efectos de aplicación a sus responsables del régimen disciplinario previsto en la correspondiente normativa reguladora, el incumplimiento reiterado de las obligaciones de publicidad activa tendrá la consideración de:**

a) Infracción leve.
b) Infracción grave.
c) Infracción muy grave.
d) Infracción grave o muy grave.

**13. En virtud del artículo 11 de la Ley 19/2013, de 9 de diciembre, de transparencia, acceso a la información pública y buen gobierno, el Portal de la Transparencia proporcionará información estructurada sobre los documentos y recursos de información con vistas a facilitar la identificación y búsqueda de la información, en base al principio de:**

a) Interoperabilidad.
b) Accesibilidad.
c) Reutilización.
d) Disponibilidad.

**14. La iniciativa normativa de las Administraciones públicas debe evitar cargas administrativas innecesarias o accesorias y racionalizar la gestión de los recursos públicos, en aplicación del principio de:**

a) Accesibilidad.
b) Eficacia.
c) Simplicidad.
d) Seguridad jurídica.

**15. La transparencia de la actividad pública, respecto a la casa de su Majestad el Rey:**

a) No se aplica.
b) Se aplica en todas sus actividades.
c) Se aplica en sus actividades sujetas al Derecho Administrativo.
d) Se aplica solo en sus actividades de índole política.

**16. ¿Qué define el artículo 13 de la Ley 19/2013 como los contenidos o documentos, cualquiera que sea su formato o soporte, que obren en poder de alguno de los sujetos incluidos en el ámbito de aplicación de este título (título I) y que hayan sido elaborados o adquiridos en el ejercicio de sus funciones?**

a) La información pública.
b) La publicidad activa.
c) La información de relevancia jurídica.
d) La información general.

**17. A menos que el afectado hubiese hecho manifiestamente públicos los datos con anterioridad a que se solicitase el acceso, el acceso únicamente se podrá autorizar en caso de que se contase con el consentimiento expreso y por escrito del afectado, cuando:**

a) La información contuviera datos personales que revelen la ideología, afiliación sindical, religión o creencias.

b) La información incluyese datos personales que hagan referencia al origen racial, a la salud o a la vida sexual.

c) La información contuviera datos relativos a la comisión de infracciones penales o administrativas que no conllevasen la amonestación pública al infractor.

d) La información incluyese datos genéticos o biométricos.

**18. Si la información pública solicitada incluyese datos personales que hagan referencia a la salud:**

a) Solo se concederá el acceso previa ponderación suficientemente razonada del interés público en la divulgación de la información y los derechos de los afectados cuyos datos aparezcan en la información solicitada.

b) Solo podrá autorizarse el acceso al propio afectado o a su representante.

c) Solo se podrá autorizar el acceso en caso de que se cuente con el consentimiento expreso del afectado.

d) Solo se podrá autorizar el acceso en caso de que se cuente con el consentimiento expreso del afectado o si el acceso estuviera amparado por una norma con rango de ley.

**19. Según lo previsto en el artículo 18 de la Ley 19/2013, de 9 de diciembre, de transparencia, acceso a la información pública y buen gobierno, se inadmitirán a trámite, mediante resolución motivada, las solicitudes de acceso a la información:**

a) Relativas a los intereses económicos y turísticos.

b) Relativas a la garantía de la confidencialidad o el secreto requerido en procesos de toma de decisión.

c) Relativas a información para cuya divulgación sea necesaria una acción previa de reelaboración.

d) Relativas a infraestructuras críticas.

**20. Señala la respuesta incorrecta. El derecho de acceso a la información pública podrá ser limitado cuando acceder a la información suponga un perjuicio para:**

a) Los intereses económicos y comerciales.

b) La garantía de la confidencialidad o el secreto requerido en procesos de toma de decisión.

c) El honor de los funcionarios o cargos directivos.

d) La protección del medio ambiente.

**21. Los documentos que contengan datos personales de carácter policial, procesal, clínico o de cualquier otra índole que puedan afectar a la seguridad de las personas, a su honor, a la intimidad de su vida privada y familiar y a su propia imagen, no podrán ser públicamente consultados sin que medie consentimiento expreso de los afectados o hasta que haya transcurrido un plazo desde su muerte, si su fecha es conocida, de:**

a) 25 años.
b) 30 años.
c) 40 años.
d) 50 años.

**22. Señala la opción incorrecta. La solicitud de acceso a la información pública podrá presentarse por cualquier medio que permita tener constancia de:**

a) La identidad del solicitante.
b) La información que se solicita.
c) Una dirección de contacto, preferentemente electrónica, a efectos de comunicaciones.
d) La motivación de la solicitud.

**23. No es una causa de inadmisión de las solicitudes de acceso a la información pública:**

a) Que se refieran a información que esté en curso de elaboración o de publicación general.
b) Que se dirijan a un órgano en cuyo poder no obre la información.
c) Que sean manifiestamente repetitivas.
d) Que se refieran a información para cuya divulgación sea necesaria una acción previa de reelaboración.

**24. Cuando la solicitud de información pública no identifique de forma suficiente la información, se pedirá al solicitante que la concrete en un plazo de:**

a) 10 días.
b) 15 días.
c) 20 días.
d) 30 días.

**25. En relación con la solicitud de acceso a la información pública es cierto que:**

a) Los solicitantes de información podrán dirigirse a las Administraciones públicas en cualquiera de las lenguas cooficiales del Estado en el territorio en el que radique la Administración en cuestión.
b) El solicitante está obligado a motivar su solicitud de acceso a la información.

c) El solicitante podrá exponer los motivos por los que solicita la información, en cuyo caso deberán ser tenidos en cuenta cuando se dicte la resolución.

d) La ausencia de motivación será por sí sola causa de rechazo de la solicitud.

**26. Conforme al artículo 18.1 de la Ley 19/2013, las solicitudes referidas a información que tenga carácter auxiliar o de apoyo como la contenida en notas, borradores, opiniones, resúmenes, comunicaciones e informes internos o entre órganos o entidades administrativas:**

a) Están obligadas a indicar el motivo de la solicitud.

b) Se admitirán previa ponderación suficientemente razonada del interés público en la divulgación de la información.

c) Se inadmitirán a trámite, mediante resolución motivada.

d) Se entenderán dotadas de un carácter abusivo no justificado con la finalidad de transparencia de esta ley.

**27. Según el artículo 19.3 de la Ley 19/2013, si la información solicitada pudiera afectar a derechos o intereses de terceros, debidamente identificados, se les concederá un plazo, para que puedan realizar las alegaciones que estimen oportunas, de:**

a) Siete días.

b) Diez días.

c) Quince días.

d) Veinte días.

**28. La resolución en la que se conceda o deniegue el acceso a información pública deberá notificarse al solicitante y a los terceros afectados que así lo hayan solicitado en el plazo máximo, desde la recepción de la solicitud por el órgano competente para resolver, de:**

a) 10 días.

b) 15 días.

c) 20 días.

d) 1 mes.

**29. El acceso a la información pública se realizará preferentemente por vía electrónica, salvo cuando no sea posible o el solicitante haya señalado expresamente otro medio. Cuando no pueda darse el acceso en el momento de la notificación de la resolución deberá otorgarse, en cualquier caso, en un plazo no superior a:**

a) 5 días.

b) 7 días.

c) 10 días.

d) 15 días.

**30. La motivación de una solicitud de acceso a la información, según la Ley 19/2013:**

a) Es requisito ineludible para que se facilite la información.
b) Será causa de rechazo de la solicitud.
c) Las dos respuestas anteriores son ciertas.
d) Se deja a la decisión del solicitante.

**31. El acceso a la información pública requiere:**

a) Solicitud previa.
b) Acreditación de la condición de interesado.
c) Motivación expresa.
d) La utilización de medios telemáticos.

**32. Cuando la información pública solicitada no contuviera datos especialmente protegidos, el órgano al que se dirija la solicitud concederá el acceso previa ............. suficientemente razonada del interés público en la divulgación de la información y los derechos de los afectados cuyos datos aparezcan en la información solicitada, en particular su derecho fundamental a la protección de datos de carácter personal. Señala la palabra que falta:**

a) Catalogación.
b) Acreditación.
c) Ponderación.
d) Identificación.

**33. Transcurrido el plazo máximo para resolver una solicitud de acceso a información pública sin que se haya dictado y notificado resolución expresa se entenderá:**

a) Que la solicitud ha sido desestimada.
b) Que la solicitud se inadmitía a trámite.
c) Que el plazo para resolver queda prorrogado.
d) Que se suspende el plazo para dictar resolución.

**34. En relación con la formalización del acceso a información pública es cierto que:**

a) El acceso a la información ha de realizarse por vía electrónica.
b) Si ha existido oposición de tercero, el acceso solo tendrá lugar cuando, habiéndose concedido dicho acceso, haya transcurrido el plazo para interponer recurso contencioso-administrativo sin que se haya formalizado o haya sido resuelto confirmando el derecho a recibir la información.
c) Si la información ya ha sido publicada, la resolución se ha de limitar a indicar al solicitante cómo puede acceder a ella.

d) En todo caso, la expedición de copias o la trasposición de la información a un formato diferente al original dará lugar a la exigencia de exacciones en los términos previstos en la Ley 8/1989, de 13 de abril, de Tasas y Precios Públicos, o, en su caso, conforme a la normativa autonómica o local que resulte aplicable.

**35. Frente a toda resolución expresa o presunta en materia de acceso podrá interponerse una reclamación ante el Consejo de Transparencia y Buen Gobierno, previo a su impugnación en vía contencioso-administrativa, con carácter:**

a) Preceptivo.
b) Potestativo.
c) Colectivo.
d) Extraordinario.

**36. ¿En virtud de qué principio previsto por el Reglamento General de Protección de Datos, los datos personales serán adecuados, pertinentes y limitados a lo necesario en relación con los fines para los que son tratados?**

a) Principio de exactitud.
b) Principio de limitación de la finalidad.
c) Principio de responsabilidad proactiva.
d) Principio de minimización de datos.

**37. Según el artículo 3 de la LO 3/2018, los requisitos y condiciones para acreditar la validez y vigencia de los mandatos e instrucciones de las personas fallecidas respecto al acceso a los datos personales de estas por parte de las personas o instituciones que designaran expresamente, serán establecidos:**

a) Por medio de una Directiva europea.
b) Por Ley estatal.
c) Por Ley autonómica.
d) Por Real Decreto.

**38. El artículo 4 de la LO 3/2018 señala que, conforme al artículo 5.1.d) del Reglamento (UE) 2016/679, los datos serán exactos y, si fuere necesario:**

a) Actualizados.
b) Aproximados.
c) Normalizados.
d) Digitalizados.

**39. Conforme al artículo 5.1 de la LO 3/2018, estarán sujetas al deber de confidencialidad:**

a) Únicamente los responsables del tratamiento.
b) Los responsables y encargados del tratamiento.

c) Los responsables y encargados del tratamiento de datos así como todas las personas que intervengan en cualquier fase de este.

d) Los responsables y encargados del tratamiento de datos así como todas las personas que intervengan en todas las fases de este.

**40. Según el artículo 6.2 de la Ley Orgánica 3/2018 de Protección de Datos Personales y garantía de los derechos digitales, cuando se pretenda fundar el tratamiento de los datos en el consentimiento del afectado para una pluralidad de finalidades, será preciso que conste de manera específica e inequívoca que dicho consentimiento se otorga:**

a) Por un periodo de tiempo.
b) Irrevocablemente.
c) Para todas ellas.
d) Por interés público.

**41. Según el artículo 8.1 de la LO 3/2018, el tratamiento de datos personales solo podrá considerarse fundado en el cumplimiento de una obligación legal exigible al responsable:**

a) Cuando así lo prevea una norma de Derecho de la Unión Europea o una norma con rango de ley.
b) Cuando el tratamiento se considere una misión realizada en interés público.
c) Cuando se trate del ejercicio de poderes públicos conferidos al responsable.
d) Cuando el responsable sea un órgano u organismo público.

**42. Según el artículo 7.1 de la LO 3/2018, el tratamiento de los datos personales de un menor de edad únicamente podrá fundarse en su consentimiento cuando sea mayor de:**

a) 12 años.
b) 13 años.
c) 14 años.
d) 16 años.

**43. Según el artículo 12.4 de la LO 3/2018, la prueba del cumplimiento del deber de responder a la solicitud de ejercicio de sus derechos formulado por el afectado recaerá:**

a) Sobre el responsable del tratamiento.
b) Sobre el encargado del tratamiento.
c) Bien sobre el responsable o bien sobre el encargado.
d) Sobre el representante legal del afectado.

**44. En virtud del artículo 12 de la LO 3/2018 es cierto, en relación a los medios para que el afectado pueda ejercer sus derechos, que:**

a) El encargado del tratamiento estará obligado a informar al afectado sobre los medios a su disposición para ejercer los derechos que le corresponden.

b) Los medios deberán ser consensuados con los afectados antes de poner en marcha el tratamiento.

c) Los medios deberán ser fácilmente accesibles para el afectado.

d) El ejercicio del derecho podrá ser denegado cuando el afectado opte por otro medio.

**45. En relación con el derecho de acceso, el artículo 13 de la LO 3/2018 dispone que:**

a) Cuando el responsable trate una gran cantidad de datos relativos al afectado y este ejercite su derecho de acceso sin especificar si se refiere a todos o a una parte de los datos, el responsable deberá facilitar la totalidad de los datos.

b) El derecho de acceso se entenderá otorgado si el responsable del tratamiento facilitara al afectado un sistema de acceso remoto, directo y seguro a los datos personales que garantice, temporalmente, el acceso a su totalidad.

c) Se podrá considerar repetitivo el ejercicio del derecho de acceso en más de una ocasión durante el plazo de seis meses, a menos que exista causa legítima para ello.

d) Cuando el afectado elija un medio distinto al que se le ofrece deberá asumir los costes que su elección comporte.

**46. Cuando proceda a la rectificación o supresión del tratamiento, el responsable estará obligado a:**

a) Bloquear los datos.

b) Transferir los datos.

c) Limitar los datos.

d) Destruir los datos.

**47. Conforme al artículo 33 de la LO 3/2018, el acceso por parte de un encargado de tratamiento a los datos personales que resulten necesarios para la prestación de un servicio al responsable:**

a) Se considerará comunicación de datos siempre que se cumpla lo establecido en el RGPD, en la citada ley orgánica y en sus normas de desarrollo.

b) En ningún caso se considerará comunicación de datos.

c) No se considerará comunicación de datos siempre que se cumpla lo establecido en el RGPD, en la citada ley orgánica y en sus normas de desarrollo.

d) En todo caso se considerará comunicación de datos.

**48. Quien, figurando como encargado, utilizase los datos para sus propias finalidades:**

a) Tendrá la consideración de responsable del tratamiento.
b) Tendrá la consideración de corresponsable.
c) Deberá renunciar a la figura de encargado.
d) En ningún caso será considerado responsable del tratamiento.

**49. No están sujetos al régimen sancionador establecido en el Reglamento (UE) 2016/679 y la normativa española de protección de datos:**

a) Los responsables de los tratamientos.
b) Los representantes de los responsables o encargados de los tratamientos no establecidos en el territorio de la Unión Europea.
c) Las entidades de certificación.
d) Los delegados de protección.

**50. Cuando los datos personales no sean obtenidos del afectado, en la información básica que se le facilite deberá constar:**

a) La autorización judicial para el tratamiento de los datos.
b) Una declaración jurada del responsable del tratamiento.
c) Las fuentes de las que proceden los datos.
d) La identidad del encargado del tratamiento, si es un ente sin personalidad jurídica.

# Solución al test n.º 13

**1.** b) Transparencia.

**2.** b) Que perciban durante el período de un año ayudas o subvenciones públicas en una cuantía superior a 100.000 euros o cuando al menos el 40% del total de sus ingresos anuales tengan carácter de ayuda o subvención pública, siempre que alcancen como mínimo la cantidad de 5.000 euros.

**3.** a) De una manera clara, estructurada y entendible para los interesados.

**4.** a) Previa disociación de los mismos.

**5.** a) En formatos reutilizables.

**6.** d) Accesibilidad universal y diseño para todos.

**7.** b) Las Administraciones Públicas publicarán los planes y programas anuales y plurianuales en los que se fijen objetivos concretos, así como las actividades, medios y tiempo previsto para su consecución.

**8.** d) Sí, en la medida en que supongan una interpretación del Derecho o tengan efectos jurídicos.

**9.** a) Las Administraciones Públicas, en el ámbito de sus competencias, publicarán los proyectos de Reglamento cuya iniciativa les corresponda.

**10.** b) Que, conforme a la legislación sectorial vigente, deban ser sometidos a un período de información pública durante su tramitación.

**11.** c) Podrá realizarse trimestralmente.

**12.** b) Infracción grave.

**13.** b) Accesibilidad.

**14.** b) Eficacia.

**15.** c) Se aplica en sus actividades sujetas al Derecho Administrativo.

**16.** a) La información pública.

**17.** a) La información contuviera datos personales que revelen la ideología, afiliación sindical, religión o creencias.

**18.** d) Solo se podrá autorizar el acceso en caso de que se cuente con el consentimiento expreso del afectado o si el acceso estuviera amparado por una norma con rango de ley.

**19.** c) Relativas a información para cuya divulgación sea necesaria una acción previa de reelaboración.

**20.** c) El honor de los funcionarios o cargos directivos.

**21.** a) 25 años.

**22.** d) La motivación de la solicitud.

**23.** b) Que se dirijan a un órgano en cuyo poder no obre la información.

**24.** a) 10 días.

**25.** a) Los solicitantes de información podrán dirigirse a las Administraciones Públicas en cualquiera de las lenguas cooficiales del Estado en el territorio en el que radique la Administración en cuestión.

**26.** c) Se inadmitirán a trámite, mediante resolución motivada.

**27.** c) Quince días.

**28.** d) 1 mes.

**29.** c) 10 días.

**30.** d) Se deja a la decisión del solicitante.

**31.** a) Solicitud previa.

**32.** c) Ponderación.

**33.** a) Que la solicitud ha sido desestimada.

**34.** b) Si ha existido oposición de tercero, el acceso sólo tendrá lugar cuando, habiéndose concedido dicho acceso, haya transcurrido el plazo para interponer recurso contencioso administrativo sin que se haya formalizado o haya sido resuelto confirmando el derecho a recibir la información.

**35.** b) Potestativo.

**36.** d) Principio de minimización de datos.

**37.** d) Por Real Decreto.

**38.** a) Actualizados.

**39.** c) Los responsables y encargados del tratamiento de datos asi como todas las personas que intervengan en cualquier fase de este.

**40.** c) Para todas ellas.

**41.** a) Cuando así lo prevea una norma de Derecho de la Unión Europea o una norma con rango de ley.

**42.** c) 14 años.

**43.** a) Sobre el responsable del tratamiento.

**44.** c) Los medios deberán ser fácilmente accesibles para el afectado.

**45.** c) Se podrá considerar repetitivo el ejercicio del derecho de acceso en más de una ocasión durante el plazo de seis meses, a menos que exista causa legítima para ello.

**46.** a) Bloquear los datos.

**47.** c) No se considerará comunicación de datos siempre que se cumpla lo establecido en el RGPD, en la citada ley orgánica y en sus normas de desarrollo.

**48.** a) Tendrá la consideración de responsable del tratamiento.

**49.** d) Los delegados de protección.

**50.** c) Las fuentes de las que proceden los datos.

**Políticas de igualdad entre hombres y mujeres. Normativa estatal y autonómica. Principios y estrategias de actuación en relación a la igualdad de oportunidades entre hombres y mujeres**

**1. ¿Qué artículo de la Constitución española consagra la igualdad de todos los españoles ante la ley?**

a) El artículo 8.
b) El artículo 14.
c) El artículo 21.
d) El artículo 27.

**2. El Tratado de Roma señala en su artículo 3, tras su modificación por el Tratado de Ámsterdam, que todas las acciones y políticas comunitarias estarán inspiradas por el siguiente objetivo:**

a) Erradicar la violencia de género.
b) Eliminar las desigualdades entre el hombre y la mujer y promover su igualdad.
c) Disminuir la brecha de género y acabar con la discriminación por razón de sexo.
d) Facilitar el empoderamiento de la mujer mediante la exigencia de la presencia equilibrada de la mujer en los centros de dirección.

**3. Según su artículo 1, la LO 3/2007 tiene por objeto hacer efectivo el derecho de:**

a) Conciliación de la vida laboral y familiar de mujeres y hombres.
b) Igualdad de trato y de oportunidades entre mujeres y hombres.
c) Participación en los asuntos públicos en igualdad de condiciones.
d) No discriminación por razón de sexo.

**4. Las obligaciones establecidas en la LO 3/2007 son de aplicación:**

a) A toda persona, física o jurídica, que se encuentre o actúe en territorio español, cualquiera que fuese su nacionalidad, domicilio o residencia.
b) A todos los ciudadanos españoles, ya sea en territorio español o territorio de cualquier país extranjero.

c) A toda persona, física o jurídica, que se encuentre o actúe en territorio español, con nacionalidad española.

d) A toda persona, física o jurídica, que resida en territorio español, cualquiera que fuese su nacionalidad.

**5. Según el artículo 4 de la LO 3/2007, la igualdad de trato y de oportunidades entre mujeres y hombres:**

a) Es un deber de las Administraciones públicas.

b) Es una fuente formal del Derecho.

c) Es un principio informador del ordenamiento jurídico.

d) Es un objetivo fundamental del procedimiento administrativo.

**6. El principio de igualdad de trato y de oportunidades entre mujeres y hombres:**

a) Solo se aplica en el ámbito del empleo público.

b) Se garantizará incluso en el acceso al trabajo por cuenta propia.

c) No se aplica en la afiliación y participación en organizaciones sindicales o empresariales.

d) Se garantizará en los términos que prevean los convenios colectivos.

**7. La situación en que se encuentra una persona que sea, haya sido o pudiera ser tratada, en atención a su sexo, de manera menos favorable que otra en situación comparable se considera:**

a) Discriminación directa.

b) Acoso sexual.

c) Discriminación indirecta.

d) Violencia de género.

**8. En virtud del artículo 6.2 de la LO 3/2007, la situación en que una disposición, criterio o práctica aparentemente neutros pone a personas de un sexo en desventaja particular con respecto a personas del otro:**

a) En cualquier caso constituirá discriminación directa.

b) En cualquier caso constituirá discriminación indirecta.

c) No se considera discriminación indirecta si dicha disposición, criterio o práctica pueden justificarse objetivamente en atención a una finalidad legítima y los medios para alcanzar dicha finalidad son necesarios y adecuados.

d) En ningún caso podrá considerarse discriminación.

**9. Conforme al artículo 6.3 de la LO 3/2007, toda orden de discriminar por razón de sexo:**

a) Solo se considera discriminatoria si se ordena discriminar directamente.

b) En ningún caso se puede considerar discriminatoria.

c) Solo se considera discriminatoria si ordena una discriminación indirecta.

d) En cualquier caso se considera discriminatoria, sea directa o indirecta.

**10. A los efectos de la LO 3/2007, definimos como acoso sexual:**

a) Cualquier comportamiento realizado en función del sexo de una persona, con el propósito o el efecto de atentar contra su dignidad y de crear un entorno intimidatorio, degradante u ofensivo.

b) La situación en que una disposición, criterio o práctica aparentemente neutros pone a personas de un sexo en desventaja particular con respecto a personas del otro, salvo que dicha disposición, criterio o práctica puedan justificarse objetivamente en atención a una finalidad legítima y que los medios para alcanzar dicha finalidad sean necesarios y adecuados.

c) Todo trato desfavorable a las mujeres relacionado con el embarazo o la maternidad.

d) Cualquier comportamiento, verbal o físico, de naturaleza sexual que tenga el propósito o produzca el efecto de atentar contra la dignidad de una persona, en particular cuando se crea un entorno intimidatorio, degradante u ofensivo.

**11. Según el artículo 8 de la LO 3/2007, todo trato desfavorable a las mujeres relacionado con el embarazo o la maternidad constituye:**

a) Acoso sexual.

b) Acoso por razón de sexo.

c) Discriminación directa por razón de sexo.

d) Discriminación indirecta por razón de sexo.

**12. Conforme al artículo 7.4 de la LO 3/2007, el condicionamiento de un derecho o de una expectativa de derecho a la aceptación de una situación constitutiva de acoso sexual o de acoso por razón de sexo se considerará:**

a) Acto de discriminación por razón de sexo.

b) Creación de un entorno intimidatorio, degradante u ofensivo.

c) Anulable y sin efecto.

d) Indemnizable.

**13. En virtud del artículo 9 de la LO 3/2007, cualquier trato adverso o efecto negativo que se produzca en una persona como consecuencia de la presentación por su parte de queja, reclamación, denuncia, demanda o recurso, de cualquier tipo, destinados a impedir su discriminación y a exigir el cumplimiento efectivo del principio de igualdad de trato entre mujeres y hombres, se considerará:**

a) Discriminación directa.

b) Discriminación por razón de sexo.

c) Injustificado.

d) Acoso sexual.

**14. Según el artículo 10 de la LO 3/2007, los actos y las cláusulas de los negocios jurídicos que constituyan o causen discriminación por razón de sexo se considerarán:**

a) Válidos, pero anulables.
b) Nulos y sin efecto.
c) Ilegales.
d) Nulos, pero con efectos.

**15. Conforme al artículo 12 de la LO 3/2007, cualquier persona podrá recabar de los tribunales la tutela del derecho a la igualdad entre mujeres y hombres, de acuerdo con lo establecido en el artículo 53.2 de la Constitución:**

a) Siempre que la relación en la que supuestamente se produce la discriminación se encuentre vigente.
b) Incluso tras la terminación de la relación en la que supuestamente se ha producido la discriminación.
c) Siempre que se haya dado por terminada la relación en la que supuestamente se produce la discriminación.
d) A menos que se haya procedido a la suspensión de la relación en la que supuestamente se produce la discriminación.

**16. La capacidad y la legitimación para intervenir en los procesos civiles, sociales y contencioso-administrativos que versen sobre la defensa del derecho de igualdad entre mujeres y hombres, corresponden a:**

a) La persona acosada, únicamente.
b) Cualquier ciudadano.
c) Las personas físicas y jurídicas con interés legítimo.
d) Cualquier persona jurídica.

**17. La persona acosada será la única legitimada en los litigios:**

a) Sobre discriminación directa.
b) Sobre acoso sexual y acoso por razón de sexo.
c) Sobre acoso sexual únicamente.
d) Únicamente sobre acoso por razón de sexo.

**18. De acuerdo con las leyes procesales, en aquellos procedimientos en los que las alegaciones de la parte actora se fundamenten en actuaciones discriminatorias, por razón de sexo, corresponderá a la persona demandada probar la ausencia de discriminación en las medidas adoptadas y su proporcionalidad. A tales efectos, el órgano judicial:**

a) A instancia de parte, podrá recabar, si lo estimase útil y pertinente, informe o dictamen de los organismos públicos competentes.
b) Deberá recabar informe o dictamen de los organismos públicos competentes.

c) De oficio, podrá recabar, si lo estimase útil y pertinente, informe o dictamen de los organismos públicos competentes.

d) De oficio o a instancia de parte, podrá recabar, si lo estimase útil y pertinente, informe o dictamen de los organismos públicos competentes.

**19. La Administración de la Comunidad de Castilla y León y el resto de Administraciones Públicas de su ámbito territorial de actuación se regirán en materia de igualdad de oportunidades entre mujeres y hombres por distintos principios. Cuál de esos principios comporta aplicar la perspectiva de género en las fases de planificación, ejecución y evaluación de las políticas llevadas a cabo por las distintas Administraciones Públicas:**

a) Transparencia.
b) Planificación.
c) Coordinación.
d) Transversalidad.

**20. Fomentar la participación y presencia de las mujeres en la vida política, social, económica y cultural en sus respectivos ámbitos de competencia, es una competencia de las Diputaciones Provinciales de Castilla y León y de los Ayuntamientos con más de (a partir de):**

a) 5.000 habitantes.
b) 10.000 habitantes.
c) 20.000 habitantes.
d) 40.000 habitantes.

**21. Según el artículo 14 de la Ley 1/2003, una medida de acción positiva en favor de la mujer en el ámbito económico y laboral es:**

a) Eliminar la discriminación salarial de las mujeres.
b) Incorporar la perspectiva de género en todos los ámbitos de la empresa.
c) Reducir las tasas de desempleo femenino, promocionando la imagen de la mujer en un plano de igualdad con el hombre.
d) La incorporación de las mujeres a la formación científica y tecnológica.

**22. Según el artículo 16 de la Ley 1/2003, una medida de acción positiva para la conciliación de la vida laboral y familiar es:**

a) Incentivar y garantizar que los medios de comunicación tanto los financiados con fondos públicos o con cualquier otro recurso no emitan en su programación imágenes o contenidos sexistas, vejatorios para la mujer o que puedan incitar al ejercicio de la violencia de género.

b) Incentivar que las bajas, permisos o excedencias por motivos de nacimiento de hijos o cuidado de familiares sean solicitados por el padre para facilitar la vida profesional de la mujer.

c) Remunerar a los hombres que se incorporen a las tareas domésticas y responsabilidades familiares.

d) Reducir la jornada laboral de las mujeres.

**23. A partir de la Ley 5/2014, de 11 de septiembre, de Medidas para la Reforma de la Administración de la Comunidad de Castilla y León, qué órgano actúa como órgano colegiado de coordinación interdepartamental de las políticas y medidas dirigidas a conseguir la igualdad de oportunidades, a propuesta de la consejería competente en la materia:**

a) La Comisión Interconsejerías para la Igualdad de Oportunidades entre Mujeres y Hombres.

b) El Consejo Regional de la Mujer.

c) La Comisión de Secretarios Generales.

d) El Observatorio de la Comunidad de Castilla y León.

**24. ¿Qué aspecto se debe incluir en el diagnóstico de la evaluación del impacto de género según el artículo 3 de la Ley 1/2011?**

a) La opinión de los hombres sobre las normas propuestas.

b) Datos desagregados por sexos sobre la situación inicial de mujeres y hombres.

c) La historia de la lucha por los derechos humanos.

d) La cantidad de mujeres en posiciones de poder.

**25. Según la Ley 10/2019, ¿qué principio rector promueve la implicación igualitaria de hombres y mujeres en las tareas de cuidado y atención familiar?**

a) Principio de libertad.

b) Principio de transversalidad.

c) Principio de corresponsabilidad.

d) Principio de igualdad en las relaciones laborales.

**26. ¿Cuál de los siguientes es uno de los objetivos principales de la Ley 10/2019 según su artículo 5?**

a) Fomentar la igualdad entre hombres y mujeres en la creación de empresas.

b) Mantener una red pública de plazas para la atención de menores, favoreciendo la conciliación de la vida familiar, personal y laboral.

c) Crear más plazas para formación académica en el ámbito rural.

d) Incrementar los sueldos del personal de la Administración pública.

**27. ¿Qué deberán hacer los ayuntamientos de más de 20.000 habitantes según el artículo 6 de la Ley 10/2019?**

a) Aprobar periódicamente planes para fomentar la conciliación y la corresponsabilidad familiar.

b) Elaborar diagnósticos de salud en su municipio.

c) Crear nuevos centros educativos para todas las edades.

d) Promover el uso de energías renovables en el ámbito rural.

**28. ¿Qué acción promoverá la Junta de Castilla y León para eliminar la brecha salarial de género según el artículo 20 de la Ley 10/2019?**

a) Reducir los salarios en el sector público.

b) Implementar programas de formación digital obligatoria.

c) Hacer públicos informes anuales sobre la brecha salarial de género accesibles a través de medios digitales.

d) Incentivar la contratación temporal de hombres.

**29. ¿Cuál es el objetivo principal de la Ley Orgánica 1/2004 de Medidas de Protección Integral Contra la Violencia de Género?**

a) Fomentar la igualdad laboral entre hombres y mujeres.

b) Proteger únicamente a las mujeres víctimas de violencia doméstica.

c) Prevenir, sancionar y erradicar la violencia de género, así como prestar asistencia a las víctimas.

d) Regular el acoso laboral.

**30. Según la Ley 13/2010, ¿cómo se puede acreditar la situación de violencia de género?**

a) Únicamente con una denuncia policial.

b) Solo con un informe médico.

c) Con una declaración verbal de la víctima.

d) Mediante una resolución judicial, sentencia firme, informe de servicios sociales o del Ministerio Fiscal.

**31. ¿Qué principio debe guiar las campañas de sensibilización de los poderes públicos en Castilla y León?**

a) Presentar a las víctimas como personas que han podido superar con éxito la violencia.

b) Resaltar los estereotipos de género.

c) Promover la independencia económica de las mujeres.

d) Ignorar la violencia en el ámbito rural.

**32. ¿Conforme a qué principio pronunciado por la Ley 10/2019, de 3 de abril, por la que se promueve la adopción en el ámbito público y privado de medidas dirigidas a la conciliación de la vida personal, familiar y laboral y a la eliminación de la brecha salarial de género en Castilla y León, se promoverá la implicación, en términos de igualdad, de los hombres y las mujeres en el cuidado, atención y educación de los hijos e hijas, en el cuidado de familiares dependientes y en la realización de las tareas del hogar y el cumplimiento de obligaciones familiares, con acciones que impulsen activamente la conciliación y la corresponsabilidad entre hombres y mujeres?**

a) Principio de cooperación.
b) Principio de corresponsabilidad.
c) Principio de responsabilidad pública.
d) Principio de concienciación y sensibilización social.

**33. La Administración de la Comunidad de Castilla y León y el resto de Administraciones públicas de su ámbito territorial de actuación se regirán en materia de igualdad de oportunidades entre mujeres y hombres por distintos principios. Cuál de esos principios comporta aplicar la perspectiva de género en las fases de planificación, ejecución y evaluación de las políticas llevadas a cabo por las distintas Administraciones públicas:**

a) Transparencia.
b) Planificación.
c) Coordinación.
d) Transversalidad.

**34. Indica la palabra que falta en el siguiente texto. Uno de los principios que regirán las actuaciones que se lleven a cabo para la consecución de las medidas previstas en la Ley 13/2010, de 9 de diciembre, contra la Violencia de Género en Castilla y León, es la efectividad, eficacia y ......................... en la prestación de los servicios que resulten más adaptados a las necesidades de cada caso.**

a) Celeridad.
b) Adecuación.
c) Personalización.
d) Economía.

**35. La Consejería competente en materia educativa garantizará que, en los centros escolares, se preste una especial atención a los contenidos de los materiales y libros de texto utilizados en los diferentes niveles del sistema educativo a fin de evitar que éstos contengan elementos sexistas o discriminatorios que no contribuyan a la igualdad de oportunidades entre mujeres y hombres y a la prevención de la violencia de género, a través de:**

a) Las asociaciones de madres y padres.
b) Los Consejos Escolares.
c) Los profesores.
d) Los directores de Centro.

# Solución al test n.º 14

**1.** b) El artículo 14.

**2.** b) Eliminar las desigualdades entre el hombre y la mujer y promover su igualdad.

**3.** b) Igualdad de trato y de oportunidades entre mujeres y hombres.

**4.** a) A toda persona, física o jurídica, que se encuentre o actúe en territorio español, cualquiera que fuese su nacionalidad, domicilio o residencia.

**5.** c) Es un principio informador del ordenamiento jurídico.

**6.** b) Se garantizará incluso en el acceso al trabajo por cuenta propia.

**7.** a) Discriminación directa.

**8.** c) No se considera discriminación indirecta si dicha disposición, criterio o práctica pueden justificarse objetivamente en atención a una finalidad legítima y los medios para alcanzar dicha finalidad son necesarios y adecuados.

**9.** d) En cualquier caso se considera discriminatoria, sea directa o indirecta.

**10.** d) Cualquier comportamiento, verbal o físico, de naturaleza sexual que tenga el propósito o produzca el efecto de atentar contra la dignidad de una persona, en particular cuando se crea un entorno intimidatorio, degradante u ofensivo.

**11.** c) Discriminación directa por razón de sexo.

**12.** a) Acto de discriminación por razón de sexo.

**13.** b) Discriminación por razón de sexo.

**14.** b) Nulos y sin efecto.

**15.** b) Incluso tras la terminación de la relación en la que supuestamente se ha producido la discriminación.

**16.** c) Las personas físicas y jurídicas con interés legítimo.

**17.** b) Sobre acoso sexual y acoso por razón de sexo.

**18.** a) A instancia de parte, podrá recabar, si lo estimase útil y pertinente, informe o dictamen de los organismos públicos competentes.

**19.** d) Transversalidad.

**20.** c) 20.000 habitantes.

**21.** a) Eliminar la discriminación salarial de las mujeres.

**22.** b) Incentivar que las bajas, permisos o excedencias por motivos de nacimiento de hijos o cuidado de familiares sean solicitados por el padre para facilitar la vida profesional de la mujer.

**23.** c) La Comisión de Secretarios Generales.

**24.** b) Datos desagregados por sexos sobre la situación inicial de mujeres y hombres.

**25.** c) Principio de corresponsabilidad.

**26.** b) Mantener una red pública de plazas para la atención de menores, favoreciendo la conciliación de la vida familiar, personal y laboral.

**27.** a) Aprobar periódicamente planes para fomentar la conciliación y la corresponsabilidad familiar.

**28.** c) Hacer públicos informes anuales sobre la brecha salarial de género accesibles a través de medios digitales.

**29.** c) Prevenir, sancionar y erradicar la violencia de género, así como prestar asistencia a las víctimas.

**30.** d) Mediante una resolución judicial, sentencia firme, informe de servicios sociales o del Ministerio Fiscal.

**31.** a) Presentar a las víctimas como personas que han podido superar con éxito la violencia.

**32.** b) Principio de corresponsabilidad.

**33.** d) Transversalidad.

**34.** a) Celeridad.

**35.** b) Los Consejos Escolares.

**La atención al público. Información a los ciudadanos y ciudadanas y a personas usuarias. Atención a personas con discapacidad. La atención telefónica**

**1. ¿Cuál de los siguientes se conoce también como lenguaje kinésico?**

a) Lenguaje oral.
b) Lenguaje telefónico.
c) Lenguaje corporal.
d) Lenguaje escrito.

**2. La comunicación que busca un balance ideal entre las posturas agresivas y pasivas de comunicación, para mantener un proceso franco, equitativo y respetuoso de intercambio de información, es fruto del llamado comportamiento:**

a) Asertivo.
b) Administrativo.
c) Primario.
d) Profesional.

**3. Según la Ley 39/2015, de 1 de octubre, del Procedimiento Administrativo Común de las Administraciones Públicas, las personas físicas:**

a) Podrán elegir si se comunican con las Administraciones públicas a través de medios electrónicos o no.
b) Podrán optar por un medio de comunicación y este no podrá ser modificado.
c) Proveerán los medios y sistemas electrónicos con los que desean comunicarse.
d) No podrán ser obligadas a relacionarse a través de medios electrónicos con las Administraciones Públicas.

**4. ¿En cuál de las siguientes funciones del lenguaje, según el lingüista Jakobson, la intención comunicativa es influir sobre la conducta del receptor para que, por ejemplo, cambie de actitud o se interese por algo?**

a) Representativa.
b) Apelativa o conativa.

c) Expresiva o emotiva.
d) Fática o de contacto.

**5. Se denomina así a todo elemento perturbador, ajeno al emisor y al receptor, capaz de entorpecer el proceso de comunicación e incluso anularlo:**

a) Código.
b) Ruido.
c) Feedback.
d) Retroalimentación.

**6. Las personas con las que alguna que otra vez hemos tratado reaccionan de modo distinto ante las mismas motivaciones. Para atenderles de manera adecuada debemos:**

a) Ignorar al cliente.
b) Actuar con eficacia.
c) Conocer y saber tratar cada tipo de personalidad.
d) Poner en tela de juicio sus opiniones.

**7. La actitud y el comportamiento que las personas tienen frente a las circunstancias dependen de lo que han visto en su entorno, fijándose en el grupo social al que pertenecen. Se adquiere a través de:**

a) La experiencia.
b) El aprendizaje.
c) La herencia.
d) Las dificultades.

**8. Ante un cliente inquisitivo que solicita información con mucha meticulosidad, numerosas preguntas y una actitud crítica, el trato del informador público debe basarse en:**

a) Permanecer impasible.
b) Presentar argumentos.
c) Tener conocimientos técnicos.
d) Mantenerse firme.

**9. En la comunicación entre dos personas pueden existir fallos. Las siguientes son algunas de las causas psicológicas que justifican esos fallos EXCEPTO una; señala cuál:**

a) No sabemos escuchar.
b) Utilizamos un lenguaje excesivamente técnico.
c) Nuestro estado emocional condiciona lo que queremos decir.
d) Mantenemos una actitud defensiva.

**10. Señala la respuesta incorrecta. Una explicación es una descripción de cómo, cuándo o por qué ocurre algo. En la explicación:**

a) Nos aseguraremos de dar la información correcta.
b) Evitaremos tecnicismos, utilizando un lenguaje simple y coloquial.
c) Interpretaremos lo que el ciudadano cliente quiere decir para asegurarnos la razón de su demanda.
d) No asumiremos que el cliente sabe de temas de la Administración.

**11. Cuando la comunicación va dirigida a un grupo sin precisar nombres de personas, se dice que es una comunicación:**

a) Informal.
b) Intrapersonal.
c) Genérica.
d) Vertical.

**12. Indica la respuesta incorrecta. En cuanto a la escucha activa, es una técnica que:**

a) Utiliza el lenguaje verbal.
b) Permite tranquilizar y relajar el ánimo del cliente.
c) Refleja la actitud de estar al servicio del cliente.
d) Transmite interés por el problema.

**13. Las reglas para tratar una reclamación de un cliente agresivo son las siguientes EXCEPTO una; señala cuál:**

a) Permanecer calmado.
b) Escuchar objetivamente la situación.
c) Evitar establecer hechos desviando el motivo de la reclamación para disminuir la tensión.
d) Proponer una solución.

**14. Uno de los aspectos positivos del feedback es:**

a) Aclara las relaciones entre personas y ayuda a comprender mejor al otro.
b) Escucha y resume las ideas básicas.
c) Establece un clima agradable.
d) Evita distracciones.

**15. Para mejorar la comunicación con un ciudadano que demanda información se debe:**

a) Pensar en la respuesta a darle mientras se le escucha.
b) Usar frases simples.
c) Emplear un lenguaje técnico que muestre competencia.
d) Interpretar la petición para asegurar la buena comprensión.

**16. ¿Cuál es la norma que regula los servicios de información administrativa y atención al ciudadano?**

a) Decreto 3143/1971, de 16 de diciembre.
b) Decreto 136/1971, de 12 de junio.
c) Decreto 35/1971, de 18 de enero.
d) Real Decreto 208/1996, de 9 de febrero.

**17. El artículo 105 de la Constitución española estableció que la ley regularía el acceso de los ciudadanos a los archivos y registros administrativos, salvo en lo que afecte a los siguientes aspectos. Señala la respuesta incorrecta:**

a) La seguridad y defensa del Estado.
b) La averiguación de los delitos.
c) La igualdad de las partes en los procesos judiciales y la tutela judicial efectiva.
d) La intimidad de las personas.

**18. ¿Qué elemento de la comunicación es el papel en el lenguaje escrito?**

a) Código.
b) Contexto.
c) Canal.
d) Receptor.

**19. ¿Cuál es el comportamiento característico de personas con baja autoestima y generalmente no manifiestan su opinión?**

a) Pasivo.
b) Negativo.
c) Agresivo.
d) Pasivo-agresivo.

**20. La norma que regula los derechos de las personas con discapacidad/diversidad funcional y de su inclusión social en España se asienta en:**

a) El Real Decreto Legislativo 1/2013 de 29 de noviembre.
b) La Ley 14/1986, de 25 de abril.
c) La Ley 39/2006, de 14 de diciembre.
d) El Real Decreto 1051/2013, de 27 de diciembre.

**21. La condición que deben cumplir los entornos, procesos, bienes, productos y servicios, así como los objetos, instrumentos, herramientas y dispositivos, para ser comprensibles, utilizables y practicables por todas las personas en condiciones de seguridad y comodidad y de la forma más autónoma y natural posible, se llama:**

a) Diseño universal.
b) Ajustes razonables.

c) Accesibilidad universal.
d) Regulación universal.

**22. La configuración de los puestos de atención a personas con discapacidad contempla que, al menos, una parte del mostrador o mesa de atención ha de estar a la altura de:**

a) 70-75 cm.
b) 80-85 cm.
c) 100 cm.
d) 150 cm.

**23. En la atención telefónica, en el caso de la recepción de una llamada, ¿cuál es la recomendación ante una objeción realizada por un ciudadano?**

a) Contestar a la mayor brevedad posible.
b) Intentar sonreír.
c) Proporcionar información.
d) Encadenar después de la última palabra la respuesta con la argumentación.

**24. Señala la respuesta incorrecta. Los correos electrónicos emitidos por las Administraciones Públicas han de reunir las siguientes características:**

a) Breve.
b) Conciso.
c) Técnico.
d) Claridad de exposición.

**25. Con el fin de garantizar a las personas con discapacidad el goce o ejercicio, en igualdad de condiciones con las demás, de todos los derechos, se realizarán las modificaciones y adaptaciones necesarias y adecuadas del ambiente físico, social y actitudinal a las necesidades específicas de estas personas. Esto significará que se realizarán medidas de:**

a) Accesibilidad universal.
b) Diseño universal.
c) Planteamiento social.
d) Ajustes razonables.

**26. Señala la respuesta incorrecta. Según el artículo 70 del Real Decreto Legislativo 1/2013, las Administraciones Públicas deberán adecuar sus planes de calidad para asegurar la igualdad de oportunidades a los ciudadanos con discapacidad. Para ello:**

a) Se eliminarán las oficinas públicas, dispositivos y servicios de atención al ciudadano que no estén adaptados.
b) Se incluirán en los planes normas mínimas de no discriminación y de accesibilidad.

c) Desarrollarán indicadores de calidad.

d) Elaborarán una guía de buenas prácticas.

**27. La norma por la que se establecen las condiciones de accesibilidad y no discriminación de las personas con discapacidad en sus relaciones con la Administración General del Estado es:**

a) Decreto 3143/1971, de 16 de diciembre.

b) Decreto 136/1971, de 12 de junio.

c) Decreto 35/1971, de 18 de enero.

d) Real Decreto 366/2007, de 16 de marzo.

**28. Los impresos puestos por la Administración General del Estado a disposición de los ciudadanos para formular solicitudes, declaraciones, alegaciones, recursos o cualquier pretensión o manifestación de voluntad ante la misma, se llaman:**

a) Documentación administrativa.

b) Inventarios de formulación.

c) Modelos normalizados.

d) Informes administrativos.

**29. Cuando nos referimos a una comunicación dentro de un grupo, estamos hablando de una comunicación:**

a) Interpersonal.

b) Intrapersonal.

c) Intergrupal.

d) Intracomunitaria.

**30. Es cierto que, en la atención presencial al ciudadano:**

a) La resolución del problema ha de ser inmediata.

b) La comunicación no verbal es intrascendente.

c) Cobran un papel fundamental los gestos y las posturas del empleado público.

d) Las respuestas han de estar normalizadas.

# Soluciones al test n.º 15

**1.** c) Lenguaje corporal.

**2.** a) Asertivo.

**3.** a) Podrán elegir si se comunican con las Administraciones públicas a través de medios electrónicos o no.

**4.** b) Apelativa o conativa.

**5.** b) Ruido.

**6.** c) Conocer y saber tratar cada tipo de personalidad.

**7.** b) El aprendizaje.

**8.** c) Tener conocimientos técnicos.

**9.** b) Utilizamos un lenguaje excesivamente técnico.

**10.** c) Interpretaremos lo que el ciudadano cliente quiere decir para asegurarnos la razón de su demanda.

**11.** c) Genérica.

**12.** a) Utiliza el lenguaje verbal.

**13.** c) Evitar establecer hechos desviando el motivo de la reclamación para disminuir la tensión.

**14.** a) Aclara las relaciones entre personas y ayuda a comprender mejor al otro.

**15.** b) Usar frases simples.

**16.** d) Real Decreto 208/1996, de 9 de febrero.

**17.** c) La igualdad de las partes en los procesos judiciales y la tutela judicial efectiva.

**18.** c) Canal.

**19.** a) Pasivo.

**20.** a) Real Decreto Legislativo 1/2013 de 29 de noviembre.

**21.** c) Accesibilidad universal.

**22.** b) 80-85 cm.

**23.** d) Encadenar después de la última palabra la respuesta con la argumentación.

**24.** c) Técnico.

**25.** d) Ajustes razonables.

**26.** a) Se eliminarán las oficinas públicas, dispositivos y servicios de atención al ciudadano que no estén adaptados.

**27.** d) Real Decreto 366/2007, de 16 de marzo.

**28.** c) Modelos normalizados.

**29.** a) Interpersonal.

**30.** c) Cobran un papel fundamental los gestos y las posturas del empleado público.

# Cómo acceder al Curso

**Auxiliar Administrativo/a**
**Test del temario**

El uso de los códigos **es exclusivo de los compradores de los productos de Editorial MAD**. Cada producto posee un código único y de un solo uso. Es personal e intransferible y da acceso a servicios y contenidos adicionales. Editorial MAD se reserva el derecho de hacer cuantas comprobaciones sean necesarias para identificar al legítimo poseedor del código y dejar de dar servicio a quien haga uso fraudulento del mismo, además de emprender cuantas acciones legales estime oportunas según la legislación vigente.

Deberás acceder a:

mad.es/registro-campus

Si una vez aceptadas las condiciones de uso del Campus decides hacer uso del mismo, necesitarás del siguiente código de acceso junto con los códigos del resto de títulos que se exigen (si fuera el caso):

2R9N6ZK5QX